本书是国家社会科学基金项目“金砖国家参与全球治理体系改革和建设研究”（项目批准号：18BGJ029）的阶段性成果

金砖国家：新兴大国合作新模式

王磊◎著

BRICS: New Model of Cooperation Among Emerging Powers

中国经济出版社
CHINA ECONOMIC PUBLISHING HOUSE
北京

图书在版编目（CIP）数据

金砖国家：新兴大国合作新模式 / 王磊著．--北京：中国经济出版社，2020.11（2023.8 重印）
ISBN 978-7-5136-6382-3

Ⅰ．①金… Ⅱ．①王… Ⅲ．①国际经济-经济合作-研究 Ⅳ．①F113.4

中国版本图书馆 CIP 数据核字（2020）第 202173 号

责任编辑 丁 楠
责任印制 马小宾
封面设计 久品轩

出版发行 中国经济出版社
印 刷 者 三河市同力彩印有限公司
经 销 者 各地新华书店
开　　本 710mm×1000mm 1/16
印　　张 14
字　　数 219 千字
版　　次 2020 年 11 月第 1 版
印　　次 2023 年 8 月第 2 次
定　　价 58.00 元
广告经营许可证 京西工商广字第 8179 号

中国经济出版社 网址 www.economyph.com 社址 北京市东城区安定门外大街 58 号 邮编 100011
本版图书如存在印装质量问题，请与本社销售中心联系调换（联系电话：010-57512564）

目 录

CONTENTS

第三部分 金砖国家合作与全球治理：推动建设性改革

第一部分

金砖国家合作：
从概念到机制

第一章 金砖国家合作的发展历程及成果

自2001年英国知名学者、高盛前首席经济学家吉姆·奥尼尔（Jim O'Neill）首次提出"金砖国家"（BRICs）的概念以来，中国、印度、巴西、俄罗斯等新兴经济体以其良好的经济增长表现赢得了国际投资界的高度认可。除上述金砖国家外，哈萨克斯坦、印度尼西亚、土耳其、沙特阿拉伯等十余个新兴经济体也在各自国家经济社会发展中取得突出成绩，新兴经济体的经济保持长期快速增长，国际影响力和世界地位不断提升，成为推动世界经济格局和全球政治经济体系深度调整的最重要因素。随着金砖国家间的合作日益加强，金砖国家既成为新兴经济体的代名词，同时也在全球经济治理中坚决捍卫广大发展中国家的整体利益，成长为当今世界推进南南合作的重要平台。

世界经济格局深度调整中的新兴经济体

多年来，人们对新兴经济体的讨论非常普遍，但直至目前，对于新兴经济体的界定尚未有一致的标准。国际社会中主要有以下三种界定标准：

第一，二十国集团（G20）中的非发达国家，即阿根廷、巴西、中国、印度、印度尼西亚、韩国、墨西哥、俄罗斯、沙特阿拉伯、南非、土耳其等。

第二，金砖国家（BRICS）、薄荷四国（MINTs）、灵猫六国（CIVETS）、新钻十一国（N-11）等不同概念所包括的经济体，主要有孟加拉国、中国、俄罗斯、印度、巴西、南非、墨西哥、印度尼西亚、尼日利亚、巴基斯坦、菲律宾、土耳其、越南等。

第三，国际货币基金组织等对新兴经济体做了较为宽泛的界定，认为发展中国家中经济发展表现较为优秀的20多个国家都可被纳入，包括阿根廷、巴西、保加利亚、智利、中国、哥伦比亚、匈牙利、印度、印度尼西亚、拉脱维亚、立陶宛、马来西亚、墨西哥、巴基斯坦、秘鲁、菲律宾、波兰、罗马尼亚、俄罗斯、南非、泰国、土耳其、乌克兰、委内瑞拉等。

基于以上各种对新兴经济体的界定，特别是综合考虑经济发展表现、未来经济发展前景、人口资源和国土面积等基本要素，本书将新兴经济体界定为具有较大经济规模和人口面积等基本要素、自冷战结束以来经济相对快速增长但目前人均收入仍相对较低、具有较好经济发展前景和广泛代表性的发展中经济体。按照这一标准，世界主要新兴经济体分布如下：

亚洲（11国）：中国、印度、印度尼西亚、哈萨克斯坦、伊朗、马来西亚、巴基斯坦、菲律宾、沙特阿拉伯、土耳其、越南。

欧洲（2国）：波兰、俄罗斯。

拉丁美洲（5国）：阿根廷、巴西、哥伦比亚、墨西哥、秘鲁。

非洲（5国）：埃及、埃塞俄比亚、肯尼亚、尼日利亚、南非。

本书主要是从中国视角分析新兴经济体，所以将中国排除在外，因此可以把上述新兴经济体称为E22（Emerging 22）。

综合国际货币基金组织（IMF）、经济合作与发展组织（OECD）、世界贸易组织（WTO）等主要国际组织对全球经济未来发展的展望，以及高盛公司等世界主要投资机构发布的研究报告，E22和中国等新兴经济体不仅在冷战结束以来实现了快速经济发展，还逐步成为全球经济增长的最重要拉动力量，在过去10年间对世界经济复苏和增长的贡献率超过50%。多项研究报告预期，包括新兴经济体在内的发展中国家将在2030年左右超越发达经济体，在世界经济中的比重将超过50%，发展中国家在全球投资中的比重也将从2000年的20%上升到2030年的60%。高盛公司的报告显示，全球新兴经济体的股市规模将会在未来20年内急剧增加五倍以上达到80万亿美元，从而超过发达国家，占全球股票市场的份额可能从现在的30%增至2030年的55%。为保持数据一致，以2016年E22的主要经济数据为例，其国民生产总值为13万亿美元，已经超过中国（11万亿美元），是美国（19万亿美元）的70%，E22和中国的国民生产总值之和已经是美国的1.3倍。

2008 年国际金融危机爆发后，世界经济力量的对比迅速向新兴经济体倾斜。伴随而来的是，新兴经济体更为强烈地要求在国际事务，尤其是全球经济治理议题上拥有更多的发言权，并由此引发了全球经济治理领域的一系列变革。在全球经济治理领域，新兴经济体的经济崛起给现有国际结构带来的冲击已经引起世界各国的广泛关注。一方面，许多经济规模庞大、经济增长迅速的新兴经济体加入全球大国俱乐部，跨进全球经济治理的前沿阵地，除中国外，E22 中的印度、巴西等国也已经比较稳固地占据了世界前十大经济体的席位；另一方面，发达国家长期主导的等级式的全球经济治理架构正在被打破，财富、工业制造能力和技术创新能力逐渐向新兴经济体流动和扩散，国际社会的权力日益分散，并不断朝着去中心化的方向发展。

表 1　2016 年 E22 及中美两国的国民生产总值、人口和面积数据比较

国家	国民生产总值（千亿美元）	人口（千万人）	领土（万平方千米）
阿根廷	5.45	4.39	278
巴西	17.96	20.8	855
哥伦比亚	2.82	4.87	114
埃及	3.33	9.57	100
埃塞俄比亚	0.72	10.24	110
印度	22.64	132.4	298
印度尼西亚	9.32	26.1	190
哈萨克斯坦	1.37	1.79	272
伊朗	4.19	8.03	164
肯尼亚	0.71	4.85	58
马来西亚	2.97	3.12	33
墨西哥	10.47	12.8	197
尼日利亚	4.05	18.6	92
巴基斯坦	2.79	19.3	88
秘鲁	1.92	3.18	129
菲律宾	3.05	10.3	30
波兰	4.71	3.79	31
俄罗斯	12.83	14.43	1710

续表

国家	国民生产总值（千亿美元）	人口（千万人）	领土（万平方千米）
沙特阿拉伯	6.46	3.23	225
南非	2.95	5.59	122
土耳其	8.64	7.95	78
越南	2.05	9.27	33
E22 总计	**131.4**	**334.6**	**5207**
美国	186.2	32.31	937
中国	109.4	138.3	960

表 2　E22 和中美两国在国际货币基金组织的投票权

国家	国际货币基金组织（%）	是否为 G20 国家
阿根廷	0.66	是
巴西	2.22	是
哥伦比亚	0.44	否
埃及	0.43	否
埃塞俄比亚	0.09	否
印度	2.64	是
印度尼西亚	0.95	是
哈萨克斯坦	0.26	否
伊朗	0.74	否
肯尼亚	0.14	否
马来西亚	0.75	否
墨西哥	1.80	是
尼日利亚	0.52	否
巴基斯坦	0.43	否
秘鲁	0.29	否
菲律宾	0.44	否
波兰	0.84	否
俄罗斯	2.59	是
沙特阿拉伯	2.02	是
南非	0.64	是
土耳其	0.95	是

续表

国家	国际货币基金组织（%）	是否为 G20 国家
越南	0.26	否
E22 总计	**20.1**	
美国	16.52	是
中国	6.09	是

新兴经济体更加积极地参与到全球经济治理、气候变化以及应对经济危机等一系列重要的国际协调进程之中，推动了全球经济治理体系朝着有利于新兴经济体的方向发展，新兴经济体在全球经济治理架构中的地位得到显著提升，并共同推动新的国际经济秩序的建立。

首先，全球经济治理机制中新兴经济体的话语权提升。全球经济治理架构调整和转型是新兴经济体崛起后的必然要求，新的全球经济治理架构的出现对于维持应对经济危机和促进经济可持续复苏所必需的国际合作至关重要，也符合世界各国的利益。但是，在这一过程中，新兴经济体与发达经济体的地位正在发生微妙的变化，其中最突出的表现是新兴经济体在全球经济治理机制中话语权的持续提升。

对新兴经济体来说，二十国集团转变为一个促进国际宏观经济政策对话和推进全球经济治理改革倡议的首要论坛是历史性的进展。在二十国集团中有九个国家是 E22 国家。在二十国集团这一全球经济治理平台上，新兴经济体通过与发达经济体进行集体对话和协商，提出和通过了国际货币基金组织和世界银行治理结构改革、《巴塞尔协议Ⅲ》、全球金融机构（SIFI）的国际标准和原则、国际发展等一系列重大议题。二十国集团在全球舞台上的作用和影响力的上升，标志着当今世界正进入一个发达经济体和新兴经济体深化相互合作、谋求共同发展的时代。

其次，新兴经济体经济合作机制的兴起。近年来，新兴经济体在政治、经济、科技和文化等领域的合作意愿日趋强烈。在国际经济事务中，新兴经济体越来越注重彼此之间的团结合作、政策沟通和立场协调，以共同减少和摆脱对发达经济体的过度经济依赖，独立自主地发展民族经济。在国际舞台上，新兴经济体以各种合作机制或多边国际组织为依托，加强经济合作与政策协调，维护和扩大各自政治经济利益。新兴经济体合作从形式到内容都在不断完善、丰富和提升。

当前，新兴经济体参与全球经济治理的主要方式是在现有的国际经济组织和多边机制框架内实现优势互补和争取共同利益，同时通过区域和跨区域合作机制来提升在全球经济治理中的地位与作用。其中新兴经济体之间的对话与合作机制主要有：包括巴西、俄罗斯、印度、中国和南非在内的金砖国家（BRICS），印度、巴西和南非三国建立的三国对话论坛（IBSA），包括中国、俄罗斯、印度、巴基斯坦、哈萨克斯坦等新兴经济体的上海合作组织（SCO），由巴西、阿根廷、秘鲁、哥伦比亚等南美国家推动成立的南方共同市场（MERCOSUR）等。这类机制的建立和发展加强了新兴经济体之间的内向联系，并且合作领域与目标更具有针对性。新兴经济体不断完善和发展现有制度框架，逐步建立相互之间的新型对话机制和合作平台，是新兴经济体推动经济合作走向机制化并充分发挥全球经济治理有效作用的现实选择和发展方向。

金砖国家合作的成长之路

为应对“金砖褪色论”和“金砖崩溃论”，金砖国家一方面加强经济结构调整和全方位国内改革，另一方面也在逐步推动金砖国家合作机制的转型。回顾金砖国家合作的历程可清晰地看出，在对自强和发展的渴望推动下，金砖国家正迅速完成从资本市场投资概念向国际政治力量的历史性转变，实现从侧重经济治理、务虚交流为主的对话论坛向政治经济并重、务虚和务实相结合的全方位协调机制的转型。

一、金砖国家：从市场投资概念到国际政治力量的转型

金砖国家最初纯粹是一个投资概念，由时任高盛投资银行首席经济学家吉姆·奥尼尔在 2001 年 11 月发表的题为《全球需要更好的经济之砖》（*The World Needs Better Economic BRICs*）的报告中首次提出，其是指由巴西、俄罗斯、印度和中国这四个主要的新兴经济体所构成的国家组合。奥尼尔当初纯粹是从国际商业投资出发，将世界上经济发展最快、最有潜力的四个国家的

首字母拼在一起。金砖概念提出后，在国际资本市场引起了巨大轰动，大量国际资本流向上述四国，使其成为投资的热土。2003 年 10 月，高盛投资银行对外发布了《与金砖国家一起梦想：通向 2050 年之路》（*Dreaming with BRICs：The Path to* 2050）的研究报告，并预言“金砖四国”将于 2050 年统领世界经济。高盛公司还于 2005 年 12 月发表了题为《金砖有多稳固》（*How Solid Are the BRICs*）的报告，进一步推动了这一投资概念的流行。

正可谓“无心插柳柳成荫”，包括中国、俄罗斯、印度、巴西在内的金砖四国外交部长在 2006 年 9 月联合国大会期间进行了短暂会晤，这成为金砖国家概念取得突破的重要转折点。这次会晤首次在全球政治和多边外交中打出了金砖国家的旗帜。2008 年 11 月 7 日和 2009 年 3 月 13 日，“金砖四国”财政部长分别在两次二十国集团峰会前夕会晤，协商改革国际金融体系与提高新兴和发展中经济体的发言权和代表性。随着 2008 年全球金融危机影响的日益深化和二十国集团合作机制的日趋制度化，在二十国集团框架下，七国集团与金砖国家两个类似的平行机制开始形成。以金砖国家间部长级会议为契机，金砖国家合作最终提升至领导人层次的会谈，并最终促成金砖四国领导人于 2009 年 6 月 16 日聚首俄罗斯叶卡捷琳堡，正式举行金砖国家首次峰会，金砖国家的合作机制化迎来了发展新阶段。

金砖国家合作于国际金融危机的背景下起步，作为主要新兴经济体确立了应对全球金融危机和国内经济波动的合作机制，因此，金砖国家在发展的最初阶段呈现出更明显的经济财金属性和经贸议题导向，主要关注全球宏观经济形势和国际发展领域的紧迫问题，强调主要国际多边金融机构的改革等事项。之后，金砖国家合作的机制定位发生了明显的转变，由新兴经济体在经济金融领域开展对话与合作的重要平台，逐步发展为发展中国家在多极化、经济合作与相互依存日益复杂和全球化的世界中为促进和平、安全与发展而开展对话与合作的平台，并将定位确定为就全球经济和政治领域的诸多重大问题进行经常性和长期协调的全方位合作机制。

二、金砖国家合作机制的转型之路

金砖国家领导人会晤在第一阶段召开过五次峰会，自 2014 年在巴西福塔莱萨和巴西利亚进行的金砖国家领导人系列会议开始，金砖国家迎来了第二轮国家峰会，成为管窥金砖国家合作机制转型之路的绝好窗口，也是新阶段金砖国家向更深更实发展的重大契机。

（一）叶卡捷琳堡峰会：概念变现实

2009 年 6 月 16 日，“金砖四国”领导人首次在俄罗斯叶卡捷琳堡会晤，出席这次峰会的有中国国家主席、俄罗斯总统、巴西总统、印度总理。会议宣布成立金砖国家合作机制，推动国际金融机构的改革，发展新兴经济体在经济、贸易和金融领域的合作。会上四国领导人就国际金融危机、二十国集团峰会的进程、国际金融机构的改革、粮食安全、能源安全、气候变化以及“金砖四国”未来如何发展等问题交换意见，并发表了《“金砖四国”领导人俄罗斯叶卡捷琳堡会晤联合声明》和关于全球粮食安全的联合声明。2009 年金砖国家首次峰会引起了国际社会的高度关注。首次金砖峰会举行之后，金砖国家便开始了合作的制度建设，建立了安全事务高级代表会议、联大外长会晤、常驻多边机构使节非正式会晤等一系列合作机制以在国际问题上保持密切沟通。此外，金砖国家还在二十国集团的框架内建立了财政部长和央行行长的会晤机制，充分利用国际货币基金组织和世界银行年会的契机，加强金砖国家财政金融和货币政策的沟通与协调。

（二）巴西利亚峰会：合力应对金融危机的金砖合作实现适度拓展

“金砖四国”领导人第二次正式会晤于 2010 年 4 月 15 日在巴西首都巴西利亚举行，中国国家主席、巴西总统、俄罗斯总统以及印度总理出席会议。与四国领导人 2009 年叶卡捷琳堡首次会晤相比，巴西利亚峰会传递出“金砖四国”进一步推动四国之间合作的新声音，立志在更广阔的领域展开合作。峰会涉及的主题有：“金砖四国”的共同愿景和全球治理，国际经济金融事务，国际贸易、发展、农业、消除贫困、能源、气候变化、恐怖主义、不同文明联盟、海地、金砖国家对话与合作等。国际舆论认为这次会议取得了重大成果，称峰会在推动世界朝向多极化方向发展、建立更公平的国际秩序方面发挥了主导作用。毫无疑问，“金砖四国”已成为中俄印巴这四个大国协调政策、采取共同行动和制定共同战略的良好和有益的平台，从而使四国通过合作和共同行动实现共赢。此次峰会在世界经济和金融形势相对前一年已较为稳定的情况下举行，更深入地规划了四国的合作日程，进一步促进了四国之间的交流与合作，提高了四国在国际重大事务中的话语权和影响力。

（三）三亚峰会：扩容的金砖国家再次明确定位

2011 年 4 月，以“展望未来、共享繁荣”为主题的金砖国家第三次峰会在中国海南三亚举行。本次峰会接纳南非作为成员国加入，从而实现了金砖国家的第一次扩容，体现了金砖合作的开放性和包容性。三亚峰会首次对金砖国家机制进行了明确定位，即“金砖国家是各成员国在经济金融发展领域开展对话与合作的重要平台”。三亚峰会的经济议题主要有：第一，世界经济形势，包括宏观经济政策协调、大宗商品价格和贸易保护主义挑战；第二，国际货币金融体系改革和金融监管问题；第三，国际发展问题，包括发展援助、减贫、全球气候变化和碳减排等；第四，金砖国家的行动计划，包括安全事务高级代表、部长和驻多边机构代表会晤，以及智库、工商界、银行界和统计部门的务实合作等。

（四）新德里峰会：颇具政治意味的金砖国家合作

2012 年 3 月 28 日至 29 日，巴西、俄罗斯、印度、中国以及南非五国领导人第四次会晤在印度首都新德里举行。金砖国家第四次峰会的主题是“金砖国家致力于稳定、安全和繁荣的伙伴关系”。新德里峰会在金砖国家合作机制的转型方面具有重要意义，本次峰会通过的《德里宣言》对金砖机制的定位进行了进一步拓展，认为“金砖国家合作是在多极化、相互依存、日益复杂和全球化的世界中为促进和平、安全与发展而开展对话与合作的平台”。这标志着金砖合作的发展更多具有了政治和战略的全局性，超越了较为单一和技术性的经济贸易金融领域。

金砖国家合作机制的上述转型也体现在峰会议程的设计上。峰会继续关注经济、金融、发展问题，讨论促进经济增长的举措，为全球经济复苏增添新的动力，也寻求进一步推动国际金融和经济机构改革的路径。但是，峰会明确表态金砖各国共同关心重大国际问题，讨论了叙利亚、伊朗等国际热点问题，强调金砖国家应加强内部磋商，协调彼此立场，采取共同行动，以充分发挥金砖国家在国际事务中的重要作用，促进地区局势的缓和与稳定。在金砖国家合作方面，峰会讨论了合作机制化及制度建设与完善等问题。

（五）德班峰会：代表新兴经济体和发展中国家利益的金砖国家合作

2013 年 3 月 26 日至 27 日，第五次金砖国家峰会在南非德班召开。中国国家主席、南非总统、巴西总统、俄罗斯总统、印度总理出席会议。德班峰会认为金砖合作机制日益成为全球治理和国际政治中的新兴机制性设计，具有系统重要性，对于金砖国家合作机制的定位和设计也有了更清晰的界定，即“金砖国家致力于逐步发展成为就全球经济和政治领域的诸多重大问题进行日常和长期协调的全方位机制”。

五国领导人围绕本次会晤主题“金砖国家与非洲：致力于发展、一体化和工业化的伙伴关系”发表看法和主张。德班峰会期间，首次举办了金砖国家与非洲 12 国领导人对话会议，会议主题是“释放非洲潜能：金砖国家与非洲在基础设施上的合作”，并达成了《非洲基础设施联合融资多边协议》。会议决定尽快成立金砖国家开发银行和应急储备库，就全球经济形势、世贸组织多哈回合谈判、金砖国家内部以及在多边场合的合作、非洲发展等问题进行了讨论。

2013 年，金砖国家合作机制总体上取得了比较显著的进展，在金砖国家领导人峰会的引领下，除原有的安全事务高级代表会议、经贸部长会议、农业部长会议、财长和央行行长会议、国家统计局长会议、地方政府论坛、工商论坛、智库论坛等专门对话机制以外，金砖国家将合作交流进一步推广到科技、教育、海关、税务以及禁毒等领域，陆续举行了金砖国家科技部长会议、教育部长会议、海关署长会议、税务局长会议以及禁毒部门负责人会议等，推动金砖国家在多个专业领域的合作不断深化与拓展。同时，金砖国家在原有合作机制的基础上，于 2013 年成立金砖国家工商理事会和智库理事会，此举对于进一步促进金砖国家务实合作和战略协调起到了重要作用。截至 2014 年 6 月，金砖国家合作总体包括 28 个合作机制，其中部级机制 14 个、高官层次工作组 9 个、其他领域合作机制 5 个。

乌法峰会与金砖国家新规划

2014 年金砖国家福塔莱萨峰会结束后，中国外交部长在总结成果时曾说，金砖国家开发银行与应急储备安排的创立，标志着金砖国家合作从概念向实体迈进——金砖国家机制自此有了“有形之物”的抓手与支柱，将不可逆转地迈向“利益共同体”和“命运共同体”。

可以说，金砖国家正处于机制化建设的关键时期。2015 年 7 月 8 日至 9 日，在俄罗斯乌法举行的第七次金砖国家领导人峰会，将为金砖国家下一步发展做出关键规划。

一、金砖国家合作机制正经历三个转型

西方战略界和媒体曾有观点认为，金砖国家只是一种非正式国际机制，甚至只是松散的国际论坛，是“各有主张”的“金砖五国”推进各自战略关注的舞台，只能走一条“非正式机制建设”的道路。

事实上，金砖国家已经在机制化建设上取得了巨大进步。例如，2013 年，金砖国家德班峰会决定“将金砖国家发展成为就全球经济和政治领域的诸多重大问题进行日常和长期协调的全方位机制”。同年，五国外长在全球核峰会期间就乌克兰危机发表了联合声明。2014 年，金砖国家福塔莱萨峰会正式签署了成立新开发银行和金砖应急储备安排的协定，并全力推动新开发银行的组建。2015 年，金砖国家新开发银行落户上海并正式运行，金砖五国成为“亚投行”的意向创始成员国。

可以说，金砖国家已经日益成为由新兴国家推动的国际政治经济秩序和全球治理格局改革的重要机制。金砖国家合作进一步机制化，已经成为全球治理中一个不可逆转的事实。现在存在的问题是如何推进金砖国家合作及其机制化。

处于机制化关键节点的金砖国家，正在经历三个方面的转型：从市场投资概念向国际体系中政治经济行为体的转型；从金融经贸等专业领域合作向全球经济政治乃至战略安全等全方位合作机制的转型；从危机应对向常态化

和长期协调机制的转型。因此，这三大转型的实现，既深化了金砖国家合作的内涵，又拓展了金砖国家合作的外延。西方部分舆论固执地只用单纯的经济指标看待金砖国家合作是片面的，也不符合金砖国家合作的实际情况。

二、乌法峰会的三大看点

乌法峰会将是金砖国家合作进程中的重要里程碑，五国聚焦于三大议题，将就金砖国家未来发展的战略方向与务实合作达成一系列共识。

第一，拓展金砖国家在战略安全领域的合作。自 2012 年新德里峰会以来，战略安全就成为金砖国家逐步拓展加强的合作领域。2014 年 3 月，荷兰海牙全球核峰会期间，金砖国家就乌克兰危机表达共同立场，进一步强化了五个新兴大国在重大战略安全方面的合作。

按照五国达成的共识，金砖国家战略安全领域合作将在就地区和世界重大热点问题进行立场协调并共同发声的基础之上，进一步完善机制建设。金砖国家已经开展了高级别的安全事务高级代表会晤、外交部长会晤。2015 年 5 月，又先后首次召开了副部长级别的金砖国家中东事务磋商机制、高官级别的金砖国家外交政策协调会等。

第二，制定金砖国家未来十年的发展战略。作为乌法峰会的轮值主席国，俄罗斯高度重视金砖国家之间的经济合作，希望推动金砖国家经济合作战略，发展“更紧密伙伴关系”，推动五国在各个经济部门的合作。金砖国家“更紧密伙伴关系”战略将主要聚焦以下八大领域：贸易投资、制造业和采矿业、能源、交通与互联互通、农业、创新与科技、金融、“互联网+”经济等。

第三，确保新开发银行和应急储备安排两个机制按时运行，并就组建过程中遇到的困难做出政治决断。2014 年金砖国家福塔莱萨峰会已经确定正式成立金砖国家开发银行和应急储备安排，并推动两个机制在 2015 年内开始运行。这将有力反驳看衰金砖国家合作的论调，以金砖国家务实合作机制的丰硕成果巩固金砖国家合作的根基。乌法峰会的一个重要议题，就是金砖国家领导人之间就两个机构组建过程中遇到的问题达成政治决断，确保一切问题都得到最终解决。

三、如何进一步推动金砖国家合作机制化

金砖国家进一步加强机制化建设，可遵循的路径主要有四条。

第一，一体化路径。通过金砖国家领导人峰会和各级别合作机制以及金砖国家与地区领导人对话机制，有效推动金砖国家跨区域一体化合作和本地区一体化。

第二，组织化路径。金砖国家将继续完善领导人峰会机制，拓宽部级合作机制的范围，并加强在国际组织框架下的多边合作。

第三，协调化路径。金砖国家将探讨金砖机制与印巴南机制（印度—巴西—南非，IBSA）、中俄印机制（中国—俄罗斯—印度，CRI）、基础四国机制（巴西—南非—印度—中国，BASIC）等“次金砖机制”的整合路径。

第四，扩大化路径。金砖国家是一个开放、包容的合作机制，将在一定阶段适时启动新一轮扩容，吸纳更多新兴经济体以多种形式参与到金砖国家合作中来。

中国等成员国将金砖国家定位为参与全球治理的战略平台之一。作为在金砖合作中起到引领性作用的大国，中国会和其他成员国一道，共同推动金砖国家形成开放包容、合作共赢的新局面，并进一步提升中国在金砖国家和全球治理中的话语权和规则制定权，参与和引导国际经济金融体系变革，建立一个更加公正、合理、均衡、可持续的全球政治经济新秩序。

“金色十年”：金砖国家合作的成果及经验

自 2006 年第 61 届联合国大会期间四国外长举行会晤，揭开了金砖国家机制化合作的序幕，至 2017 年中国厦门金砖国家领导人第九次峰会，十年国际风云变幻，十年耕耘合作收获，金砖国家已经发展成为推动全球治理建设性变革的崭新力量，成为捍卫新兴市场和发展中国家利益的主要代表，成为促进全球发展和南南合作的重要平台。金砖国家合作持续深化巩固与拓宽延展，取得了令人称道的丰硕成果，打造了一个成色十足的“金色十年”。

一、金砖国家合作第一个“金色十年”的丰硕成果

回溯十年来的发展，金砖国家合作在推动全球治理、务实经贸、人文交流和机制建设等诸多领域都取得了丰硕成果，突出表现在以下四个方面：

第一，金砖国家持续推动全球政治经济治理体系革故鼎新，促进全球治理体系朝着更加公正、合理、可持续发展的方向变革。金砖国家通过安全事务高级代表会议、外长会晤、反恐、网络安全工作组等机制，定期就共同关心的重大国际和地区问题深入交换意见、协调立场，不断增进战略互信，针对热点问题共同发声，为维护国际和地区和平稳定、维护国际公平正义发挥建设性作用；金砖国家一贯坚定奉行多边主义，在二十国集团、联合国、世界银行、国际货币基金组织、世界贸易组织等重要国际机构及合作框架下加强沟通协调，推动构建开放型世界经济，完善全球经济治理。

十年合作，金砖国家顺应新兴市场国家和发展中国家力量上升的历史趋势，持续提升发展中国家在国际事务中的代表性和发言权，已经形成新兴大国就全球重大政治经济事务进行全方位协调与合作的机制，在维护新兴经济体和发展中国家利益方面扮演着日益重要的角色，为全球治理铺设了新的蓝图，成为推动国际关系民主化、世界经济全球化、人类文化多样性的重要建设性力量。

第二，金砖国家务实经贸合作亮点频出，成为金砖合作机制的“压舱石”和“稳定器”。金砖国家合作契合世界经济发展的客观需要，顺应全球经济金融体系演变的时代潮流，符合国际社会的整体利益，在经贸、金融、科技、交通、能源、矿业等方面取得了丰硕成果，形成了《金砖国家经济伙伴战略》这一重要指引性纲领，擘画金砖国家中长期经贸合作的蓝图。经过十年发展，金砖国家经济总量占世界经济的比重从12%上升到23%，贸易总额占世界的比重从11%上升到16%，在世界银行的投票权上升到13.24%，在国际货币基金组织的份额上升到14.91%，十年来对世界经济增长的贡献率超过50%。

金融合作成为金砖国家合作第一个十年的最大亮点。金砖国家成功推动布雷顿森林机构的改革，不仅携手促成了世界银行和国际货币基金组织的份额和投票权改革，还成立了第一个完全由发展中国家独立建设的多边开发金

融机构即新开发银行，支持金砖国家及其他新兴市场国家和发展中国家的基础设施建设和可持续发展。金砖国家成立了应急储备安排，筑牢金砖各成员国金融安全网络。

第三，金砖国家人文交流和教育合作全面开花，巩固了金砖国家合作的民意基础。金砖国家文化底蕴深厚、特色鲜明，是人类多元文明的杰出代表。加强金砖国家人文交流合作，对增进五国人民传统友谊和相互了解、推动不同文明交流发展具有重要意义。秉持开放包容、多元互鉴的理念，金砖国家重视不断丰富人文交流合作机制，开展了丰富多样的合作，逐步化解由于历史和地理等因素造成的隔阂。金砖国家在2015年签署了《金砖国家政府间文化合作协定》，并制定相关行动计划，支持各国在文化、艺术、体育、媒体、智库、传统医药等各方面开展丰富多彩的合作，使参与主体更加多元，受益民众更加广泛，提升金砖国家合作的凝聚力、吸引力和感召力。金砖国家召开了联合运动会，举办了电影节、传统医药节、文化节，联合拍摄了第一部电影《时间去哪儿了》。

“国之交在民相亲，民相亲在心相通。”金砖国家认识到未来属于年青一代，重视青少年交流和教育合作，通过高校、青少年组织等渠道加强教育合作，共同致力于培养具有国际视野的创新型人才，夯实金砖国家未来合作的民意基础，先后举办了青年足球锦标赛、青年论坛、青年外交官论坛等丰富多彩的活动。

第四，金砖国家机制建设稳步发展，已经形成了全方位、多层次、宽领域的合作格局。金砖国家合作机制从无到有，不仅实现了从外长会晤机制到领导人年度会晤机制的升级，而且合作基础日益稳固，合作领域持续拓展，已形成以领导人会晤为引领，以安全事务高级代表会议、外长会晤等机制为支撑，在经贸、财金、工商、农业、教育、卫生、科技、文化、智库、友城等数十个领域开展务实合作的多层次架构，在治国理政的各个领域进行全面对接。金砖国家还建立了新开发银行、应急储备安排、工商理事会、智库理事会等合作机制，推动五国务实合作不断走深走实，并在国际上产生重要影响。金砖国家正在进一步加强合作机制建设，规范各层级的合作机构，提升合作延续性和协调性，使合作更加高效务实、富有成果。

金砖国家的扩容已经成为现实，正在逐步探索构建更广泛伙伴关系的新模式。2010 年 12 月，中国在即将担任金砖国家轮值主席国的背景下，邀请南非加入金砖国家并出席 2011 年在华举办的金砖国家领导人第三次会晤，金砖国家正式实现了第一轮扩容，体现了金砖合作机制的开放性和包容性。金砖国家一贯致力于同其他新兴市场国家和发展中国家开展对话合作，谋求共同发展。秉持开放、包容、合作、共赢的原则，金砖国家探索了“金砖国家+发展中国家领导人对话会”的模式，不断拓展“朋友圈”，加强同其他新兴市场国家和发展中国家的沟通交流，巩固与发展中国家的友谊。

二、金砖国家合作的成功经验和全球治理的“金砖方案”

基于十年的成功合作，金砖国家积累了进一步走深走实的经验，形成了独具特色的金砖精神和“金砖方案”，在一系列金砖共识的指引下，金砖国家合作力争全力打造第二个“金色十年”，推动国际关系民主化，捍卫经济全球化，彰显世界文明多样性。

第一，金砖国家合作的经验。金砖国家合作成功的最主要经验有两条，即和平合作、聚焦发展。在国际舞台上，金砖各国都是世界上最主要的区域性和全球性大国，在各自地区和国际事务中的影响力日益增大，金砖国家合作是世界范围内跨越大洲的新兴大国群体性崛起的产物。金砖国家之间的成功合作是新型大国关系和新型国际关系构建的有效探索，金砖国家之间推进“结伴而不结盟”的战略伙伴关系和全球发展伙伴关系，是推动国际格局持续渐进改革的成功经验。在各自推动国家治理的进程中，金砖国家将实现经济社会的健康可持续发展作为最重要的大政方针，聚焦于经济社会发展和民生福祉，倡导并发展了“创新、协调、绿色、开放、共享”的发展理念，以创新求突破，以绿色求健康，以开放促改革，以共享固合作。金砖国家处于相同的经济社会发展阶段，肩负共同的国内国际发展任务，面临相似的发展阶段性挑战，成员国就全球重大政治经济事务和各自国家的治国理政进行沟通交流，共同分享经验心得，也以成功经历为其他发展中国家实现民族复兴和经济社会发展提供了榜样，为那些希望实现民族国家快速发展但又坚持独立自主探索精神的广大发展中阵营成员提供了有益经验。

第二，金砖国家合作的精神。习近平主席在 2014 年金砖国家领导人福塔莱萨峰会期间提出的“开放、包容、合作、共赢”的金砖精神，逐渐成为金砖国家的普遍共识，为各成员国所共同遵循，这是金砖国家携手十年合作发展的内在保障。金砖精神已经深入人心，成为全体成员国努力的方向，也对其他新兴市场国家和发展中国家具有很强的号召力。金砖国家打造了“结伴而不结盟”的战略伙伴关系和发展伙伴关系，遵循各国平等原则，基于大国协调沟通和协商一致的决策模式，通过召开金砖国家和世界主要发展中国家领导人对话会等方式捍卫发展中国家的利益，打造新兴大国和发展中国家合作的典范与创新模式。

第三，金砖国家合作的原则。金砖国家秉持平等、协商、务实、合作的原则。虽然金砖国家国情不同、制度文化和发展模式各异，但在十年的合作进程中，作为世界上最重要的新兴大国和发展中国家的合作平台，各成员国坚持求同存异、协商一致、民主决策的原则，尽最大努力有效消弭分歧，克服挑战和困难，交流政策立场，达成诸多共识，增进战略互信，争取做到“用一个声音说话”。

其中，平等原则是金砖国家合作的首要原则。金砖国家具有突出的多样性，但各成员国不论经济、人口、领土等规模的大小，均坚持平等协商决策，最大程度达成共识，充分尊重和考虑到每一个成员国的利益，这是区别于其他任何大国合作机制的最重要方面。

第四，金砖国家共识。通过十年合作，各成员国在金砖国家的属性定位和未来发展方向方面基本达成了一致，达成了共识。金砖国家确立了“四大建设”的发展方向，一致努力共同建设金砖国家“一体化大市场、多层次大流通、陆海空大联通、人文大交流”。金砖国家确定了“四大伙伴关系”的支柱平台，其合作具有鲜明的发展属性，一致认同自身代表新兴经济体和发展中国家的利益，确立了“维护世界和平的伙伴关系、促进共同发展的伙伴关系、弘扬多元文明的伙伴关系、加强全球经济治理的伙伴关系”的属性定位。

金砖国家“中国年”承前启后，吹响了金砖国家合作新十年的号角。第二次在中国举行的金砖国家领导人厦门会晤围绕“深化金砖伙伴关系，开辟更加光明未来”的主题，总结金砖国家合作的成功经验，坚定金砖成员国合作的信心，巩固金砖国家的团结，描绘金砖国家合作的光明前景，明确金砖机制的前进方向，注入金砖国家合作强劲的动力，继续携手构建新型大国关系，开放包容完善全球治理，合作共赢促进世界经济增长，努力打造具有国际影响力的南南合作重要平台和新兴大国命运共同体。

金砖国家经济合作及其新常态

金砖国家的概念起源于贸易投资，相互之间的正式机制化合作也始于经济金融领域。2007—2016 年，经济合作在金砖国家合作中一直居于中心地位，务实合作成果丰硕，成为金砖国家合作的“稳定器”和可靠抓手。十年间，金砖各成员国同舟共济、抱团取暖，建设金砖国家经济伙伴关系，共同抵御国际金融危机的冲击，推动了全球经济治理体系和国际金融体系的变革，捍卫多边主义并推动建设开放型世界经济体系，成为拉动世界经济复苏并实现强劲增长的最重要引擎；作为新兴市场和发展中国家的代表，金砖国家共同倡导新型全球发展伙伴关系，推动发展中国家间相互合作，推动建设更加开放、包容、平衡、互惠、可持续的全球经济体系，开辟了南南合作的崭新路径。从务实财金经贸合作与经济合作机制建设两个方面看，金砖国家在广泛领域都打造出了成色十足的“金色十年”。

一、金砖国家十年经济合作成就非凡

金砖国家拥有丰富的自然和人力资源、广阔的国内市场、巨大的发展潜力、充裕的政策空间。金砖国家加强合作、携手并进，是世界经济图景中不容忽视的重要板块，让全世界对金砖国家的“成色”有了全新认识。

（一）金砖国家已经快速成长为拉动世界经济增长的最重要经济体

2006 年，巴西、俄罗斯、印度、中国等“金砖四国”当年度在全球主要经济体中的国内生产总值排序分别是第十五、第十三、第十、第四；2016 年，金砖四个创始成员国的全球排序都快速上升，分别居于第九、第十二、第七和第二。2010 年 12 月南非受邀加入金砖国家，金砖国家的地理覆盖范围从拉丁美洲、欧洲、亚洲，迅速扩大到了广袤的非洲大陆。“金砖五国”的国内生产总值之和达到 19 万亿美元，与同期七国集团国内生产总值之和的比例从

17%快速上升到48%。2007—2016 年，金砖国家经济总量占全球经济比重从12%上升到23%，贸易总额比重从11%上升到16%，对外投资比重从7%上升到12%，对世界经济增长的贡献超过50%，2016 年“金砖五国”对世界经济增长的贡献率达到75%。

（二）金融领域的合作是金砖国家合作的重中之重

在双边层面，金砖各国达成了多项双边货币互换协议，朝向构建更稳健金融安全网络的方向发展，并提出了本币结算的倡议。以中国为例，近年来，中国先后同巴西签署了三年期、规模为1900 亿元人民币/600 亿巴西雷亚尔的双边货币互换协议，中俄签署了三年期、规模为1500 亿元人民币/8150 亿卢布的双边货币互换协议，中南（非）签署了三年期、规模为300 亿元人民币/540 亿南非兰特的双边本币互换协议。

在金砖国家的多边层面，作为世界上第一个完全由发展中国家独立组建的全球性多边开发金融机构，新开发银行自2013 年可行性报告获得金砖国家领导人批准，经2014 年签署《新开发银行协议章程》，到2015 年总部落户上海开始正式运行，5 个创始成员国平均出资，初始资本为1000 亿美元，已经向金砖国家的7 个基础设施和可持续发展项目提供了15 亿美元的资金支持，成为金砖国家合作的重要里程碑和有力抓手。金砖国家还启动了初始资金规模为1000 亿美元的应急储备安排，帮助成员国应对短期流动性压力，筑牢金砖国家金融安全网。

在全球层面，金砖国家集体努力，成功推动国际货币基金组织和世界银行通过了最新一轮份额和治理架构改革方案，增强了新兴国家和发展中国家在世界主要多边金融机构中的影响力，五国在上述两个机构内的份额分别由8%和11%上升到14.9%和13%，中国、印度和俄罗斯等成员国在上述两个机构内都成为份额排在前十位的国家。

二、金砖国家十年经济合作机制建设日趋完善

金砖国家经济合作不断深化，积极倡导和推动建设开放型世界经济体系，支持全球多边贸易体制，改革和完善多边国际金融体系。金砖国家经济合作不断机制化、系统化、实心化，有力地推动了经济全球化、增长动力和源泉

多元化及全球经济治理民主化的进程，已经成为改革和完善全球经济治理体系的重要建设性力量。

金砖国家合作已经形成了全方位、多层次、宽领域、广格局的合作框架，建立和完善了一系列金砖国家合作机制，加强顶层设计，注重务实求效，推动落实金砖国家经济合作倡议和有关协定。

第一，金砖国家领导人峰会和非正式会晤为金砖国家经济合作提供政治引领，并对重大议题做出战略决策和政治决定。历次峰会确立了金砖国家"一体化大市场、金融大流通、基础设施互联互通和人文大交流"的合作方向，以贸易、金融、基础设施、产业及创新科技等领域作为重点，并逐步推动《金砖国家经济伙伴战略》的落实，为金砖国家中长期经济合作规划了蓝图。峰会还达成共识，打造金砖国家推动全球经济治理的伙伴关系和促进全球发展的伙伴关系，携手推动国际经济体系朝更加公正合理的方向发展。

第二，建立多个经济领域的专业部长会议机制。金砖国家经贸部长会议在协调各成员国宏观经济政策与贸易合作方面一直发挥着突出作用，并形成了央行行长和财政部长年度多次会议机制，负责工业、交通、税收、海关等经济领域的部长级会议机制也逐步建立和健全。各部长会议机制按照《金砖国家经济伙伴战略》制定的规划，落实领导人峰会达成的共识，是金砖国家务实经济合作的最重要平台支撑和机制保障。此外，为了确保政策沟通和交流的有效性，金砖国家还成立了上述领域的多个工作组和联络组，成为金砖国家经济合作的日常协调和推进落实机制。

第三，成立金砖国家工商理事会，发挥金砖国家工商界的积极性。成立于2013年的金砖国家工商理事会是加强和促进"金砖五国"工商界经济、贸易、商务和投资纽带的平台，是推动金砖国家务实经贸合作的重要机制。理事会加强和促进五个金砖国家工商界间经济、贸易、商务和投资联系，提供金砖国家工商界与政府间保持定期对话的渠道，厘清阻碍金砖国家加强经济、贸易和投资联系的问题，合作领域涵盖基础设施建设、矿业、制药业、农产品加工、服务业（包括金融、信息通信技术、卫生保健、旅游）、制造业、可持续发展等。

第四，金砖国家在全球主要多边经济金融机制内建立了合作和协调沟通机制。二十国集团是当前全球经济治理的首要平台，自2011年法国戛纳峰会，金砖国家领导人开始在二十国集团领导人峰会期间举行非正式会晤，就构建开放型世界经济体系、捍卫全球多边贸易体制的中心地位、推动全球金融治理体系改革等全球主要经济议题进行沟通。金砖国家驻世界贸易组织、国际货币基金组织、世界银行、联合国粮农组织等全球性主要经济组织的代表团也举行定期会议。

三、金砖国家经济合作进入新常态

近年来，受全球经济形势日趋复杂多变的影响，各成员国经济发展也进入新阶段，金砖国家间经济合作逐步加深和拓展，进入了新常态，主要表现在以下两个方面：

第一，金砖国家经济合作的外部环境更加复杂多变，其外溢效应对金砖国家的经济合作造成了巨大挑战。在金砖国家合作起步阶段，面临全球金融危机的巨大冲击，各成员国抱团取暖，共渡难关。但自 2014 年底以来，虽然全球经济开始出现一定程度的复苏，但发达国家和发展中国家的经济分野进一步凸显，全球经济分化日益加剧，贸易保护主义抬头，经贸摩擦政治化明显，以世贸组织为核心的全球多边贸易体制被边缘化的趋势明显，逆全球化和反全球化思潮的抬头为建设开放型世界经济构成巨大挑战，金砖国家间经贸合作及各成员国自身的经济发展普遍受到较为严重的冲击，经济增速放缓。加快经济增长方式转型和调整经济结构是金砖国家及各主要新兴经济体刻不容缓的重要任务。

第二，中国仍然在金砖国家经济合作中起到引领作用，但多种驱动力量逐渐形成，支撑起金砖国家经济合作的“大厦”。中国的年度国内生产总值在 2016 年已经达到 11 万亿美元，超过其他四国总和，7%左右的年均增长率也使中国仍然是全球主要经济体中增速最高的国家之一，中国同其他四国的贸易往来长期占五国相互贸易总额的 90%以上，中国多年来都是巴西、俄罗斯、南非的第一大贸易伙伴，也是印度最主要的贸易伙伴之一。因此，中国在金砖国家经济合作中起到引领作用，对金砖国家整体经济合作的健康发展至关重要。

近年来，金砖国家经济合作的驱动力量渐趋多元，推动建立更为平衡、包容的金砖国家经济伙伴关系，有利于金砖国家实现更健康、可持续的发展。

首先，其他成员国的经济实现快速发展，在全球主要经济体排序中都大幅上升，特别是印度等国近年来国内生产总值保持7%左右的年均增长率，金砖国家内部经济分布更趋均衡，且都有进一步加强金砖国家经济合作的强烈愿望，俄罗斯等国还提出并推动达成《金砖国家经济伙伴战略》等合作倡议，各国携手共同推动金砖国家经济合作。其次，随着金砖国家新开发银行、应急储备安排等金砖合作整体层面的机制逐步完善，并开始独立运行，超越金砖国家成员国层面的金砖多边合作机制也成为巩固和加速金砖国家经济合作的重要平台，并将更加有利于金砖国家实现均衡、全面、包容的经济合作与共同发展。

金砖国家经济合作进入新常态，既同全球政治经济形势密不可分，又是金砖国家主动调控宏观经济和加强共同发展的结果。首先，国际局势继续发生深刻变化，不稳定、不确定因素明显增加，地区冲突此起彼伏，部分地区局势动荡有所加剧，全球反恐形势复杂严峻，导致全球市场需求低迷，世界贸易低位徘徊，国际金融市场波动，冲击了世界经济实现强劲、可持续复苏的态势，金砖国家经济也难免受其拖累。与此同时，在全球新一轮科技革命和产业革命呼之欲出的情况下，世界各国纷纷制定和调整各自的国家经济发展战略，金砖国家经济面临日益激烈的内外部竞争。其次，金砖国家在经历了十余年的高速增长之后，经济社会发展也浮现出一些问题，因此在抓住机遇主动调控宏观经济，进行经济政策调整，力图实现经济转型升级的同时，增速放缓是改革中的阵痛。中国主动调整并适应新常态下的经济发展，巴西新政府也推动了涵盖社会保障、基础设施建设、国有企业改革等在内的全面经济改革进程，印度政府积极推进包括土地、劳工、税收和就业等多个领域的深度改革，南非政府甚至推出了“激进经济改革措施”。

四、金砖国家经济合作的前景展望

十年耕耘，十年收获。金砖国家经济合作契合世界经济发展的客观需要，取得令人称道的丰硕成果，成为新兴市场和发展中国家合作的重要平台。

（一）依然闪耀的“金砖”

展望未来，金砖国家经济发展前景依然光明，并将为世界经济发展和推动国际经济金融治理体系的改革做出更大贡献。第一，要全面、客观地看待造成金砖国家经济增速相对放缓的原因，认识到金砖国家经济快速发展的各项基础要素没有发生变化，其资源能源禀赋强、内生动力足、产业结构日趋合理、国民经济和工业体系日益完善，与全球金融危机期间发达经济体面临的流动性困难、债务危机、需求不足等问题有本质区别。第二，经过主动调整和改革，"金砖五国"着力解决发展中面临的问题，进一步增强了内生动力，通过包容性增长，用社会政策托底宏观经济政策，经济发展迎来从偏重量的增长向注重质的提升的崭新阶段。第三，金砖国家认同逐步形成，五国政策更加协调，合作日益加深，互补性逐步提升，拥有巨大的合作潜力和发展空间，在国际经济金融体系中的话语权进一步增强。

（二）金砖国家经济合作的重点

经济合作是推动金砖国家发展的持久动力，是金砖国家合作成功实现深化与拓展的"压舱石"和"稳定器"，进入第二个十年合作阶段的金砖国家经济合作将迎来更强劲、更包容、更可持续的共同发展，将重点在以下方面加强合作：

第一，加强全球经济治理，共同应对挑战。首先，金砖国家要积极主动共同建设开放型世界经济，坚定维护多边贸易体制的主渠道地位，继续推动多哈回合谈判，反对一切形式的保护主义和排他主义，确保各国发展的权利平等、机会平等、规则平等。其次，金砖国家要继续携手完善国际货币和金融治理体系，继续推动布雷顿森林机构改革，提升新兴市场国家和发展中国家在全球经济治理中的发言权和代表性，特别是要敦促国际货币基金组织在规定时间内完成第 15 次份额总检查，扩大和增强特别提款权货币篮子的作用，继续推动世界银行投票权审议工作。同时，金砖国家应该更好地发挥新开发银行的作用，支持金砖国家及其他新兴市场国家和发展中国家的发展，提高应急储备安排的可操作性。最后，金砖国家应该加强在多边机制中的协调合作。作为最主要的新兴经济体，各国应该在二十国集团、联合国、世界银行、国际货币基金组织、世界贸易组织等重要国际机构及合作框架下加强沟通协调，完善全球经济治理，推动国际经济体系朝着更加公正、合理、高效、可持续的方向发展。

第二，通过深化金砖国家经济合作，促进金砖国家和发展中国家的共同发展。首先，要进一步加强金砖国家经济伙伴关系。金砖国家在全球经济版图中占据重要地位，五国制定了《金砖国家经济伙伴战略》，就加深经济合作、构建贸易投资大市场做出系统规划，在世界经济形势依然复杂严峻、金砖国家经济发展机遇和挑战并存的背景下，金砖国家未来应该对接五国发展战略，落实《金砖国家经济伙伴战略》，规划长期经济合作路线图，加强宏观经济政策协调，致力于金砖国家实现一体化大市场、金融大流通、基础设施互联互通。其次，作为新兴经济体的代表，金砖国家应该继续推动国际发展合作。作为新兴经济体和发展中国家的代表，金砖国家应该继续高举发展旗帜，在全球落实2030年可持续发展议程中发挥示范引领作用，为发展中国家提供更多的资金和技术支持，并要求发达国家履行承诺，巩固国际发展合作势头，将金砖合作打造成为南南合作的最重要平台。

2017年，金砖国家合作开启第二个十年，金砖国家继续秉持“开放包容合作共赢”的金砖精神，全面落实历届峰会成果，构建更紧密的经济伙伴关系，推进《金砖国家经济伙伴战略》，深化各领域务实合作，有效应对全球性挑战，全力打造第二个“金色十年”，努力为促进世界经济增长、完善全球经济治理、推动全球共同发展做出更大贡献。

厦门会晤全面擘画金砖国家第二个十年合作蓝图

2017年1月1日，习近平主席在新年伊始致信其他金砖国家领导人，正式拉开了金砖国家“中国年”的大幕。满载着过去十年间构筑的坚定战略共识和丰硕务实合作成果，2017年金砖国家合作的巨轮在轮值主席国——中国的引领下，乘风破浪，承前启后，擘画金砖国家合作未来十年的美好前景。

2017年9月初在厦门召开的金砖国家领导人第九次峰会凝聚共识，将会议主题确定为“深化金砖伙伴关系，开辟更加光明未来”。秉持开放包容、合作共赢的金砖精神，各成员国携手并肩，力争推动金砖国家合作迈上新的台阶。金砖国家领导人厦门会晤主要在以下方面取得进展：一是深化务实合作，促进共同发展；二是加强全球治理，共同应对挑战；三是开展人文交流，夯实民意基础；四是推进机制建设，构建更广泛伙伴关系。金砖国家凝聚合作共识，规划合作蓝图，坚持伙伴关系的精神，希望构建维护世界和平的伙伴关系、构建促进共同发展的伙伴关系、构建弘扬多元文明的伙伴关系、构建加强全球经济治理的伙伴关系。

一、推务实合作，谋共同发展

务实合作是金砖国家合作的起点和基础，已经成为金砖国家合作进一步扎实发展的“稳定器”，充实了金砖国家合作的整体框架。因此，作为2017年金砖国家合作的轮值主席国，中国将“深化务实合作、促进共同发展”确定为厦门会晤的第一个重点。这是基于金砖国家合作的当前状态和未来前景所做出的准确判断，以应对外界对于金砖国家合作可能“空心化”运转的担忧，也防止金砖国家领导人厦门峰会成为“清谈馆”，促使金砖国家能够以丰硕的成果开启第二个十年的有效合作。

作为轮值主席国，中国在新年伊始即向其他金砖国家领导人以致函的形式做出了郑重承诺：中国将通过“中国年”期间在多个领域的务实合作，促进金砖国家共同发展。

第一，经贸领域的务实合作是重中之重。金砖国家都是新兴经济体的代表，促进相互之间在经贸领域的务实合作任重道远。自从习近平主席在2013年金砖国家领导人德班峰会期间提出金砖国家要朝着一体化大市场的目标努力以来，中国持续推动金砖国家经贸领域务实合作。构建金砖国家一体化大市场也成为中国担任轮值主席国期间推动金砖国家经贸领域合作的重要目标，通过推动金砖国家在电子商务、贸易自由化和便利化、投资、知识产权、金融、制造业等领域的合作，落实《金砖国家经济伙伴战略》。

第二，进一步巩固和加强金砖国家金融领域合作。金砖国家的合作始于金融，第一个十年期间的重点合作领域也是金融领域，作为轮值主席国的中国，也将继续推动金砖国家在金融领域的务实合作，巩固其作为金砖国家合作“有形之物”的地位。中国在三个层面推动金砖国家金融领域的合作：首先是全球层面，中国将推动金砖国家继续携手合作，进一步推动全球金融治理和国际货币体系的改革，特别是世界银行和国际货币基金组织的改革；其次是金砖国家多边层面，中国将推动金砖国家新开发银行稳健、高效、绿色运转，支持金砖国家和其他发展中国家进行更多可持续发展和基础设施建设项目，并研究金砖国家新开发银行适度扩容的可能性，适时予以启动；最后是在金砖国家双边层面，中国将推动金砖国家双边货币互换，完善和健全金砖国家金融安全网络。

第三，科技、卫生、农业、能源、教育、体育、文化等众多其他领域的务实合作将成为新的增长点。金砖国家已经在数十个领域开启了全面合作，落实领导人达成的“治国理政经验交流”，并逐步由各个成员国层面的经验探索上升为金砖国家的发展经验。中国进一步充实金砖国家全面务实合作，并在科技、卫生、农业、能源、教育、体育、文化等诸多领域推出更多务实合作倡议，开拓金砖国家合作新空间，充实金砖国家合作内容。金砖国家合作向这些领域的拓展具有重大意义，不仅进一步巩固了金砖国家的合作机制，还彰显了金砖国家开放包容、合作共赢的精神。作为轮值主席国的中国，将在上述领域提出更多的务实合作倡议。

二、融全球治理，化共同挑战

金砖国家由全球金融治理领域的合作起步，已经发展成为新兴发展中大国围绕全球政治经济重大议题进行全方位协调与沟通的重要平台，在应对全球挑战、加强全球治理方面发挥了重大作用。金砖国家在完善全球治理方面发挥的作用主要体现在以下方面：

第一，促使全球治理体系更加平衡与平等。金砖国家代表新兴经济体和发展中国家的利益，通过政策沟通与协调，以集体立场增强新兴国家和发展中国家在全球治理中的影响力，并提出更具包容性和代表性的全球治理方案，争取与发达国家更加平等的权益，改变了长期以来由发达国家实质性主导全球治理的局面，推动全球治理更加平衡地发展。

第二，为全球治理贡献新理念，提出新规则。金砖国家是新兴大国群体性崛起的产物，提出并遵守新的全球治理规则，在理念上的突破是金砖国家合作为全球治理做出的重要贡献，主要表现为遵循平等性原则、捍卫多边主义、倡导开放包容合作共赢的精神。虽然成员国都是全球性和地区性大国，但是金砖国家的合作倡导并遵循了平等协商的原则，通过多边合作的方式实现政策沟通和立场协调，共同参与全球治理，打造“结伴而不结盟”的新型大国合作范式。突出的案例是金砖国家新开发银行，五个创始成员国在新开发银行享有平等的份额和投票权，通过协商一致的原则进行决策，并对所有联合国成员国开放。

第三，推动现行全球治理机构的改革，并创建新的全球治理机构。首先，金砖国家协调立场，积极推动现行全球治理机构的改革，特别是全球政治安全领域的联合国、全球多边贸易领域的世界贸易组织、全球货币金融领域的世界银行和国际货币基金组织等机构的改革，金砖国家一直就上述机构的改革保持密切的政策沟通和立场协调，推动了世界银行和国际货币基金组织份额、投票权和治理架构的改革，捍卫全球多边贸易体制的核心地位，支持联合国及其安理会进行必要的有效改革。其次，金砖国家倡议并推动成立了新的全球治理机构，特别是在国际金融领域，金砖国家新开发银行已经于2015年7月正式运行，将提出新的全球发展理念，并为新兴国家和其他发展中国家的可持续发展与基础设施建设做出新的贡献。

自2008年全球金融危机以来，世界政治经济形势日趋复杂多变，部分发达国家政治经济形势趋于恶化，贸易保护主义抬头，民粹主义沉渣泛起，发达国家对全球化、全球治理、多边主义等都表现出较大程度的收缩。金砖国家作为新兴国家和发展中国家的代表，经过长期的努力才赢得了在全球治理中的地位和国际影响力，因此，必须通过捍卫全球化、积极参与全球治理的方式，维护自身利益。其可行性路径蕴含于以下方面：

第一，通过增量改革的方式，建设性推动现行全球治理机构的改革。金砖国家是在现行国际体系内快速发展起来的一批新兴大国，积极参与全球治理是其选择的发展路径，因此建设性推动现行全球治理体系的改革是金砖国家一致的选择，而不是要“另起炉灶、推倒重来”，这种激进的“脱钩式”的发展路径已经在几十年前被“依附论”的实验证明为不可行。金砖国家通过成立新开发银行、亚投行、应急储备安排等新的机构、机制推动了现行全球治理机构的改革。

第二，通过稳步推进的方式，由点及面逐步推动全球治理改革。金砖国家选择了以稳健的方式推动全球治理改革，逐步由国际金融领域拓展至国际贸易领域，并已经发展至政治和安全、经济、卫生、发展、能源等更广泛的全球治理领域。

三、促人文交流，筑民意基础

金砖国家智库合作起步于2008年，自从成立金砖国家智库理事会并召开金砖国家智库论坛以来，金砖国家智库合作在进行政策沟通和立场协调、向金砖国家建言献策、规划金砖国家合作长期愿景等方面成果丰硕，发挥了重要作用。

中国作为金砖国家2017年的轮值主席国，积极推动金砖国家智库合作，力争将金砖国家智库合作打造成为金砖国家合作的重要支柱之一。2017年1月11日，金砖国家智库合作中方理事会正式成立，这是中国切实推动金砖国家智库合作和治国理政经验交流的重要举措。金砖国家智库合作在以下几个领域具有广阔前景，值得期待：

第一，打造金砖国家联合智库。金砖国家都委派各自国内最为重要的智库参加金砖国家智库合作，已经于2013年宣布成立金砖国家智库理事会，但这一机制仍较为松散。应增强金砖国家智库间合作，将金砖国家智库理事会打造成为金砖国家联合智库，并以其为基础联系和协调各成员国的智库开展合作，在合作研究、人员往来、人才培养等方面开展合作，为金砖国家合作提供政策咨询和日常协调，在金砖国家合作尚未成立秘书处的背景下，打造金砖国家联合智库具有特殊重要性。

第二，进行长期战略研究。金砖国家智库合作的最重要使命是从事政策研究，特别是对金砖国家合作具有重大意义的长远战略研究。金砖国家智库理事会及各国理事会根据金砖国家领导人峰会达成的共识，就金砖国家合作具有根本性、战略性的议题开展联合研究，并为金砖国家领导人会晤提供政策咨询，这一职能也有其独特优势，应该得到进一步强化。

四、固机制建设，拓伙伴关系

金砖国家合作机制快速发展，进行深度调整的需求前所未有。当前，金砖国家合作已经发展形成了全方位、多层次、宽领域、广格局的合作机制架构，每年度开展包括领导人峰会、领导人非正式会晤、部级会议、高官层次的工作组会议、配套机制等在内的近百项活动，领域涵盖政治、经济、安全、金融、贸易、文化、教育、地方、青年、民间等几乎所有方面。

但是，这些机制之间也存在重复建设、职能重叠、务实合作不足等问题，在没有成立金砖国家合作秘书处的背景下，如何梳理和整合金砖国家合作机制、厘清各机制分工、实现协调与合作、提高各机制运行效率，长期以来都是金砖国家面临的重要议题，继续推动金砖国家合作的机制化建设和机制整合也应成为新时期金砖国家合作需尽快完成的重要任务。因此，中国将加强机制建设、构建更广泛的伙伴关系确定为金砖国家“中国年”期间的四大工作重点之一，及时而且关键。金砖国家在新时期加强机制整合、推动机制化建设意义重大。

第一，要对现有的各个金砖国家合作机制进行全面系统的梳理和考察，弄清各机制的运行现状和相互之间的关系，以充分发挥各机制的潜能，避免重复建设，从而确保金砖国家的合作达到最大协同，也有利于提升金砖国家的落实能力，高质高效地落实金砖国家历次峰会共识和各合作机制的成果，而不是贪大求多，导致长期未决的动议逐步消磨金砖国家合作的信誉度。金砖国家要避免成为“清谈馆”，需要克服机制建设中逐步浮现的“消化不良症”，加强机制整合，逐步发展和建设分工清晰、运行协调、紧密配合、有机统一的合作机制。

第二，适时推动金砖国家扩容，保持金砖国家的开放和包容性，是金砖国家加强机制建设的应有之义。金砖国家目前只有五个成员国，面临着代表性和影响力欠缺等方面的质疑。金砖国家可以通过适时启动第二轮扩容，吸纳部分符合条件的其他新兴发展中大国参加金砖国家合作，进一步扩大金砖国家的规模和影响力，也彰显金砖国家开放包容、合作共赢的精神。实际上金砖国家已经通过2011年吸纳南非加入金砖国家的实践进行了逐步扩容的探索。但是，金砖国家的扩容不是为了扩大而扩大，其前提是不能影响现有金砖国家的合作，而且要吸收世界上其他一些多边合作机制扩大的经验教训，并制定明确的成员国资格标准，探索多种形式的扩容方式，分阶段推进，成熟一个发展一个。

第三，加强和完善金砖国家领导人会晤机制。金砖国家领导人每年定期会晤，就金砖国家合作的重大战略性议题、全球和地区重大政治经济议题等进行全面沟通与协调，并做出战略规划，在金砖国家机制建设中发挥重大的政治指导作用，具有根本重要性。必须进一步充实和完善金砖国家领导人年度会晤机制，并充分发挥二十国集团峰会期间金砖国家领导人非正式会晤的独特作用。

第四，加强金砖国家与其他发展中国家领导人的对话机制。自 2013 年开始，金砖国家领导人峰会第二阶段都要邀请部分发展中国家领导人与会，并召开金砖国家与其他发展中国家领导人对话会，这对于加强金砖国家同其他发展中国家的合作、进一步展现金砖国家作为发展中国家利益代表的身份具有重要意义，应该进一步完善和加强金砖国家与其他发展中国家领导人的对话机制，邀请世界上其他新兴大国和具有代表性的发展中国家的领导人参加金砖国家领导人峰会，就全球治理和全球发展重要议题进行政策沟通。受邀参会的其他发展中国家应符合一定条件，例如代表发展中国家利益、体现全球和地区代表性、不给金砖国家合作带来负面影响等。金砖国家与主要发展中国家领导人对话机制还可以作为“考察机制”和“实习机制”，机制化邀请部分符合条件、将来可能发展成为金砖国家成员国的新兴大国参加。

第五，统筹协调金砖国家合作与其他次金砖国家合作机制之间的关系。除了金砖国家合作之外，金砖国家成员国还在不同的议题领域进行了不同程度的广泛合作，成立了多个次金砖国家合作机制。例如在气候变化领域金砖国家成员国有基础四国（BASIC）机制，在战略安全领域有中俄印三方机制，印度、巴西和南非还推动了印巴南三边合作机制（IBSA），试图打造“民主共同体”。探寻加强金砖国家合作机制与上述次金砖合作机制之间的整合，并逐步将部分次金砖国家机制纳入金砖国家机制的整体框架也是有待解决的课题，既具有现实性，又具有紧迫性。

此外，金砖国家在主要的国际组织和多边国际场合开展了多领域合作，加强在多边国际场合和国际组织框架下的金砖国家合作机制建设也至关重要。这些多边国际场合主要有联合国、世贸组织、国际货币基金组织、世界银行、二十国集团等。

巴西利亚峰会：金砖国家领导人会晤开启新十年

2019年11月，在巴西利亚举行的金砖国家领导人第十一次会晤拉开序幕，其最深刻的时代背景正是当今世界处于百年未有之大变局，大发展、大变革、大调整的整体态势愈加明显而深入。百年未有之大变局的根本内涵在于国际格局和力量对比愈加均衡，包括金砖国家在内的新兴经济体和发展中国家快速发展，虽然在变乱交织的国际局势下各种挑战层出不穷，但大趋势继续朝着对金砖国家和广大发展中国家有利的方向演变。这就注定了本次金砖国家领导人会晤具有深远的历史意义。

总体而言，2019年以来，由于巴西、印度、南非三个成员国国内大选和政府调整带来的影响，以及国际层面大国关系深度变迁和全球多边主义逆流，金砖国家合作自2017年进入第二个十年以来经历了极大的挑战。但随着各成员国的政策逐步趋于稳定，特别是金砖国家领导人2019年6月底在二十国集团大阪峰会期间举行非正式会晤之后，金砖国家合作重回快速健康发展的轨道，加大应对共同挑战、探索新的合作突破点的努力。

金砖国家领导人巴西利亚会晤的主题被确定为“金砖国家：经济增长打造创新未来”，凸显了经贸财金议题在金砖国家整体合作中所具有的“压舱石”和“稳定器”的作用。2019年以来，全球经济增长日益稳定，但全球主要机构纷纷下调了对全球经济增长的预期。客观而言，受到主要经济体之间贸易紧张局势加剧、地缘政治紧张有增无减等因素造成的负面溢出效应影响，全球经济的分化进一步加深，这也给金砖国家的经济增长带来较大的外部压力，特别是在贸易、金融、就业等方面的挑战更加凸显，金砖国家上半年的经济增长情况也证实了这一点，成员国经济增速普遍呈现近年来少见的放缓态势。

为了应对这一挑战，巴西利亚会晤聚焦创新发展和科技合作，以新工业革命伙伴关系的加速发展寻求实现“弯道超车”。因此，金砖国家领导人巴西利亚会晤对金砖合作“三轮驱动”的优先次序做出一定调整，将“政治安全、务实经贸、人文交流”调整为“经贸财金、政治安全、人文交流”。这一调整是客观冷静分析当前国际经济局势和全球经济治理格局演变的现实之策，也进一步明确了务实合作在金砖合作中扮演的基础性角色。

金砖国家在全球治理中代表着新兴市场经济体和发展中国家的利益，坚定维护多边主义，是全球治理体系建设性改革的有力维护者和全球稳定发展的最重要贡献者，追求“立己达人”。因此，金砖国家领导人巴西利亚会晤的顺利举办发出了强有力的声音。金砖国家的成员国都是地区和全球性大国，金砖合作探索实践了新兴大国多边合作的新范式，其内在属性之一就是多边主义和平等原则。在全球和平与发展面临单边主义和保护主义、霸权主义和强权政治严峻挑战的背景下，金砖国家领导人巴西利亚会晤再次强调金砖合作对于维护多边主义和全球治理的努力至关重要。

作为捍卫多边主义和全球治理的最重要力量，金砖国家领导人在巴西利亚会晤期间，重申金砖国家在巩固和维护联合国在国际体系和全球多边主义中核心地位的原则立场，推进联合国及安理会有效改革，尤其是在 2020 年联合国迎来成立 75 周年的重大历史时刻，金砖国家将有力推动联合国及安理会改革，充分反映世界百年未有之大变局所带来的变化，增强新兴国家和发展中国家在联合国及安理会的代表性。

金砖国家都是经济全球化的受益者，长期以来坚持推动建设开放型世界经济。在当前经济全球化逆流，部分国家推行自私自利的经贸政策甚至对外挑起贸易纠纷的背景下，贸易保护主义和排他主义严重损害了全球多边贸易体系，金砖国家也受到全球经济分化的严重负面影响，甚至成为个别国家不负责任的对外经贸政策和贸易霸凌主义的受害者。金砖国家领导人巴西利亚会晤将促使成员国协调各自的经贸政策，发出捍卫世界贸易组织在全球多边贸易体系中核心地位的有力声音，并坚定地维护以国际法为基础的国际秩序。金砖国家的团结合作对全球经济治理体系的建设性改革和更加公正、合理、可持续的全球经济体系的形成起到重要的推动作用。

金砖国家领导人巴西利亚会晤开启了金砖国家领导人会晤的第二个十年进程，在规划金砖国家长期合作从而实现第二个“金色十年”的进程中起到承上启下的作用，也将进一步完善金砖国家“三轮驱动”的合作架构，推动金砖国家战略伙伴关系建设和金砖国家命运共同体的形成，携手新兴市场国家和发展中国家一起推动构建人类命运共同体。

新开发银行：从倡议到金砖国家合作有形之物

一、金砖国家新开发银行：一个倡议

2008 年全球金融危机爆发之后，以金砖国家为代表的新兴经济体的力量逐渐凸显，其要求提高在国际金融机构中的话语权的呼声也被重视。2008 年第一届二十国集团峰会上，国际货币基金组织的改革被提上日程。2010 年 12 月 15 日，国际货币基金组织最高决策机构理事会批准了关于份额和治理改革的方案。2012 年 10 月 9 日，国际货币基金组织秋季年会在日本东京召开。在此次为期 6 天的会议中，一项被称为国际货币基金组织成立 67 年来“最根本改革”的方案终于在提出 4 年后，进入冲刺阶段。在这一改革方案中，新兴市场国家在国际货币基金组织中的地位得到了明显提升，新增 6%的份额。其中，中国的份额由之前的 3. 994%大幅上升至 6. 39%，由之前的第六位跃升为仅次于美国和日本的第三大份额国。由于国际货币基金组织按照份额比例派发投票权，在份额比例确定提升后，中国在国际货币基金组织中的份额和投票权都上升至第三位。在重新分配份额之后，国际货币基金组织前十大成员国的排序变为：美国、日本、中国、德国、法国、英国、意大利、印度、俄罗斯和巴西，四个金砖国家创始成员国都跻身前十名。份额的改变将为新兴经济体和发展中国家在全球金融体系中带来更大的话语权。但是发达国家迟迟不兑现自己的上述承诺，金砖国家长期呼吁的促使发达国家向新兴经济体实质性转移投票权的诉求被搁置。为推动现行国际金融体系的改革，金砖国家选择成立一个新的开发银行，以补充现有国际金融机制的不足，并推动其尽快落实治理和改革方案。

成立金砖开发银行具有十分重大的战略意义。在一些西方国家企图唱衰金砖国家合作，以维持自身在国际政治、经济、金融领域的影响力和话语权的情况下，金砖国家建设新开发银行的努力恰恰证明了金砖国家合作的重要性、必要性和生命力。成立金砖国家新开发银行，是推动国际金融体系改革的重要步骤，同时也为金砖国家在基础设施建设等领域的合作项目提供融资便利。

二、从概念到可行：围绕金砖国家新开发银行的谈判历程

虽然金砖国家建设新开发银行对于国际金融体系乃至国际格局的整体演变都具有重大意义，但是，由于其对于美欧等发达经济体主导的现行国际金融体系形成了巨大的改革压力和一定程度的冲击，并且金砖各成员国也对新成立的开发银行拥有自己的看法，所以，新开发银行从概念到可行性研究，再到决定成立和正式运行，经历了一个复杂艰难的谈判历程。

金砖国家正式提出成立一家开发性银行的倡议要追溯到 2012 年 3 月在印度新德里举行的金砖国家领导人第四次会晤期间。各金砖国家领导人探讨了建立一个新的开发银行的可能性，为金砖国家和其他发展中国家的基础设施和可持续发展项目筹集资金，并作为对现有多边和区域开发金融机构促进全球增长和发展的补充。五国领导人指示财长们审查该倡议的可能性和可行性，成立联合工作组进一步研究，并在金砖国家领导人南非德班峰会前向领导人报告。

2013 年 3 月，在南非德班召开的金砖国家第五次峰会标志着建立金砖开发银行迈出了关键性一步。五国领导人一致认为建立一个新的开发银行是可能和可行的，同意建立该银行，并且保证银行的初始资本应该是实质性的和充足的，以便有效开展基础设施融资。之后，金砖五国的财政部和央行根据领导人的共识继续谈判，就创立金砖开发银行的具体协议进行磋商。金砖国家的财长和中央银行行长们在 2013 年内和 2014 年上半年进行了多次会晤，具体讨论资本金的筹集、首任行长的选任、银行总部等重大问题。2013 年 9 月，在俄罗斯圣彼得堡召开的二十国集团峰会期间，金砖五国领导人审议了金砖开发银行建立的进展，并要求五国财政部和中央银行加速谈判进程，争取在巴西召开金砖国家第六次峰会期间正式宣布成立金砖国家新的开发银行。

建立金砖国家新开发银行是金砖国家领导人德班峰会的共识，也是德班峰会的主要亮点，有必要全力促成。一般而言，成立一个崭新的跨区域多边金融机构需要具备以下条件：第一，能够填补国际金融架构的空白；第二，发起者能获得看得到的实际利益；第三，其他国家也能得到好处；第四，遵

循市场规则和成熟的银行业运作体制。成立金砖国家新开发银行有需求也有条件，关键是如何做到让五国都心甘情愿，且不致因此而对发达国家及其主导的现行国际金融秩序造成过快过大的冲击和刺激。

金砖国家新开发银行落地前的全面技术性问题包括银行的属性、初始资本、总部选址、行长人选、股权分配、决策机制等，由于各国都有自身考量，因此金砖五国的财政部门和中央银行围绕上述问题进行了多轮工作组谈判。2013 年 4 月 19 日，金砖国家财长和央行行长会议同意尽快成立由印度和南非担任联合主席的工作组，成员包括各国财政部和央行官员以及有关机构人员。5 月初，印度财政部向各方散发了关于成立工作组和具体研究领域的建议文件。7 月 19 日，金砖国家财政部部长和央行行长在莫斯科举行会议，审议通过了金砖国家新开发银行下一阶段的谈判安排，并提出了争取早日就成立金砖国家新开发银行的关键性问题达成共识，主要包括银行的初始资本、股权分配、银行总部选址、行长人选等基础性问题。2013 年 8 月 1 日至 2 日，金砖国家在印度新德里举行了金砖国家新开发银行首轮谈判；2014 年 2 月 19 日至 20 日，“金砖五国”代表团在悉尼举行第四次金砖国家新开发银行谈判；4 月 8 日至 9 日，“金砖五国”在美国华盛顿举行金砖国家新开发银行第五轮谈判。6 月 21 日至 23 日，金砖国家新开发银行第六轮谈判在澳大利亚墨尔本举行，各国财政部副部长级代表参加，有别于之前历次谈判代表团团长都是财政部司局级高官，本次会议升级为副部长级就预示着金砖国家新开发银行的成立在关键性问题上取得了实质性成果，各国都在为于巴西举行的金砖国家领导人第六次会晤期间宣布金砖国家新开发银行正式组建进行冲刺。

三、金砖国家各成员国对成立金砖国家新开发银行的战略考量

金砖国家都是地区和世界性大国，在全球金融体系和国际发展合作中也都处于不同的地位，因此，各成员国对于如何推动成立一个完全由发展中国家组建并主导的开发性金融机构有不同的战略考量。中国在金砖国家合作进程中处于引领地位，一直坚持积极推动金砖国家新开发银行建设取得实质成果。在具体推动过程中，中国坚持在确保谈判顺利进行并取得实质性成果的前提下，同各国一道坚持平等的合作伙伴关系，从金砖国家合作的大局出发，

积极促使南非、印度等金砖国家合作年度轮值主席国发挥积极作用，而不是一味追求自身的主导地位。中国坚持金砖国家新成立的开发性金融机构一定要有充裕的初始资本，要成为金砖国家务实合作的抓手之一，并且保持金砖国家新开发银行的开放性。例如新的开发银行建立，要重点为金砖国家自身和新兴经济体及广大发展中国家服务，优先选择发展中国家关心的大中型基础设施建设作为重要的投资方向，确保工程项目的可持续发展和环境友好，成为推动南南合作的重要措施。中国坚定地认为金砖国家新开发银行是德班峰会的重要成果，虽然金砖各成员国对设立开发银行还存在一些技术性分歧，但各国应采取以下两步推进措施：首先在德班峰会期间由各国领导人就设立开发银行达成原则共识，然后交由财政部和央行继续探讨具体事宜。

巴西对于成立金砖国家新开发银行一直持积极立场，并且坚持银行保持开发性质，为金砖国家自身和其他发展中国家的基础设施建设提供融资支持。由于国内面临世界杯、奥运会等筹备工作和政府大选，巴西也认识到自身在地理位置上远离其他四个金砖国家的现实，因此在金砖国家新开发银行总部选址上保持较超脱的立场，但其以此为条件，希望得到其他国家的支持，由巴西推出金砖国家新开发银行首任行长。巴西作为2014年金砖国家领导人第六次峰会的主席国，在各国之间积极磋商，希望在本次峰会期间能够正式宣布金砖国家新开发银行成立。

俄罗斯对于成立金砖国家新开发银行的态度经历了一个较大幅度的转变。相当长时期内，俄罗斯对于成立金砖国家新开发银行立场消极。俄罗斯的这一态度也导致金砖国家新开发银行迟迟难以取得较大进展。南非和中国等国积极争取，提醒俄罗斯在金砖国家新开发银行问题上需要做出政治决断，俄罗斯态度开始发生转变，表示尚需要更多时间研究，但并未完全否认建立开发银行的必要性，俄罗斯并不愿意成为独家“绊脚石”。乌克兰危机后，俄罗斯遭受美欧等西方经济体的制裁，金融行业首当其冲，俄罗斯的国际支付能力和外汇储备面临着巨大压力。在这一背景下，俄罗斯的立场发生了明显变化，积极参加金砖国家新开发银行的谈判。俄罗斯支持新成立的开发银行保持发展属性，尤其是金砖国家新开发银行的业务重点是为金砖国家和广大发展中国家的基础设施和可持续发展项目提供融资支持，俄罗斯认为这可以为自身推动远东地区开发赢得更多支持。

印度利用2012年金砖国家新德里峰会的机会，积极推动金砖国家设立一个新的开发银行。印度学界和政界都呼吁尽快成立金砖国家新开发银行，并希望在德班峰会上取得实质进展，为此，各国抓紧就银行架构、资本构成等相关细节进行磋商。印度的考虑是，鉴于西方国家对国际金融体系改革虚与委蛇，金砖国家内部应加强金融合作，为金砖国家和其他发展中国家基础设施和可持续发展项目筹集资金，并对现有多边和区域金融机构的不足进行合理补充。首先，成立开发银行能扩充金砖国家合作机制的功能。新的开发银行可向金砖国家成员国和其他国家提供资金，支持其基础设施建设，促进其绿色环保科技研发以应对全球气候变化。其次，可使金砖国家在与世界银行和国际货币基金组织打交道时占据有利地位。虽然五国对国际货币基金组织的出资额不断增加，但是在世界银行和国际货币基金组织的决策机制中影响力依然较弱，发达国家迟迟不兑现对金砖国家做出的按照国际力量对比变化改革现有国际金融机构的承诺。成立金砖国家新开发银行将增加金砖国家的谈判筹码。

作为德班峰会的轮值主席国，同时为了借助金砖国家合作机制进一步巩固自身在非洲的引领地位，南非积极推动金砖国家新开发银行保持开发属性，使其承担起全球扶贫、基础设施建设融资的重要责任，为非洲基础设施建设提供融资支持。因此，南非积极推动金砖国家新开发银行尽快成立，在各国之间进行联络，推动各国政策和立场的沟通协调。南非认为，借助全球金融危机的时机，适时宣布正式成立金砖国家新开发银行，在当前西方国家深陷国际金融危机泥淖的情况下，是以金砖国家为代表的发展中国家对现有国际金融体系进行改革的最佳时机。德班峰会前，南非的预期是德班峰会期间能在建立开发银行问题上取得实质性进展，至少能够在会晤宣言中宣布成立开发银行是可能的和可行的。如有可能，希望届时能够公布该银行的资本规模及成立时间表。南非十分希望新的开发银行总部设在南非，其他各非洲国家也对成立金砖国家新开发银行高度重视，多次向南非提出，请南非争取让金砖国家新开发银行总部落户非洲。德班峰会后，南非积极推动各国保持金砖国家新开发银行的发展属性，并积极游说各国，尽力争取其落户南非。

成立金砖国家新开发银行是金砖国家务实合作的亮点和抓手，有利于建立金砖国家的金融安全网，既能巩固各成员国的利益联系纽带，又能借此推动国际金融体系改革，增加金砖国家在全球金融治理和货币体系中的发言权和影响力。各方在设立金砖国家新开发银行的技术性问题上持有不同看法，但都认识到成立金砖国家新开发银行的重大意义。

四、金砖国家新开发银行到底花落谁家

巴西作为2014年金砖国家合作轮值主席国，将金砖国家新开发银行的成立视为福塔莱萨峰会的最重要成果之一。巴西希望开发银行保持开放性，坚持发展导向，五国在股权份额分配上保持平等。但是，巴西认识到在银行总部选址的竞争中，自身处于一定的劣势。因此巴西愿意支持其他国家，但希望赢得金砖国家新开发银行首任行长人选的提名权。虽然巴西在德班峰会之前曾公开支持南非开普敦成为开发银行的总部所在地，但经过多轮谈判磋商，又转向支持中国上海。巴西拥有众多在国际金融机构工作经历的金融界人士，熟悉国际金融机构的工作文化和规则。巴西央行现任领导层和财政部内有人有在国际货币基金组织和世界银行等国际金融机构工作的经验，具有出任金砖国家新开发银行行长和主要管理人员的优势。

俄罗斯因乌克兰危机后遭受美欧等西方经济体金融制裁，一改一直以来对成立金砖国家新开发银行的消极态度，开始积极支持金砖国家新开发银行的组建。虽然俄罗斯曾一度提出将银行总部设在莫斯科，但其后逐步放弃立场，改为支持中国上海，以争取股权方面的有利条件。在俄罗斯看来，金砖国家新开发银行对俄远东地区的开发和基础设施建设融资是一个很好的选择。通过金砖国家新开发银行支持俄远东地区基础设施建设，促进远东开发和社会经济发展，具有重要意义。

印度认为金砖国家新开发银行组建后应该重点关注成员国和发展中国家的基础设施建设，五国股权保持平等，反对任何一国在金砖国家新开发银行中拥有主导权。印度希望孟买成为金砖国家新开发银行总部所在地，如果孟买落选，印度认为南非开普敦是最佳选择之一。印度和南非都坚持认为，金砖国家新开发银行作为多边国际金融机构，其总部应该设在英语国家，并且所在城市应具备同国际金融市场保持密切联系的条件。

南非作为2013年主席国，认为在德班举行的上一次峰会是金砖国家组建开发银行的里程碑。南非认为自身有同金砖各国磋商推动成立金砖国家新开

发银行的经验，客观上拥有时区、英语国家等客观优势，同时，南非与主要国际金融中心之间保持着密切的联系，开普敦具有成为金砖国家新开发银行总部和国际金融中心的优良条件。而且，南非认为新成立的开发银行作为一家全球发展金融机构，最重要的是要支持发展中国家的基础设施建设，而非洲大陆作为发展中国家最为密集的地区，必然是金砖国家新开发银行的重要合作伙伴，因此，总部落户南非，也有利于金砖国家新开发银行更好地开展业务。此外，南非认为，其他金砖国家之间围绕金砖国家新开发银行所持有的不同立场和激烈竞争，将进一步凸显南非的客观优势，成为各方博弈和妥协的最佳折中，也就是“小有小的优势”。

中国以其领先的经济总量、巨额的外汇储备、同各国密切的经贸联系和较为完善的金融体系等，在金砖国家经济和金融合作中一直处于引领地位。作为负责任的大国，中国对于金砖国家新开发银行抱持积极开放的态度，愿意同各方一道共同推动国际金融体系的改革，同时补充现有国际金融机制的不足，为全球发展和国际金融秩序的稳定提供更大更有力的保障。为了确保金砖国家新开发银行能真正发挥上述作用，中国坚持新成立的开发银行必须拥有充裕的初始资本，并且坚持发展属性。虽然在国内有多个城市对争取金砖国家新开发银行落户表示了浓厚兴趣，但总体而言，上海在这一竞争中拥有明显的综合优势。上海是知名的国际大都市，越来越多的跨国公司亚太地区总部或者运营中心等落户上海，上海在推进国际经济中心、贸易中心、金融中心和航运中心建立的过程中取得了巨大成绩，在硬件和软件等各方面都比其他候选城市拥有更明显的优势，处于领跑位置。

金砖国家新开发银行不论花落谁家，都是金砖国家务实合作的里程碑，对于推动国际金融体系改革、弥补现行国际金融体系的不足和巩固金砖国家合作具有重要的战略意义，也将承担起促进金砖国家与发展中国家社会经济进步、提升南南合作水平的重任。

大型国际活动：金砖国家展示巨大进步的新平台

在里约奥运会筹备工作掀起的如潮水一般的喧嚣与骚动中，第 31 届夏季奥林匹克运动会的首场比赛如期举行了。也许是巧合，巴西、中国和南非等金砖国家的三支女足队伍在首个比赛日集体登场，拉开了里约奥运会的比赛序幕。里约奥运会是南美国家首次承办的夏季奥林匹克运动会，是一次真正意义上的在地球的南端举行的奥运会，是以金砖国家为代表的发展中国家通过举办大型国际活动展示自身巨大进步的又一次努力。

金砖国家的集体崛起发轫于2008年，与全球金融危机背景下发达国家普遍面临经济困难的境况呈现鲜明对比，金砖国家以其耀眼的经济表现在世界舞台上一时风光无限。与此相映衬，世界大型活动和全球重大赛事也都纷纷花落金砖成员国，金砖国家一时热闹非凡，成为世界关注的焦点。自2008年在中国召开夏季奥林匹克运动会开始，南非于2010年主办了第19届世界杯足球赛，2014年巴西主办了第20届世界杯足球赛，同一年俄罗斯成为第22届冬奥会的东道主，在里约奥运会两年之后，俄罗斯于2018年主办第21届世界杯足球赛。在这热闹纷繁之中，不禁让人产生这样一种判断：受益于之前二十年的经济快速增长，金砖国家几近垄断了地球上的大型国际活动和重大国际体育赛事。

为什么金砖国家这些新兴的经济巨人会如此热衷承办这些大型国际活动呢？究其原因，最主要无外乎以下几个方面：

首先，经济实力决定一切，经济快速发展带来的国家自信心，使得金砖国家有能力也有意愿承办这些大型活动。例如，北京奥运会花费了70亿美元，而索契冬奥会的开支则高达214亿美元。在金砖国家获得这些大型活动承办权的那些年，恰恰是其经济飞速发展的阶段，相比于西方发达国家缓慢的经济增速，金砖国家的经济增速普遍在7%~10%。中国先后超越德国和日本，成为世界第二大经济体。

其次，“金砖五国”都是世界性和地区性大国，拥有极强的民族自豪感，希望通过举办大型活动向世界宣示其创造的新的巨大成就、塑造新的国家形象、提升国际地位，将经济发展转化为国际政治和文化影响力。例如，2008年北京奥运会之前的中国社会总有一种希望获得世界认可和称赞的心理，2008年之后的中国思潮发生了巨大变化，在国际社会变得更加自信了，在处理国际事务及全球治理和多边行动方面变得更加主动了。这种强大的示范效应，不仅给金砖国家，也给其他新兴经济大国等带来了深刻的心理影响，成为其争相模仿的榜样。

最后，通过承办大型活动，新兴国家可以获得颇多现实收益，一举多得。最直接的结果就是，可以瞬间吸引全世界关注的目光，赢得世界的认可，提升国际影响力，增强民族自豪感和国家团结。对内而言，一次大型的活动，就是一项系统工程，需要社会各方面的集体协作，对提升政府的管理和服务水平、提升民众素质、加快国际化进程，都有重要的推动作用。

但是，这些新兴大国仍然面临各种各样的问题，而这些问题是需要通过逐步推动改革、实现社会进步才能解决的，不可能一蹴而就。此外，国际地位也不可能通过一次大型活动就得到根本性提升，举办大型活动的巨额开支甚至有可能给国家社会经济发展造成巨大压力，不仅无法提升国力，甚至带来消极影响。

在热闹的大型活动，以及由此带来的巨大国际声誉背后，新兴大国在很多方面还需要进一步加强，这也是新兴大国真正实现世界强国梦所必需的。第一，关注社会民生，将国内发展和民众的利益放在首位，对新兴大国而言，体现为改善道路、交通等基础设施，提升医疗、教育等社会服务，真正获得民众更牢固的支持，增强国家认同感，张扬民族自豪感。第二，提升治理水平，从里约奥运会等金砖国家举办的大型活动引起的纷扰中，我们可以看到这点尤其重要，这种软性的能力建设也是新兴大国最欠缺的。

奥运会的崇高目标是弘扬和平合作理念，但奥运会的本原属性还是体育，是张扬人的力量美，是对“更快更高更强”的追求。虽然我们不能一叶障目，把体育和政治混为一谈，但是从奥运会等大型活动的承办之中，我们还是能管中窥豹，得悉国际社会发展中一些有意思的趋势。正如里约奥运会来到了地球南端一样，这个世界不仅是扁平的，而且南北也日趋均衡。

第二章
金砖国家合作的机制化建设

新兴经济体的经济发展战略及其发展前景

为顺应经济全球化深入发展和国际产业分工转移的趋势，巩固和保持快速发展的势头，进一步增强自身国力，作为最主要新兴经济体的 E22 各主要国家都根据本国国情，调整和完善经济发展战略，形成了各具特色的经济发展道路和发展模式。由于新兴市场国家发展动力强劲，发展可持续性强，它们将继续扮演世界经济增长重要引擎的角色，在国际舞台上将受到更多关注。在这方面，印度等国成为最具代表性的 E22 国家。

一、新兴经济体的中长期经济发展战略

（1）阿根廷。2016 年 11 月，阿根廷总统筹备建立了“阿根廷 2030”委员会并亲自主持召开了第一次会议，谋求制定一个切实可行的国家中长期计划，指明阿根廷发展方向，以改变阿根廷一直处于变动之中但缺乏国家发展中长期目标的局面。该委员会由作家、历史学家、科学家、政治学家、经济学家、社会科学家、教育学家等不同领域的专家组成，重点关注议题为教育、一体化、气候变化、就业、新科技等。

（2）埃及。2014 年，埃及总统提出了“经济振兴计划”，希望通过振兴经济实现民族复兴。

（3）沙特阿拉伯。2016 年 4 月 26 日，沙特政府正式公布了经国王批准的《2030 愿景文件》。该文件分为社会、经济、国家建设三大主题，明确了沙特未来 15 年的发展目标，强调要实现“社会欣欣向荣、经济繁荣兴旺、国家理

想远大”的发展愿景，到 2030 年，使沙特在全球经济体中的排名提升至前 15，将全球竞争力指数排名提升至前 10，将非油外贸出口占比提升至 50%等。

（4）印度。2014 年，莫迪在一片“求新、求变”的呼声中当选印度总理，之后，莫迪强势推动国内多个领域的深度改革，并先后提出制定《三年行动议程》《七年战略》和《十五年长期愿景》等国家近期和中长期发展战略，继续保持印度近年来经济快速发展的势头，希望在 2022 年实现建设“新印度”的发展目标，并在中长期实现印度自 20 世纪 40 年代独立以来提出的“成为有声有色的世界大国”的发展目标。

（5）印度尼西亚。2014 年 10 月，印尼总统提出“全球海洋支点”战略构想，希望推动印尼国家发展战略从以往的重视陆地转向重视海洋。海洋基础设施建设和捍卫海洋主权是印尼“全球海洋支点”战略构想的两条主线，以基础设施建设为核心抓手，顺应区域经济发展的潮流，充分发挥印尼的地缘优势，打造国际经贸往来的战略通道。

（6）哈萨克斯坦。2014 年，哈萨克斯坦总统提出了新的国家发展战略，规划了 2050 年前国家发展战略部署，提出在 2050 年前成为世界上最发达的 30 个国家之一。为了实现这一目标，哈萨克斯坦每年将保持不低于 4%的经济增长率；到 2050 年，中小企业产值占国内生产总值的比重应提高到 50%，人均国内生产总值增加到 6 万美元，城市居民人数增加到 70%左右，人均寿命提高到 80 岁。

哈萨克斯坦将通过两个阶段实现 2050 年发展战略。第一个阶段截至 2030 年，将重点保障传统经济领域的快速发展；第二个阶段则希望哈萨克斯坦依靠知识密集型产业实现可持续发展。2018 年 3 月，哈萨克斯坦总统批准了《2025 年前国家发展战略规划》。该文件引入了全新的经济增长模式，即通过提高生产率和经济复杂度、开发人力资本、鼓励民间资本、激发地方发展潜力等手段，发展出口型产业。哈萨克斯坦确定了 7 个优先发展方向，包括：加速推进创新工业化发展；促进传统矿产、油气等资源开采领域的发展；实现农工综合体的创新转变；建立知识密集型产业，提高哈萨克斯坦的科技发展潜力；保障城市化、交通和能源三大板块的基础设施建设；鼓励中小企业发展；发展高质量的教育体系，促进卫生、文化、社会保障等领域的发展。

（7）马来西亚。早在 1991 年，马来西亚政府就提出了“2020 宏愿”发展战略，旨在 2020 年建成发达国家。为此目标，马来西亚政府先后制定了数个五年发展计划，第十一个马来西亚五年发展计划跨度为 2016—2020 年，是实现成为先进经济体发展目标的关键阶段。

（8）尼日利亚。2017 年 3 月，尼日利亚总统制定了《经济复苏与增长计划》（ERGP），为尼日利亚 2017—2020 年发展描绘了蓝图，也为长期增长奠定了基础。该计划确定了收入来源以解决财政赤字和增加外汇储备问题，在电力、公路、铁路等领域进行大胆的结构性改革，并为提供更好的公共服务进行改革。

（9）巴基斯坦。2014 年，巴基斯坦政府通过了名为“远景 2025”的长期国家发展蓝图，规划了 7 大优先发展领域，包括社会建设、经济、能源发展、提高生产力、提升集中治理能力、增强竞争力和互联互通建设。

（10）菲律宾。菲律宾总统于 2016 年 3 月公布了《雄心国家 2040》的国家中期发展计划，计划在未来的 24 年里，通过维持国内生产总值每年至少 6.5%增速的水平，实现菲律宾在 2040 年成为高收入国家的目标，使菲律宾的人均收入增加到 1.1 万美元。

（11）波兰。2016 年，波兰政府提出“负责任的发展”战略，计划在今后的 25 年里为经济发展注入资金 1 万亿波兰兹罗提，通过继续加强税收监管，保证国家正常税收秩序，给波兰各地，特别是缺乏资金的地区和城市带来平等的发展机会。

（12）俄罗斯。2018 年 5 月，俄罗斯总统签署《五月政令》，公布了名为《关于俄罗斯到 2024 年前的国家战略发展任务和目标》的文件，要求俄罗斯到 2024 年前成为全球五大经济体之一。为实现这一目标，俄罗斯经济每年都要保证增长率高于全球平均值，同时要保持宏观经济稳定，通货膨胀率不超过 4%。

（13）南非。2012 年，南非政府通过了《2030 国家发展规划》，提出通过不懈努力，到 2030 年使全国消除贫困、减少不平等、提高经济实力、增强国家综合能力、促进整个社会团结合作。该文件进一步明晰了南非发展步骤，在实现第一个五年计划（2013—2017 年）后，南非政府将在第二个五年计划期内（2018—2022 年）实现经济发展多样性，包括进一步发展能源密集型产业，如采矿业，同时有序发展技术密集型产业、商业和服务业等。与此同时，该文件制定了南非至 2030 年的六大优先发展战略：①团结所有南非人民，为实现国家最终繁荣与平等做出不懈努力；②积极推动公民在国家发展、民主和义务方面的共识；③推动国家经济向发展更快、投入更高、吸引更多劳动力的方向前进；④采取务实态度，着眼于人民和国家发展的关键能力；⑤建设一个有能力且发展较强的国家；⑥通过全社会不懈努力，共同解决国家面临的问题。

（14）土耳其。2015 年，土耳其政府提出了名为《新土耳其契约》的执政纲要，首次推出建国百年的 100 条经济发展目标，主要涵盖了促进宏观经济、降低通胀、稳定货币、增加就业、扩大投资、刺激储蓄、加强研发等任务，目标是在 2023 年进入世界经济前十强，并实现全体人民共同富裕。

（15）越南。2016 年 2 月，越南政府发布了《2035 年越南：走向繁荣、创新、公平和民主》报告，涉及竞争力、创新、社会保障、环境、农业、农村、城市化、管理等领域，确定了在 2035 年将越南发展成为中等偏上收入国家的目标。为此，在未来 20 年越南要保持较高增长率，人均收入年均增长 7%。到 2035 年，越南年人均收入达到 1. 5 万~1. 8 万美元。

二、案例：印度的国家经济发展战略

印度正处在国家发展振兴的重要时期，是世界上仅次于中国的最重要新兴经济体。基于印度目前的国内政治情况，印度人民党在全国层面实现较长时间执政的可能性较大。为此，印度制定的国家中长期经济发展战略较为充分地反映了印度的国家发展目标。莫迪总理执政以来，针对印度经济发展长期性和结构性因素，设定了一系列重大改革措施，将改革优先集中于三个领域：一是改善基础设施建设；二是吸引更多外国投资；三是配合“印度制造”，为印度“再工业化”创造条件。

2017 年初，莫迪总理提出了建设“新印度”的愿景，希望在 2022 年前建设一个崭新的印度。为此，2017 年 9 月，印度财政部公布了印度国家转型委员会起草的《三年行动议程》，拟定未来 3 年印度发展蓝图，引导各邦实行经济战略转型，意在塑造“新印度”梦想。除此之外，莫迪政府还希望在 2019

年赢得连任的基础之上，打造印度人民党长期执政的格局，从而实现其对印度的长期发展规划。为此，莫迪政府还要求印度国家转型委员会继续起草两份中长期国家发展战略，即覆盖其第二任期的《七年战略》和配合印度人民党长期执政的《十五年长期愿景》。

（一）印度的《三年行动议程》和“新印度”目标

莫迪总理在2017年上半年多次演讲中提出，要在2022年建成“新印度”，在全国范围内实现贫者有其居，保障每家每户有稳定的水电供应，农民收入翻番，全国卫生条件得到改善。为此，莫迪还表示要杜绝国内的地方主义、种姓主义和门阀政治，要建设一个“无腐败的印度”，要推动国内的税收体制改革、劳动力市场改革、货币制度改革和征地制度改革等。

印度国家转型委员会起草的《三年行动议程：2017—2018年到2019—2020年》共分7个部分24个章节，包括政府收支框架、主要部门经济转型、区域发展、增长动能、政府和社会改革及可持续发展等内容。报告阐述了印度政府在2017—2018年到2019—2020年雄心勃勃、具有改革意识且可实现的行动议程。该行动议程是印度《十五年长期愿景》和《七年战略》的一部分，它提出了实现印度及其人民全面发展的路径。

该行动议程建议未来3年财政赤字削减到3.5%以内，规划了农业转型纲领，聚焦城市化、农业和地区均衡发展，还建议采取多项措施打击腐败，改革公务员和选举制度，改革司法制度，精减人员，广泛利用信息和通信技术提高效率，构建包容社会，消除社会群体间的隔阂和歧视。

该行动议程指出，印度自独立以来就梦想繁荣富强，但人均收入水平极度低下和普遍的贫穷让印度无法实现这一目标。自独立以来印度经济一直低速增长，直到1991年改革后才出现转折，随后逐渐走上较快增长的道路，20多年的发展为印度崛起创造了条件，也为未来印度经济高速增长和大规模脱贫奠定了基础。印度政府表示，该行动议程将通过实施战略转型促进经济发展，印度未来3年经济增速有望超过8%，为未来10年减贫奠定基础。

这份经由印度财政部发布的报告共67次提到“中国”，显示印度政府正在参考借鉴中国经验以发展印度经济。该行动议程强调有必要“复制”中国在沿海地区设立大型经济特区的模式，在印度东、西两岸设立两大就业中心。

总体来看，《三年行动议程》是仿效中国设立大规模经济特区、推动城市化步伐、发展具备全球竞争力的制造业、由出口导向战略转向出口替代战略等发展模式，参考中国发展经验，依据印度情况制定的国家发展战略。

综观上述发展目标，总体而言，该行动议程目标过于宏大，以印度目前的条件，3 年时间很难完成。有些领域的目标不太具有可操作性，比如让农民 3 年收入翻一番、2020 年实现印度清洁能源装机容量 100 吉瓦等。该行动议程提出的发展任务具有挑战性，需要在社会经济等多个领域推进实施强有力的政策。此外，印度发展到今天的确需要开启新的经济发展模式，但不应只是关注城市发展，必须使农村和城市平衡发展。

（二）莫迪政府的长期改革措施

莫迪政府对印度的长期改革将以《七年战略》和《十五年长期愿景》两份重要文件为指引，其深度推动的各项改革措施已经为长期发展奠定了基础。

第一，加强基础设施领域建设，主要在电信、公路—铁路系统升级改造、税收制度改革以及智慧城市建设等方面展开。

第二，吸引外资，主要着力点集中于改善投资环境、改革制约外资的系列法律法规，涉及土地、电力、税收、劳工法等。

第三，制定“印度制造”战略，目标是促进包括交通、煤矿、电子、化工、食品加工等在内的 25 个制造业领域的发展。

金砖国家合作机制化建设的路径及方案

一、金砖国家完善机制化建设的重要性

完善金砖国家的机制化建设是金砖国家合作自起步以来的重要课题之一，其重要性不言而喻

（一）机制化建设关系到金砖国家合作的定位以及未来发展方向

经过十多年的发展，金砖国家在国际舞台已经拥有了一席之地，在国际政治、经济、金融等多个领域越来越具有影响力，金砖国家成为国际关系中

的一个行为体已经是不争的事实。但是金砖国家的根本定位是什么，如何界定其未来的发展方向，它是否有清晰的发展蓝图，则是一个重大问题。金砖国家是维持作为非正式国际机制的现状，还是成为正式的国际组织，最重要的标志就在于是否常设秘书处。但金砖国家对是否设立秘书处、如何设立及设立何种性质的秘书处还有分歧，而这一问题是关系到金砖国家合作未来发展的最具根本指向性的问题。

（二）机制化建设关系到未来金砖国家合作的重点

机制化建设已经成为金砖国家合作的重要领域之一，在金砖国家合作开启新的十年篇章之时，迫切需要寻找新的工作重点。

在金砖国家合作的第一个十年期间，金融议题一直具有突出地位，成为各项工作的重中之重，也标志着第一个“金色十年”的合作达到了一个高峰。“金砖五国”在全球层面推动国际货币基金组织和世界银行的份额改革和投票权改革，在金砖国家层面推动成立了新开发银行和亚洲基础设施投资银行等新兴多边开发金融机构，还积极推进增强金砖国家成员国金融安全的应急储备安排机制，在双边层面的成员国货币互换也取得很大进展。可以说，金砖国家在金融领域的合作已经取得诸多成果。在这一背景下，寻找新的重点合作领域，是金砖国家在下一阶段面临的重大课题之一。虽然这些年机制化建设也是金砖合作的领域之一，但都只是作为研讨议题，而没有上升到峰会的核心议题层面。直至2017年中国担任轮值主席国，才明确将机制化建设确定为金砖国家厦门峰会的四大工作重点之一，同政治安全合作、经贸务实合作、人文交流等其他三个议题一并推进。

实际上金砖国家合作的机制化建设对每一个成员国都非常重要，尤其是对于像中国这种在金砖国家合作中起着引领性作用的国家。应在开启新的金砖合作阶段的背景下，明确提出机制化议题，启动研讨金砖国家未来机制化建设的各种发展方向，以及完善相应的规则设计，未雨绸缪，推动金砖国家间下一阶段的合作。

二、金砖国家机制化建设面临“成长的烦恼”

2017年是金砖国家合作的重要时间节点，将开启第二个十年的合作新篇章，金砖国家合作进入了一个新的历史阶段。但在这一时间节点上，金砖国家面临着“成长的烦恼”，成为推动金砖国家机制化建设不得不引起高度重视的背景要素。这些要素既包括成员国内部的，也包括各成员国之间的，还有一些是金砖国家整体层面的。

（一）成员国国内政治经历了深度调整，幅度前所未有

金砖国家合作自启动以来，各国国内政治局势较为稳定，为金砖国家集中精力推动发展和相互合作营造了良好的内外部环境。但是这种局面在2016年发生了较大幅度的变化，部分成员国国内政治局势陷入动荡，不同政党和社会阶层之间的对立非常严重，特别是巴西和南非两国的国内政治局势更为严峻。这都对金砖国家合作产生了直接的负面影响，拖累了金砖国家合作，对其后续影响需要保持高度关注。

（二）成员国面临经济发展的巨大挑战，潜在风险前所未有

近些年来，金砖国家的经济发展都面临了较大挑战。中国进入经济发展新常态，结束了超高速发展阶段，进入了一个较长时段的稳定调整期，中国作为“金砖五国”经济发展和贸易合作的最主要牵动力，其经济调整将对金砖国家的经济贸易合作与发展产生重大而直接的影响；巴西、俄罗斯、南非由于政治、经济等各方面因素的影响，也都持续出现负增长或者1个百分点左右的低速增长；印度由于2016年下半年推行的货币改革带来的非预期性冲击，经济增长也低于预期。

更为关键的是，金砖国家普遍面临经济增长方式转型和经济结构调整的巨大挑战。虽然说金砖国家在全球经济形势不稳定的时期采取了抱团取暖的策略，相互协调立场以便集体应对来自发达国家消极经济政策的负面溢出效应，但其前提是发达国家经济表现欠佳，而新兴国家经济集体向好。但目前全球经济增长不仅尚未恢复到金融危机之前的表现，而且各经济体表现出极为明显的分化态势，美欧日等部分主要发达经济体克服了最困难阶段开始出现较稳定的经济增长，而包括金砖国家在内的多个新兴经济体则遭遇了自身经济发展的巨大困难，在这种新的情况下，金砖国家还能否实现抱团取暖、相互协调立场就成为巨大挑战。

经济的快速发展和相互之间日益加强的经济合作是金砖国家合作的动力，

也是金砖国家进一步相互合作的黏合剂。在各成员国经济普遍面临新的发展境况的背景下，金砖国家合作将经历冲击带来的挑战。

（三）金砖国家需要明确未来合作的方向和重点

金砖国家在过去的十年中，围绕打造和加强全面合作这一战略目标，合作的重点领域一直围绕货币金融合作、推动国际多边金融机构和全球货币金融体系的改革而展开。但从2016年开始，金砖国家金融领域的合作取得了巨大成果，进入了相对稳定的运行时期，已经基本完成阶段性任务。如何寻找下一个突破口和重点领域，对金砖国家未来合作来说极为关键，金砖国家合作达到了新阶段，面临寻求新的发展方向的困惑，甚至可能会出现一定阶段的迷茫，也为其之间的合作带来了一定程度的挑战。

金砖国家合作的下一个重点在哪些领域，如何找到新的突破口，并且达成共识集体推进，是一个颇具挑战性的课题，也是进入了深度发展阶段的金砖国家合作必须解决的问题。

（四）金砖国家合作机制深度调整的需求前所未有

当前，金砖国家合作已经发展形成了全方位、多层次、宽领域、广格局的机制架构，每年度召开包括领导人峰会、领导人非正式会晤、部长级会议、高官层次的工作组会议、配套机制等在内的近百个机制，领域涵盖政治、经济、外交、安全、金融、贸易、投资、网络、科技、文化、教育、地方、青年、民间等几乎所有方面。但是，这些机制之间也存在重复建设、职能重叠、务实合作不足等问题，在尚未成立金砖国家合作秘书处的背景下，如何梳理和整合金砖国家合作机制、厘清各机制分工、实现协调与合作、提高各机制运行效率，长期以来都是金砖国家面临的重要议题，继续推动金砖国家合作的机制化建设和机制整合也应成为新时期金砖国家合作迫切需要完成的重要任务。作为2016年金砖国家合作的轮值主席国，印度曾经将金砖国家机制整合确定为当年的重要目标之一，希望进一步增强金砖国家合作的效率和有效性，但果阿峰会在这一方面最终取得的成果有限，成效不甚明显。

金砖国家在新时期加强机制整合、推动机制化建设意义重大。充分考察现有的各金砖国家合作机制，并弄清各机制之间的协调性，以充分发挥各机制的潜能，避免重复建设，可以确保金砖国家合作实现最大程度的协同，也有利于提升金砖国家的落实能力，高质高效地落实金砖国家历次峰会和各合作机制的成果，而不是贪大求多，导致长期未决的动议逐步消磨金砖国家合作的信誉度，使金砖国家陷入低效“空转”的困境。金砖国家要避免成为“清谈馆”，发展成为具有强大落实能力和执行能力的合作机制。

此外，金砖国家在不同的议题领域进行了层次不同的合作，整体金砖框架下还存在多个次金砖国家合作机制，例如在气候变化领域有基础四国（BASIC）机制，在战略安全领域有中俄印三方会晤（CRI），印巴南还推动了三边论坛合作机制（IBSA）试图打造民主国家合作共同体。如何推动次金砖国家机制与金砖国家机制的整合是亟须解决的课题。

金砖国家合作如何进一步扩大甚至扩容，也是关乎金砖国家机制建设和未来发展的重要课题。由于这一问题的重要性和敏感性，后文将做专门阐述。

三、金砖国家机制化建设的路径选择

（一）金砖国家机制化建设涵盖的领域

金砖国家合作的机制化建设呈现为三环模式，可以从三个方面来分析。第一，狭义的金砖合作，也是最小的核心环，指的是金砖国家自身的机制建设；第二，金砖国家合作机制与多个次金砖合作机制的关系；第三，金砖国家与其他发展中国家之间的合作机制建设。

1. 狭义的金砖国家合作在完善自身机制建设方面的努力

目前，金砖国家已经形成了全方位、多层次、宽领域的合作机制架构。在领导人层面，有年度峰会机制，也有在二十国集团峰会期间的领导人非正式会晤机制；有议会论坛这一立法机构的合作和仅次于领导人峰会机制的安全事务高级代表会议机制；30余个部长级会议机制，基本上涵盖外交、经贸、金融财经、政党、卫生、科技、文化、教育、交通、农业、工业、网络安全、就业、海关、信息统计等主要领域；40余个高官层面的工作组和联络组机制。另外，在多边国际组织框架下的金砖合作，也是金砖国家合作机制建设的重要方面，主要包括联合国框架下的合作与协调。例如，在纽约、日内瓦、维也纳等进行的常驻代表和大使的定期和非定期会议；世贸组织框架下，特别是其中的二十国集团发展中国家的合作；在国际货币基金组织和世界银行等多边金融机构中各成员国常驻代表团的合作与会晤；等等。

2. 金砖国家合作机制与其他次金砖国家合作机制的关系

理顺金砖国家机制同多个次金砖国家合作机制的关系并实现二者之间的有机整合是金砖国家机制化建设的重要议题。除了金砖国家层面的整体合作之外，实际上其成员国还呈现出议题联合与“多速金砖”的特点。也就是说，在不同的议题领域建立了不同的次金砖国家合作机制，不同的成员国也在不同的领域建立了不同的合作机制。主要表现为：

关于金砖国家的“议题联合”：金砖国家的部分成员国围绕不同的议题，形成了多项次金砖合作的机制，主要有气候变化领域的基础四国（包括巴西、南非、中国、印度等四国）机制；世贸组织内的二十国集团合作，以金砖国家为代表的主要发展中大国在全球贸易领域捍卫发展中国家的利益，围绕关税、农产品补贴等重要议题与发达国家集团进行谈判。

“多速金砖”：主要指金砖国家内部分成员希望先行推进某些方面的政策协调或沟通，使部分成员国之间的合作领先于其他成员国。例如，中俄印三边对话机制、印巴南民主共同体机制等。中俄印的三边对话机制已经举行了十余轮，三国外交部长定期就重大的全球和区域热点问题进行磋商，达成一致立场；三国还将适时启动中俄印领导人非正式会晤。印巴南（IBSA）起步早于金砖国家合作，试图打造所谓的新兴民主国家共同体，印度在其中发挥着推动性作用。但是由于金砖国家合作快速发展，目前 IBSA 处于停滞状态。

3. 金砖国家与发展中国家领导人对话会

自 2013 年德班峰会以来，金砖国家形成并发展了金砖国家领导人与地区国家领导人对话会机制，也就是金砖国家领导人峰会的第二阶段，金砖国家领导人会同某一地区主要发展中国家或世界上具有代表性的发展中国家领导人进行对话。经过四年多的发展，这一对话机制逐步成熟，但是在对话的议题、受邀国的标准选择等方面都还处于起步阶段，有一定的随意性。

举行金砖国家与地区领导人对话会的工作起步于2013年南非担任金砖主席国期间。德班峰会期间召开了金砖—非洲地区领导人对话会，南非邀请了12个非洲国家领导人与会，并将当年的对话会主题确定为“金砖国家与非洲：致力于发展、一体化和工业化的伙伴关系”。2014年福塔莱萨峰会期间巴西召开了金砖—南美地区领导人对话会，邀请了11个南美国家领导人。2015年俄罗斯担任主席国，召开了金砖国家和上合组织双峰会，举行了金砖国家与欧亚经济联盟、上合组织成员国和观察员国及受邀国领导人对话会，邀请了9个欧亚国家与会。2016年印度担任轮值主席国期间，举行了金砖国家与环孟加拉湾多领域经济技术合作倡议（BIMSTEC）成员国对话会，邀请了6个发展中国家与会。

2017年中国担任轮值主席国期间，通过举行“金砖国家+发展中国家领导人对话会”会议机制，突破一般的地区性限制，不再仅局限于中国周边地区，而是邀请全球主要的发展中国家和国际组织代表与会。这和中国自身的国际影响力和金砖国家合作的属性有关。

中国在2017年担任轮值主席国向受邀国发出邀请时，坚持的标准突出以下五点考虑：

第一，全球视野。受邀国应是全球主要新兴大国。符合这一标准的世界主要国家除了金砖国家外，主要来自二十国集团的非发达成员及其他一些地区性新兴大国，例如墨西哥、印度尼西亚、阿根廷、土耳其、波兰、沙特阿拉伯。

第二，具有地区代表性。“金砖五国”覆盖区域主要是南美、欧亚、南亚、东亚和南部非洲。世界上发展中国家较为集中的其他地区还有拉美和加勒比、中东、北部非洲、中东欧、中亚、东南亚等，可以进一步加强其代表性。因此，邀请上述地区一体化机制的轮值主席国可以带动金砖国家与这些地区国家集体之间的合作。

第三，发展中国家的属性。世界上的发展中国家主要分布在拉美、中亚、东南亚、非洲等地区。作为世界上最大的完全由发展中国家组成的合作组织，77国集团虽然自冷战结束以来被一定程度地边缘化，但在同金砖国家加强合作与对话方面有很大空间。

第四，底线思维，即受邀国参与对话不至于引起金砖国家现有成员国的分歧和争议。秉持金砖国家协商一致原则，在金砖国家成员国间引起较大争议的部分候选国家可以排除在外，暂时不适合邀请参加对话会。

第五，轮值主席国自身的外交优先合作对象。轮值主席国在金砖国家的年度会晤日程设置方面具有一定的主动权，在邀请其他发展中国家的领导人参加与金砖国家领导人的对话会时，可以提出在自身外交政策中角色比较重要的国家。

（二）金砖国家机制化的四条路径

金砖国家完善自身机制化的路径主要有四条，分别是一体化路径、组织化路径、协调化路径和扩大化路径等。

第一，一体化路径，指的是金砖国家合作是一种复合的多层次的区域一体化，可以从两个层面来分析。首先，金砖国家是全球范围内跨越大洲的区域间一体化，是分布于世界四大洲的五个新兴大国之间的多领域一体化；其次，每个金砖国家都是各自所在地区的领头羊，也都是推动各自所在地区一体化的重要力量，金砖国家合作呈现出由点及面的特点，其不仅是五个成员国之间的合作，更重要的意义是五国之间的合作带动了五片区域一体化之间的有效互动，形成一种网状式的联动发展。

第二，组织化路径，主要是完善金砖国家内部的治理架构建设，尤其是重点探讨完善和充实领导人层面的峰会和非正式会晤机制，确保其发挥金砖国家合作的政治引领和重大战略决断的功能。各个部级机制是金砖国家合作的支柱，除了稳步拓展其覆盖面之外，还需要追求实效，真正落实领导人层面达成的重要共识，确保执行力度；在多边层面，也需要完善多边国际组织框架下金砖国家开展的合作，除了定期的会见，更应该完善应急磋商机制。

第三，协调化路径，其含义是理顺金砖国家与次金砖国家机制之间的关系，争取能够实现整合，将各次金砖合作机制逐步纳入金砖国家合作的统一框架之下。在完全整合有难度的情况下，至少争取各个次金砖合作机制不对金砖合作产生巨大的负影响和削弱对冲，此时实现金砖合作机制和次金砖合作机制之间的协调就至关重要。这方面的重点是探讨金砖国家合作机制与印巴南论坛（IBSA）机制、中俄印会晤（CRI）机制、基础四国（BASIC）机制等次金砖国家合作机制的整合。

第四，扩大化路径，即探讨金砖国家扩容的可能性和可行方案等。扩容是一个国际机制发展的自然逻辑推导下所必然面临的问题。通过扩容，可以完善和发展金砖国家合作机制，提升其影响力。

四、关于金砖国家的扩容

金砖国家的扩容是其机制化建设的重要议题，也是一个具有高度敏感性的议题，各成员国在是否扩容、什么时候启动扩容、新成员国的标准是什么、如何启动扩容等议题上基本都存在多元甚至冲突的立场。

中国是金砖国家第一轮扩容的推动国，适时启动金砖国家适度扩容是符合中国国家利益的，2017 年是中国数年一遇的轮值主席国机遇，适逢金砖国家合作第二个十年的初始之年，是中国通过担任轮值主席国特有的议程设置权为未来的金砖国家扩容提出规划的难得机遇期。但这个问题高度敏感。所以，在各方博弈之下，作为主席国的中国将完善金砖国家机制化建设作为厦门峰会的工作重点之一，提出了“金砖+”的概念，扩大金砖国家合作的朋友圈，拓展金砖国家伙伴关系网络，这是符合金砖国家合作现实的务实之举。

（一）关于金砖国家的扩容，有六点重要因素值得考虑

第一，金砖国家的扩容是一个事实和进程，而不是一个理论问题。2011 年正是在中国担任金砖国家轮值主席国期间，成功地将南非吸纳为新的金砖国家成员国，推动了“金砖四国”向“金砖五国”的升级，金砖国家成功地实现了第一轮扩容。

第二，金砖国家已经积累了扩容的经验和教训。经过十年的合作，金砖国家已经形成了一定的共识和身份认同，形成了合作的突出特点，并在核心要素属性方面形成了相当稳定的认知，也为制定金砖国家成员国标准做出了有效探索。从反面看，欧盟和东盟等区域一体化组织，二十国集团和七国集团等其他国际机制的发展，都为金砖国家扩容提供了有效借鉴。欧盟作为一个区域一体化组织和国家集团的发展对金砖国家的机制建设特别具有启示意义，尤其是欧盟快速扩张吸纳新成员的教训，值得金砖国家认真研究。

第三，金砖国家实现扩容是金砖国家精神的内在要求。金砖国家精神是开放包容、合作共赢，扩容是金砖精神中“开放包容”的最直接反映。如果定位为“一个封闭的俱乐部”或“一个排他的单一集团”，对于金砖国家来说，和现有的国际组织尤其是发达国家主导成立的主要国际组织相比没有任何实质性的突破和贡献，与金砖国家合作的初衷是背道而驰的。

第四，金砖国家扩容势在必行，具有相当重要的现实意义。金砖国家目前只有五个成员国，覆盖面是南美（还是南美的葡语地区，广大西语世界同巴西之间的关系较为复杂）、欧亚、南亚、东亚和东南部非洲，区域代表性方面仍需要进一步提升。国际机制的规模效应也是关系到国际组织和机制影响力的一个重要因素，适度实现扩容，可以提升金砖国家的影响力，拓展金砖国家合作的覆盖面。更为关键的是其他一些新兴发展中大国有加入金砖国家的愿望，而且这些发展中大国也逐步具备了一定的实力，若以南非为标准，基本达到了金砖国家成员国的多项要求。为了扩大影响，关键是彰显金砖国家开放包容的精神，扩大扩容具有相当的必要性。否则，若其他一些符合条件的新兴大国长期被排斥在金砖国家合作之外，则可能会造成发展中国家群体的内部分裂，甚至给金砖国家合作造成意想不到的困难。

第五，要区分金砖国家增容扩员和金砖国家新开发银行的增容扩员。金砖国家新开发银行增容扩员可以为金砖国家增容扩员起到先行试验的作用，积累金砖国家扩容的经验。但是，要明确指出的是，二者有根本的区别。金砖国家扩容具有极强的政治和战略内涵，成员国应该代表新兴国家和发展中国家的利益，而根据金砖国家新开发银行章程的规定，所有联合国成员国都可以成为新开发银行成员，这一点同金砖国家有着本质不同。

第六，金砖国家的扩容要稳健，要逐步实现，不能为扩容而扩容，急于求成。金砖国家的扩容具有丰富的内涵，并不是只有吸纳新成员国这一种方式。在这一点上，要充分吸取欧盟的教训。中国作为金砖国家 2017 年主席国提出的“金砖+”的模式是一个很有益的探索。实际上“金砖+”并不是突然提出的一个理念，早在 2011 年，埃及就曾经提出过“金砖+埃及”的合作模式，希望能够参与到金砖国家的合作之中。

金砖国家在扩容的方式上，除了直接吸纳新成员国之外，还可以考虑以下两种方式：

第一种，建立“金砖+议题联盟”。即在某一具体议题上，联合金砖国家和相关发展中国家，推动更广范围内发展中国家的立场协调一致。这些议题以全球治理范畴的议题为主，例如，气候变化、全球多边经贸体系等。中国在2017年倡议召开的金砖国家和发展中国家政党、智库和民间社会组织三合一论坛是一个很有益的探索，邀请了除金砖国家之外的二十多个发展中国家代表与会，围绕全球治理和南南合作的多项议题进行研讨。

第二种，建立“金砖国家+联系国/伙伴国”伙伴关系制度。该制度自2013年开始启动，目前逐步完善发展的“金砖国家+发展中国家领导人对话会”是“金砖国家+联系国/伙伴国”的雏形，后续应继续完善这一机制。通过这种方式，可以实现金砖国家全球伙伴关系网络的有效拓展，进一步增强金砖国家合作的代表性和合法性，同时也更好地拉近金砖国家和广大发展中国家阵营的关系。

（二）关于金砖国家成员国的标准及条件

金砖国家成员国标准及条件是金砖国家合作机制发展及未来扩容的基本要求，应该在金砖国家第一阶段的十年合作基础上进行总结与凝练，尤其是总结南非于2011年加入金砖国家以来的经验，并考虑到金砖国家未来发展的定位和金砖国家合作的属性，逐步完善并制定较为清晰的金砖国家成员国条件。以下是其中尤为关键的五个要素：

第一，具有发展中大国和新兴经济体的属性。金砖国家的成员国一定是发展中国家和新兴大国，是代表上述国家利益的合作机制。

第二，是新兴经济体和发展中国家群体中的大国。对国家在领土、人口、经济等综合实力方面的要求是硬件，国家的规模是金砖国家成员国的必要条件之一。

第三，具有较为光明的发展前景。要有对国家发展前景的预判，金砖国家的成员国不能是快速发展、昙花一现的国家，而应该具有稳定的可持续的发展预期。

第四，地区代表性平衡。要从全球视野看待金砖国家，认清金砖国家是全球治理的平台，要充分反映世界各个地区新兴国家和发展中国家的利益，考虑到进一步提升金砖国家的合法性和代表性，未来的扩容可聚焦中亚、东南亚、拉美、北部非洲地区等。

第五，树立底线思维。也就是说不能触碰金砖国家扩容的红线，即新成员的加入不能引起现有金砖国家成员国之间的分裂或者深度分歧，若各成员国在某一候选国的加入上立场分歧严重，则可以搁置这一议题，不能轻易破坏金砖国家一贯遵循的平等性原则和协商一致的决策模式。

领导人非正式会晤：二十国集团峰会期间的金砖国家峰会

二十国集团（G20）是全球经济治理的重要平台，其成员包括当今世界最主要的发达国家和新兴市场国家。作为全球新兴经济体和发展中国家的领头羊，“金砖五国”均是二十国集团重要成员，代表新兴国家和发展中国家同发达国家共同参与全球经济治理。

随着金砖国家间的合作日益深入，取得的成果愈加丰硕，金砖国家间合作的机制化程度也得到提升。除了在诸多国际场合和多边机制下进行不定期的会晤之外，目前金砖国家已经基本形成了较为稳定的年度双会晤机制，即由成员国轮值举办的金砖国家领导人峰会和二十国集团领导人峰会期间的金砖国家领导人非正式会晤。金砖国家领导人非正式会晤，已经成为与二十国领导人峰会相形而生的重要制度性安排。2016 年 9 月 4 日上午，齐聚杭州参加二十国领导人第十一次峰会的“金砖五国”领导人就在峰会开始前举行了金砖国家领导人非正式会晤。

一、金砖国家领导人非正式会晤机制与二十国集团领导人峰会相形而生

金砖国家作为一个集体在二十国集团会议期间进行非正式会晤的传统起源于 2009 年 9 月在美国召开的二十国集团领导人匹兹堡峰会。匹兹堡峰会召开之前，金砖国家负责二十国集团事务的协调人举行会谈，就当年全球经济形势、应对全球金融危机和协调金砖国家在二十国集团领导人匹兹堡峰会上的政策立场等交换了意见。

之后，在 2011 年的二十国集团领导人法国戛纳峰会期间，“金砖五

国”领导人举行了二十国集团领导人峰会框架下的首次非正式会晤，讨论加强金砖国家内部合作，并就共同关心的国际和地区问题交换意见、协调立场、团结合作，代表发展中国家群体与发达国家一起平等参与全球经济治理。

自此之后，历次二十国集团领导人峰会召开期间，金砖五国领导人举行非正式会晤成为惯例，这也是金砖国家发展和完善合作机制框架与顶层设计的重要努力。经历2012年墨西哥洛斯卡沃斯峰会，到2013年9月在俄罗斯圣彼得堡召开的二十国集团领导人峰会期间，金砖国家领导人非正式会晤进一步完善了机制，凝聚了共识，协调了行动。2014年澳大利亚布里斯班峰会期间，金砖国家领导人就金砖国家合作以及重大国际和地区问题深入交换意见，取得高度共识，推动金砖国家全方位合作，提高金砖国家话语权。在金砖国家合作遭遇新的严峻挑战的背景下，2015年11月，出席二十国集团土耳其安塔利亚峰会的“金砖五国”领导人就加强金砖国家沟通协调、共同应对全球挑战深入交换意见，既增强了金砖国家合作应对挑战的信心，也积极推动二十国集团由危机应对向长效治理机制的转型。通过金砖国家领导人杭州非正式会晤可以看出，二十国集团框架下的金砖国家领导人非正式会晤已经形成了机制化程度较高的非正式会晤传统。

二、金砖国家领导人非正式会晤补充完善金砖国家领导人峰会机制

金砖国家领导人一般在二十国集团峰会召开之前举行非正式会晤，就金砖国家、二十国集团和世界经济主要议题进行立场沟通和协调，争取用一个声音说话，在二十国集团内团结协作，捍卫新兴国家和发展中国家的利益。由于其具有非正式属性，金砖国家领导人非正式会晤有利于各成员国领导人更坦诚地对话交流，进行更深入的沟通协商。

非正式会晤期间，由金砖国家合作当年度轮值主席国领导人主持，各金砖国家领导人依次发言。五国领导人及其率领的代表团还就以下议题进行立场协调：第一，金砖国家在即将召开的二十国集团领导人峰会上的立场，围绕相关政策进行交流，达成一致；第二，金砖国家合作进程中遇到的重大议题，借助非正式会晤进行沟通；第三，金砖国家领导人围绕当前世界和地区

热点以及重大问题进行会谈，形成金砖国家的政策立场。

金砖国家领导人在二十国集团领导人峰会期间召开的非正式会晤同金砖国家领导人年度峰会已经成为金砖国家领导人年度双会晤机制的重要支柱，二者相互配合。金砖国家间已经形成了数十个不同层次的合作机制，最高层级的就是金砖国家领导人峰会，就当年度金砖国家合作的重大问题提出全面规划，进行顶层设计，做出政治决断。可以看到，近年来金砖国家领导人峰会之后发表的声明基本上涵盖了国际政治经济中所有重大议题，包容性非常强，真正体现了金砖国家是新兴大国围绕世界政治和经济重大议题进行全方位合作的全球治理机制的定位。

而金砖国家领导人借助二十国集团峰会期间举行的非正式会晤，有效补充和完善了金砖国家领导人峰会的功能。随着金砖国家合作领域日益拓展、合作程度逐步加深，形成了全方位、多层次、宽领域的合作格局，单靠一次年度峰会难以满足金砖国家战略伙伴关系的要求，必须拓展新的合作形式。借助二十国集团领导人峰会的框架，召开金砖国家领导人非正式会晤，这种相对固定的非正式会谈，可以充分调动非正式国际机制的灵活性，让金砖国家领导人在相对放松的环境下坦诚沟通，起到意想不到的作用。

此外，由于金砖国家都是二十国集团重要成员，也是各自所在地区甚至全球的重要大国，因此金砖国家在二十国集团领导人峰会期间进行领导人会晤，在这一全球经济治理的重要平台捍卫发展中国家和新兴国家的利益，也对二十国集团的发展和全球共同发展产生了积极影响。

金砖国家以集体的形式出席二十国集团领导人峰会并单独举行非正式会晤，凝聚共识达成一致立场，在二十国集团领导人峰会期间用一个声音说话，捍卫了金砖国家、新兴国家和发展中国家的利益，也补充完善了金砖国家领导人峰会和金砖国家合作机制的顶层设计，充分体现了金砖国家的开放创新与可持续发展。

“金砖+”：新兴市场和发展中国家合作的机制创新

金砖国家是一个开放包容的多边平台和合作机制，是新兴经济体和发展中国家参与全球治理的代表。金砖国家合作创新了大国交往的相处之道，超越了政治和军事结盟的传统套路，建立并遵循了结伴而不结盟的新关系。中国在 2017 年担任金砖国家轮值主席国期间，提出并发展了“金砖+”模式，丰富了金砖国家合作的内涵，巩固了金砖国家与其他新兴经济体和发展中国家的团结与友谊，拓展了金砖国家的全球伙伴关系网络。

“金砖+”模式的提出，既是金砖国家精神的内在要求，也是金砖合作完善机制化的反映，更是全球实力对比进一步深化发展的结果，主要是基于以下三个因素的驱动：

第一，“金砖+”是“开放包容、合作共赢”的金砖精神的内在要求。金砖国家国情不同，多元是金砖国家合作的基色之一，这确定了其开放包容的基本属性，并在实践中发展了多种形式的伙伴关系，积极拓展合作领域。金砖国家坚持求同存异，十年合作历程跨越了遥远的地理距离，超越了不同发展道路和社会制度；金砖国家合作摈弃了建立封闭的大国俱乐部的陈旧模式，不断巩固和加强与其他新兴经济体和发展中国家的联系；金砖国家不追求以推倒重来、武力对抗的方式推翻现行国际体系，而是通过积极参与和建设性改革的方式来推动全球政治经济体系朝更加公正、合理、平衡的方向变革。

第二，“金砖+”是金砖国家完善合作机制建设的要求。金砖国家注重与其他新兴国家和发展中国家之间的合作，2013 年南非在担任主席国期间邀请来自 12 个非洲国家的领导人和非盟委员会主席参加与金砖国家领导人的对话会，开创了金砖国家举办与地区国家领导人对话会的传统。此后，金砖国家领导人先后与南美、上合组织和欧亚经济联盟成员国、环孟加拉湾多领域经济技术合作倡议成员国领导人举行对话会。“金砖+”模式立足金砖国家与地区国家领导人对话会，并进一步完善了这一机制。作为 2017 年金砖国家厦门会晤的东道国，中国按照“金砖+”的模式，开创性地邀请拉美地区代表墨西哥、阿盟总部所在国埃及、非盟轮值主席国几内亚、东南亚大国之一泰国、中亚国家代表塔吉克斯坦等国领导人参加对话会，进一步完善金砖国家领导人会晤第二阶段的机制化建设，让广大发展中国家甚至不发达国家都有机会借助“金砖+”平台反映自身诉求，体现金砖国家作为广大发展中国家身份代表和利益捍卫者的发展属性。

第三，“金砖+”为世界上其他新兴大国参与和加强同金砖国家合作提供了有效路径。除金砖国家之外，世界不同地区也有一批新兴大国正在快速成长，诸如薄荷四国（墨西哥、印度尼西亚、尼日利亚、土耳其四国）、灵猫六国（哥伦比亚、印度尼西亚、越南、埃及、土耳其、南非六国）等各种概念层出不穷，墨西哥、阿根廷、印度尼西亚、埃及、哈萨克斯坦等国的地区和国际影响力明显提升，这些新兴国家认识到金砖国家已经成为发展中国家就全球重大政治经济事务进行长期和全方位协调的最重要平台，有强烈愿望同金砖国家建立更密切的伙伴关系，甚至更深度地参与金砖国家合作。“金砖+”模式规划了其他新兴国家逐步深入参与金砖国家合作的路径，避免新兴国家群体的内部分化。

“金砖+”作为金砖国家合作发展的创新性理念，仍然需要在实践中发展完善。作为金砖“中国年”的重要理论贡献和实践突破，其深刻内涵可以从以下三个层面来理解：

第一，金砖国家合作根植于发展中国家的整体利益，这是“金砖+”模式提出的根本出发点。金砖国家将通过“金砖+”模式进一步加强同其他新兴大国和广大发展中世界的合作与团结，立足于发展中国家群体，代表发展中国家利益，打造南南合作重要平台，推动全球发展，是“金砖+”模式的重要使命。

第二，金砖国家合作是开放的、发展中的进程，这是“金砖+”模式永葆生命力的保障。“金砖+”赋予金砖国家合作更强的生命力，并随着金砖国家自身和全球形势的变化进行改革和调整，逐步拓展新的合作领域、发展新的合作伙伴、打造新的合作方式。除了巩固与其他新兴经济体和发展中国家的伙伴关系，“金砖+”模式也有助于金砖国家加强与发达国家的合作，通过“金砖+议题合作”的方式，在联合国安理会改革、世贸组织改革、全球气候变化、全球发展等多个议题下沟通交流，巩固其作为南北合作桥梁的重要作用。

第三，“金砖+”模式的提出，既可以加强与其他新兴市场和发展中国家的协调交流，将金砖国家打造成为南南合作的最重要平台，又可以凭借金砖国家联系发达国家和其他发展中国家的特殊优势，在推动南北合作的进程中发挥桥梁作用。“金砖+”模式的提出，是在金砖国家合作开启第二个“金色十年”的关键节点，针对金砖国家未来发展定位及合作方向提出的创新性理念。

“金砖+非洲”：创新南南合作模式

一个是世界范围内新兴大国群体性崛起并开展合作的最重要机制，一个是全球发展中国家最为密集且迅速发展的大陆，同为发展中国家的重要组成部分，金砖国家与非洲大陆之间的联系与合作不仅是必然，而且在全球发展中具有举足轻重的地位。

金砖国家合作起步于2006年，在过去第一个“金色十年”中，非洲元素成为金砖国家合作取得巨大成功的重要组成部分，非洲大陆是金砖国家的天然合作伙伴。巩固金砖国家与非洲的合作，对于促进金砖国家和非洲国家各自的发展、推动全球共同发展、加强全球治理等都具有重要意义，金砖国家与非洲大陆的合作将打造新兴经济体和发展中国家合作的命运共同体。这一问题可以从以下五个方面展开分析。

一、南非与金砖国家首次扩容

金砖国家首次扩容就是吸纳来自非洲大陆的南非成为新成员，建立了自身同非洲大陆的直接联系。2010年12月，中国邀请南非加入金砖国家，标志着金砖国家合作正式启动了第一次扩容程序。南非在一众新兴经济体中脱颖而出成为新的金砖国家成员，最重要的原因是其为非洲大陆最具代表性的国家。2011年4月，在中国海南三亚召开的第三次金砖国家领导人峰会期间，南非总统率团出席，标志着“金砖四国”（BRICs）正式发展成为“金砖五国”（BRICS），金砖国家不仅从经济总量、人口、面积等方面得到一定程度的提升，更是极大地增强了自身的区域代表性，从东亚、欧亚、南亚和南美地区扩展到非洲，成为真正意义上覆盖全球的新兴国家间合作机制。

从此，广阔的非洲大陆有了自己的代表正式参与金砖国家合作，南非作为“非洲的门户之国”，在金砖国家机制中扮演重要角色，其可以借此获取国家利益，借助其他金砖国家的帮助，在基础设施建设、农业、矿业、制造业等领域快速发展，并在全球治理体系改革和发展问题上与主要新兴大国建立战略合作伙伴关系。此外，南非也有力地推进了“金砖国家—非洲”的联系，特别是非洲的整体发展，在此框架下，南非积极推进非洲大陆区域一体化进程及非洲大陆互通互联基础建设计划等。

二、非洲与金砖国家机制的发展

与非洲合作推动金砖国家机制的发展与完善。金砖国家已经形成了比较机制化的金砖国家与发展中国家领导人对话会，并成为金砖国家领导人年度会晤第二阶段的主要内容，而这一会晤就是由南非在担任 2013 年金砖国家轮值主席国期间倡议并促成的。南非将德班会晤的主题确定为“金砖国家与非洲：实现发展、融合、工业化的伙伴关系”，直接反映了此次峰会要达成的三个主要目的：一是加强南非与其他金砖国家的合作；二是加强金砖国家之间的合作；三是加强金砖国家与非洲的合作，大力推动非洲的发展。

为达成上述目标，南非邀请塞内加尔、乍得、安哥拉、科特迪瓦、贝宁、刚果共和国、莫桑比克、乌干达、赤道几内亚、几内亚、埃及、埃塞俄比亚等非洲 12 个国家的领导人和非盟委员会主席等参加“金砖国家与非洲国家领导人对话会”，双方围绕“释放非洲潜力：金砖国家和非洲在基础设施领域的合作”这一议题进行讨论，达成了诸多共识。从此，金砖国家各轮值主席国都延续了举办与地区国家领导人对话会的传统。厦门会晤期间，中国也邀请了来自非洲大陆的埃及和几内亚两个发展中国家的领导人参加与金砖国家领导人的对话会，发出非洲的声音，加强金砖国家与非洲之间的合作，共同推动全球发展。

三、金砖国家要打造南南合作重要平台

开展对非洲合作是金砖国家自身内在属性的根本要求。金砖国家是世界

范围内新兴大国群体性崛起的产物，其成员国都是具有代表性的世界主要发展中大国。金砖国家的根本属性是新型南南合作，是新兴经济体和发展中国家的代表通过相互之间加强合作促进共同发展；金砖国家作为过去十年间表现较为优异的发展中国家，在联合国、二十国集团、国际货币基金组织、世界银行、世界贸易组织、全球气候变化谈判等全球主要多边机制和论坛中坚决捍卫发展中国家的利益。非洲的近 60 个国家和地区全部都是发展中国家，金砖国家只有更加密切同非洲的沟通和磋商，才能更好地代表发展中国家的利益，在国际多边场合反映发展中国家的心声。金砖国家也能够以其独特能力，承担起连通发展中国家和发达国家、推动“南北”合作的桥梁功能。

金砖国家虽然已经实现了较快发展，但仍属于发展中国家的重要组成部分，而并不是国际政治体系中的独立集团，要避免因为自身的发展表现而割裂同广大发展中国家特别是非洲国家的联系，否则将在国际社会中陷于孤立与被动。此外，非洲大陆人口众多，市场空间巨大，而且资源能源丰富，经济正处于起飞前阶段，发展前景好，进一步加强与非洲的合作，也将为金砖国家自身发展和联合开展第三方合作提供宝贵的机遇。

四、金砖国家与非洲携手推进全球发展议题

在全球发展议题上，与非洲合作是金砖国家建设全球发展伙伴关系的应有之义。正是在金砖国家和广大非洲国家的集体努力之下，2015 年召开的联合国发展峰会正式通过了 2015 年后发展议程。峰会制定的《2030 年可持续发展议程》是国际发展合作的纲领性文件，为未来 15 年世界各国的发展和国际发展合作指引了方向；期间中国还同联合国共同主办了南南合作圆桌会议，贝宁、埃及、尼日利亚、南非、乌干达、赞比亚、津巴布韦等非洲国家领导人或其代表出席圆桌会议。金砖国家是新兴市场国家和发展中国家的代表，在金砖国家开启第二个十年合作的重要时刻，中国作为轮值主席国，致力于将金砖国家合作打造为南南合作的最重要平台，推动金砖国家合作继续高举发展旗帜，在全球落实 2030 年可持续发展议程中发挥引领和示范作用，巩固国际发展合作势头。

五、金砖国家构建包括非洲在内的更广泛的伙伴关系

与非洲的合作是充实“金砖+”模式、构建金砖国家更广泛伙伴关系的重要组成部分。新兴市场国家和发展中国家加强合作是时代潮流。金砖国家一贯致力于同其他新兴市场国家和发展中国家开展对话合作，谋求共同发展。金砖国家提出了“开放、包容、合作、共赢”的金砖精神，通过“金砖+”模式，进一步加强同非洲国家就多个议题、多种形式的合作，对于金砖国家拓展和巩固“非洲朋友圈”、构建更加广泛的全球伙伴关系网络至关重要。而非洲国家也能够通过在联合国及安理会改革、全球气候变化、国际发展、国际金融体系改革、国际关系民主化等议题下与金砖国家展开合作，更好地在国际社会传达非洲的声音，争取更多有利于自身发展的外部支持。

金砖国家首次扩容是吸纳了来自非洲大陆的南非，在“金砖+”的框架下，鼓励更多非洲国家参与金砖合作进程，推动双方合作走深走实，也彰显了金砖国家合作的开放和包容，有力地证明了金砖国家不是要打造一个封闭排他的小型俱乐部。中国国家主席习近平在2017年7月集体会见金砖国家安全事务高级代表时指出，金砖合作是一个创新，超越了政治和军事结盟的老套路，建立了“结伴不结盟”的新关系；超越了以意识形态划线的老思维，走出了相互尊重、共同进步的新道路；超越了你输我赢、赢者通吃的老观念，实践了互惠互利、合作共赢的新理念。金砖国家与非洲之间开展的合作，完美体现了这“三个超越”。通过深化金砖国家与非洲“发展、一体化和工业化”的伙伴关系，金砖国家将推动包括与非洲的合作在内的南南合作迈向更高水平，加快落实2030年可持续发展议程，为广大发展中国家的经济社会发展开辟更加光明的未来。

中非合作论坛：“金砖+非洲”合作平台新发展

2018年中非合作论坛北京峰会于9月3日至4日召开，中国和南非这两个金砖国家担任共同主席，于9月4日举行的中非领导人圆桌会议期间，中国国家主席和南非总统分别主持上下午两个时段的讨论。时隔一个月，继金

砖国家领导人约翰内斯堡会晤之后，金砖国家为促进非洲繁荣、南南合作和全球发展再次注入新动力，这将成为全面深化金砖国家同非洲国家伙伴关系的重要契机。

金砖国家合作是世界范围内新兴大国群体性崛起的产物，致力于打造南南合作重要平台。非洲是全球范围内发展中国家最为密集且快速发展的大陆。作为世界上最大的发展中国家和金砖国家最重要的成员国，中国长期重视与非洲国家的合作，积极推动在金砖国家框架内加强对非合作，支持非洲发展，努力把金砖国家同非洲合作打造成南南合作的样板。习近平主席在约翰内斯堡参加金砖国家工商论坛的讲话中就正式公布了中国将和非洲国家共同举办中非合作论坛北京峰会的消息，并指出这次峰会将以“合作共赢，携手构建更加紧密的中非命运共同体”为主题，重点是把中国和非洲共建“一带一路”、联合国2030年可持续发展议程、非盟《2063年议程》同非洲各国发展战略结合起来。这充分表明了中国愿意积极推动金砖国家与中非合作论坛两个重要平台实现互动对接，也有力证明了金砖国家和非洲国家是天然合作伙伴，双方日益加强合作是一种必然，对于促进金砖国家和非洲国家各自的发展、推进全球共同发展、推动全球治理体系变革至关重要，而中国将在其中发挥独特而关键的作用。

首先，中非合作论坛将与“金砖+非洲对话会”联动发展，创新“金砖国家—非洲”合作平台。与非洲合作推动了金砖国家合作机制建设的发展与完善，也有助于金砖国家与非洲合作实现整合与协调推进。作为金砖国家中的重要成员国，中国和南非将推动中非合作论坛与“金砖+非洲”对话会联动发展，成为“金砖—非洲”合作平台中的先行引导力量，并为其他金砖国家加强对非合作提供范例。在多边层面，金砖国家探索形成了机制化的“金砖国家与发展中国家领导人对话会”，成为金砖国家领导人年度会晤的机制化安排。2018年金砖国家领导人约翰内斯堡会晤使金砖国家领导人会晤再次走进非洲，峰会主题被确定为“金砖国家在非洲：在第四次工业革命中共谋包容增长和共同繁荣”，并邀请了18个非洲国家领导人或领导人代表以及有关非洲区域组织负责人出席“金砖+”领导人对话会。

其次，中非合作论坛将进一步充实“金砖—非洲”南南合作平台，助推全球发展。携手非洲打造南南合作平台，共同推进全球发展，这是金砖国家合作的内在要求，也是每一个金砖国家作为广大发展中国家一员的重要使命和义不容辞的责任，对于巩固发展中国家的团结与友谊极其重要。中非合作论坛有力地说明了中国和南非等金砖国家虽已经快速发展成为世界范围内最具代表性也是最重要的新兴经济体，但仍然坚持金砖国家合作的重要属性是新型南南合作。非洲大陆是世界上发展中国家最为密集的地区，金砖国家只有更加密切同非洲国家的整体沟通和政策磋商，才能在国际舞台上真正反映发展中国家的心声，更好地代表新兴经济体和发展中国家的利益，并承担起连通发展中国家和发达国家的桥梁功能，打造南北合作作为主渠道、南南合作作为补充的全球发展合作格局，推动国际秩序朝着更加公正合理的方向发展。

此外，金砖国家和非洲积极建设全球发展伙伴关系，继续高举发展旗帜，致力于打造南南合作的重要平台，在全球落实 2030 年可持续发展议程中发挥示范引领作用，巩固全球发展合作势头。作为金砖国家合作最重要成果，金砖国家新开发银行第一个区域中心已经于 2017 年 8 月在约翰内斯堡正式成立并运行，助力非洲整体发展。新开发银行约翰内斯堡区域中心的正式运行，将更好地联系这家新兴开发金融机构与非洲国家，为解决非洲国家基础设施建设和可持续发展项目所需要的融资提供支持，解决非洲国家实现经济腾飞和社会发展所面临的资金和技术瓶颈。正是在金砖国家和广大非洲国家的集体努力之下，2015 年召开的联合国发展峰会通过了《2030 年可持续发展议程》，其是确定新阶段国际发展合作的纲领性文件，为国际发展合作指引了方向。这期间，中国还同联合国共同举办了南南合作圆桌会，南非等多个非洲国家领导人及其代表出席。中非合作论坛是世界上最大的发展中国家和发展中国家最密集的大陆为推动全球发展进行的机制创新，中国和南非还多次担任中非合作论坛的共同主席国，成为金砖国家对促进非洲繁荣、南南合作与全球发展做出的重要贡献。

在世界处于大发展、大变革、大调整的时期，金砖国家和非洲国家携手合作对于巩固发展中国家的团结愈加重要。中非合作论坛聚合中国和非洲近六十多个国家，并邀请联合国等国际组织参加，创新并充实了“金砖+”合作模式，其合作、开放、平等、共赢等特点更有利于凝聚最大力量以推动非洲发展。就如同“金砖+非洲”对话会一样，中非合作论坛将再次证明金砖国家和非洲国家的合作坚持“结伴而不结盟”，力求构建更加广泛的全球伙伴关系网络，双方将围绕新兴国家和发展中国家最为关心的广泛议题开展合作，坚持互惠互利、平等协商、合作共赢等原则，这既有利于金砖国家和非洲国家实现包容性增长，创新南南合作和全球发展模式，也有利于推动构建新型国际关系和构建人类命运共同体。

“金砖+博鳌亚洲论坛”：新兴市场和发展中国家合作新平台

为拓展亚洲经济体的对外交流渠道，建立更为广泛的跨区域联系，博鳌亚洲论坛十分关注包括金砖国家在内的全球新兴经济体的发展与合作。自2010年起，论坛开始组织编写和发布新兴经济体发展年度报告，并在2010年出版的《博鳌亚洲论坛新兴经济体发展报告》中首次定义了包括金砖国家在内的新兴11国（E11）的概念，在世界范围引起了较大反响。2013年3月26日，博鳌亚洲论坛研究院发布了《博鳌亚洲论坛新兴经济体发展2013年度报告》。报告认为，国际金融危机爆发以来，金砖国家经济总体保持较快增长，成为拉动世界经济增长的重要力量，是新兴经济体的最主要代表。报告对金砖国家合作机制的稳步发展予以高度评价，认为新兴经济体已经具备在短期内协调立场、探索路径并实现经济合作的能力，为包括亚洲在内的各新兴经济体合作提供了参考。

博鳌亚洲论坛积极配合我国与金砖其他国家的外交。更好服务以金砖国家为代表的新兴经济体是新时期博鳌亚洲论坛的新任务，推进国际经济治理朝着合理化方向发展也成为近年来的核心任务。因此，作为我国大力支持的新兴经济体对话与合作的平台，博鳌亚洲论坛在我国与其他金砖国家经济外交关系中扮演着特别重要的角色。2011年4月，金砖国家领导人会晤及相关系列会议与博鳌亚洲论坛前后在海南三亚和博鳌两地举行，金砖国家领导人集体亮相博鳌亚洲论坛年会，彰显了论坛配合与促进金砖国家合作的独特作用和地位。

一、金砖国家合作对博鳌亚洲论坛起到积极的促进作用

博鳌亚洲论坛对金砖国家的关注，对论坛本身发展也能起到积极的促进

作用，主要表现在以下四个方面：

第一，有利于提升博鳌亚洲论坛的影响力。世界上成功的主要国际论坛都充分全面地涉及重要政治经济议题，甚至成为重大历史事件的参与者，能够极大提升自身在全球范围内的影响力和号召力。以在世界经济领域极具影响力的达沃斯论坛来看，纵观其40多年的发展历程，正是因为其对世界经济政治领域重大核心命题和发展趋势的关注，把自身推向了国际舞台的中心位置，将自身影响力和号召力推向了历史高度。金砖国家在国际事务中的地位、作用和影响力不断提高，已成为影响当前国际关系演变、大国关系深度互动、国际格局渐进性调整的重要力量，成为新兴大国群体性崛起、共同维护自身利益的重要载体。参与金砖国家的群体性崛起这一重大历史事件，对博鳌亚洲论坛提升自身影响力意义重大。

第二，有利于提升博鳌亚洲论坛的吸引力。以金砖国家为代表的新兴国家的群体性崛起是当前国际政治和经济中的热点议题。通过多年的发展与完善，金砖国家机制建设已在较短时间内取得重要成就，引起国际社会广泛关注。博鳌亚洲论坛立志成为世界上最为重要的对话与交流平台，没有理由不密切关注这一现象，在论坛增加金砖国家议题，对论坛引领国际经济政治热点议题走向、保有持续吸引力具有重要意义。

第三，有利于丰富博鳌亚洲论坛推进区域一体化的外延和内涵。博鳌亚洲论坛自成立以来，一直以推进亚洲一体化为己任，关注亚洲和世界范围内的一体化进程，向世界介绍亚洲发展和一体化建设的成果与经验，在多方面做出了系列尝试。中国和印度作为金砖国家的重要成员，在金砖国家框架内的合作也是亚洲区域一体化的重要组成部分。而分布于世界四大洲的“金砖五国”之间的合作，更是开拓了跨区域合作的外延。金砖国家都是各自所在地区的最重要国家，金砖国家合作也推动了各国所在地区的区域一体化建设。金砖国家合作领域众多，在国际战略协调、经贸、卫生、农业、科技等方面都取得了一定的成果，丰富了一体化的内涵。对金砖国家的关注，对于博鳌亚洲论坛致力推进的一体化具有重要意义。这一点符合论坛的定位和目标，既符合中国的利益，也符合亚洲乃至全球的利益。

第四，有助于提升博鳌亚洲论坛在中国总体外交中的地位。党的十八大报告明确把金砖国家同联合国、二十国集团、上海合作组织并列为中国参与全球治理的四大战略平台。深入参与金砖国家合作是中国积极参与全球经济治理变革、巩固新兴国家战略依托的重要举措，金砖国家合作机制已成为中国可以依靠的多边外交重要平台。通过对金砖国家合作进程的参与和对议题的关注，能够将这两个多边外交平台有效结合，进一步提升博鳌亚洲论坛在我国总体外交格局中的地位。

二、充分发挥博鳌亚洲论坛促进金砖国家合作的作用

博鳌亚洲论坛可凭借其亚洲区域内乃至世界上最为重要的对话平台的地位，在配合与协调我国发展对金砖国家外交、推动金砖国家务实合作中发挥独特作用。

第一，开辟高层交往的渠道。博鳌亚洲论坛年会期间，多国政要受邀出席，论坛所具备的集高层对话和公共外交于一体的特殊性质，为探讨金砖国家多双边合作机制发展提供了一个有效平台。金砖国家分布于世界四大洲，并且是各自所在地区最为重要的代表性国家。长期以来，金砖各国在保持稳定、促进发展方面形成了很多好经验、好做法，博鳌亚洲论坛可以推动金砖国家积极探索适合各自国家和地区情况的发展道路，互相交流，并探讨在发展中共同面临的问题，形成金砖国家良性互动发展的态势。因此，博鳌亚洲论坛可根据我国总体外交的统筹安排，更多地邀请金砖国家领导人与会，也可将金砖国家专业部长会议、高官会等与论坛年会有关安排相衔接，充分发挥论坛服务我国对金砖国家外交的作用。

第二，搭建广泛交流的平台。博鳌亚洲论坛以经济论坛为定位，其使命和宗旨是推动各层次、各领域的合作，已成为经济领域内亚洲和世界上具有重要影响力的论坛，对亚洲和其他地区国家的政府、商界和学界来说，是进行政治、经济、文化、理念交流的重要平台，更容易将各国聚拢到谈判桌前。建议论坛可结合年会的相关主题，设立促进金砖国家相关领域合作的议题讨论或分论坛，既可在官方层面探讨社会发展的政策经验，也可在工商界层面探讨金砖国家相关具体领域的产业合作。金砖国家还可以借助论坛提供的平台，加强同其他新兴经济体和发展中国家的交流。论坛为其他新兴经济体参与金砖国家合作提供了独特渠道。由于金砖国家近年来在金融合作、贸易便

利化等领域的合作取得显著进展，许多新兴国家对加强同金砖国家的合作热情高涨，一些新兴经济体还表达了加入金砖国家的强烈愿望。印度尼西亚、土耳其、埃及、墨西哥、尼日利亚、哈萨克斯坦等国纷纷提出了各种形式的“金砖+1”或金砖国家扩容倡议。尽管金砖国家合作机制短期内大规模扩容存在困难，但论坛作为推进新兴经济体合作的第二轨道外交平台，可以积极促进这些新兴经济体借助论坛的通道加强对话，为扩大金砖国家合作机制的包容性和影响力做铺垫，使论坛成为金砖国家团结发展中国家的重要平台。

第三，提供新理念的孵化器。博鳌亚洲论坛历次年会都吸引到大批来自世界各地的政府官员、企业界人士、知名学者出席，各国也纷纷利用这一平台提出各具特色的崭新理念。论坛致力于推动区域经济合作，支持贸易投资自由化计划，鼓励提出并就富有见解的各种新理念展开充分探讨，成为新理念的孵化器。金砖国家可以借助论坛提供的平台，对经济发展方式转型、贸易投资便利化和自由化、中小企业合作、高新技术合作、基础设施建设等多个领域的政策创新和理念进行广泛研讨，并碰撞激发出新的合作思路和建议。

第四，构建多元化交流的网络。博鳌亚洲论坛拥有丰富的政商资源，每年都有大量的政要、商界领袖、知名学者等参加各种交流。在金砖国家中，博鳌亚洲论坛拥有的资源也很多，在论坛理事会成员中有俄罗斯工商会主席、印度塔塔集团名誉董事长等在金砖国家有重要影响力的人物，论坛还与印度工商联合会等机构联合主办了相关论坛，很多来自金砖国家的企业也积极参与相关的系列活动。论坛可以充分发挥这一优势，促进中国与有关金砖国家的各层次交往，增强中国与有关国家间的了解和信任。此外，博鳌亚洲论坛本身已成为一个重要智库，可与国内金砖国家研究机构加强合作，利用各单位与金砖国家的联系渠道和智库合作的基础，形成一个以论坛为牵引、国内与其他国家相关智库密切联系的智库网络，推动金砖国家合作。

第五，为企业交流和对接提供桥梁。目前，论坛会员总数为 191 个，其中金融、能源、贸易、商会等企业界会员数约占 85%，每年参加论坛年会的工商企业界人士高达 1000 余人，来自世界上近 40 个国家和地区。论坛已成为企业界人士共商产业发展、实现交流与对接的桥梁。论坛可以充分发挥这一优势，设立金砖国家企业发展论坛，邀请来自金砖国家的企业参与，建立项目对接平台，推动新兴产业对话交流，尤其在鼓励金砖国家中小企业协会等参与论坛相关活动方面予以支持。

总之，作为一个以中国为主的多边外交平台，博鳌亚洲论坛在中国总体外交格局中将发挥更加重要的作用。配合中国对金砖其他国家的外交，论坛将以其经济议题的专业性、非官方组织的灵活性、多边平台的广阔覆盖性对接相关合作，在促进和深化我国与其他金砖国家的交流、协调与合作中扮演更加重要的角色，提升总体外交能力。

金砖国家智库合作：加强治国理政经验交流

通过十多年的发展合作，尤其是自2009年“金砖四国”峰会启动金砖国家领导人会晤以来，金砖国家合作已经成为中国和各新兴大国参与及推动全球治理体系改革与建设的重要平台。更为重要的是，基于金砖国家搭建起来的全方位、多层次、宽领域、立体化的合作框架，金砖国家开展了卓有成效的治国理政经验交流，在共享国家发展经验、推动经济社会改革、促进民心相通和文化交流等多个方面都进行了深入合作。在这一进程中，金砖国家的智库机构以其自身独特优势发挥了重要作用。

金砖国家合作中，起到重要作用的智库合作机制主要有金砖国家治国理政论坛和金砖国家智库理事会，两机制已经成为金砖国家合作大框架下的重要机制，被纳入了金砖国家峰会的务实合作成果。

第一，金砖国家治国理政论坛。从2017年至今，金砖国家已经举办了三届治国理政论坛，并且配套启动了金砖国家文化论坛以及电影、艺术、学术等领域合作。金砖国家治国理政论坛参加者多是金砖各国的重要智库和科研机构，在推动金砖国家交流和分享国家治理经验、促进人文交流和民心相通方面起到重要作用。金砖国家治国理政论坛的鲜明特色之一是保持开放性，并且按照“金砖+”的模式，邀请具有代表性的新兴国家和发展中国家的政要、重要研究机构和智库机构等参加，共同探讨新兴经济体和发展中国家实现国家发展、国家治理现代化并参与全球治理的成功路径，交流各自探索的历程和经验，将国别方案升级为“金砖方案”。

第二，金砖国家智库理事会，且在金砖各国分别成立国别理事会。金砖国家智库理事会于2009年成立，为推动金砖国家全方位合作提供长期政策建议和智力支持。金砖国家智库合作与峰会同步发展和完善，是金砖国家开展联合智库建设及合作理念交流和政策沟通的重要平台。金砖国家智库理事会各国别牵头机构都是具有重要影响的官方和半官方智库机构，具有强大的政策沟通能力和协调联络能力，有效搭建起了政策制定和落实机构与政策建议机构之间的合作桥梁，可以说在推动金砖国家合作中扮演了1.5轨的独特角色。在金砖国家智库理事会框架下，金砖国家的政党合作、人文与社会事务合作、民心相通工作等都已经成为愈加重要的支柱，支撑起了金砖国家的合作“大厦”，并且为推进金砖国家合作提供重要的前瞻性政策建议，在一定程度上发挥了思想引领作用。

金砖国家合作进程中智库和科研机构所发挥的作用及担负的使命，可以总结为以下三个重要方面：

第一，托底保底。金砖国家合作的突出特点之一是多样性，并且各成员国都是处于改革发展进程中的新兴大国，由此就带来了政策调整的更大可能性。此外，受到百年未有之大变局背景下国际秩序加速演变和大国关系深度调整的影响，金砖国家合作在第二个十年已经步入了合作的“深水区”，合作中分歧甚至冲突有所凸显，尤其是随着个别成员国自身内部政局的变化，金砖国家合作中的脆弱性也逐渐暴露。例如，巴西在2018年总统大选之后，新任总统于2019年开始对内外政策进行大幅度调整，作为2019年金砖国家合作轮值主席国的巴西所发生的这一变化一度对金砖国家合作形成了深度冲击，因此，在金砖各成员国之间进行沟通协调就显得尤为关键。在这一背景下，金砖国家智库合作继续围绕金砖国家各成员国内部发展、金砖国家合作、金砖国家参与全球治理等领域进行交流，并且以其1.5轨和2轨合作的独特地位，起到了很好的托底保底作用，稳定金砖国家合作的态势，密集沟通协商，锚定金砖国家合作大局，配合金砖国家峰会和其他相关领域合作，助力金砖国家有效应对突发性挑战，迎来平稳深化的发展新阶段。

第二，政策支持。金砖国家已经搭建起了领导人峰会、领导人非正式会晤、安全事务高级代表会议、外长会晤和贸易、财经、金融、货币、科技、农业、能源、传媒、教育等数十个具体领域的基本合作框架，并且启动了金砖国家立法机关、政党、地方等配套领域的合作。合作领域的拓展、合作空间的扩大、合作程度的加深，对政策和合作理念等各方面都提出了更高的要求，这正是金砖国家智库和科研机构可以发挥重要作用的方面。智库和科研机构基于自身专业研究、内外沟通便利性、系统全面的长期性等优势，为金砖国家进行全方位、多层次、宽领域的合作提供智力支撑和政策建议。

第三，引领开创。金砖国家合作从2006年启动以来，成功打造了第一个“金色十年”，取得了丰硕的务实合作成果，摸索并推动了“政治安全、经贸财金、人文交流”的三轮驱动模式和“金砖+”的开放性联动发展模式。在进入第二个十年合作新阶段之后，金砖国家在进一步加强政策沟通和治国理政经验交流等方面达成了进一步共识，希望通过共享发展经验、探索合作重点、达成合作共识，实现金砖国家各成员国发展、金砖国家合作、金砖国家参与全球治理等方面的齐头并进，这就对金砖国家智库合作与科研机构的工作重心调整提出了更高的要求，理念和政策建议要领先于金砖国家合作的实践，智库和科研机构要争取做到先一步提出金砖国家合作的创新性方案，发挥长期性研究的基础性作用，提出金砖国家合作中长期路线图和可行性路径建议，为金砖国家确立长期合作与发展规划提供智力支持，金砖国家智库机构应该成为金砖国家合作的“思想泉”“动力源”“智慧库”。

金砖国家合作是新兴大国之间开展的全方位、战略性合作，是构建新型大国关系的重要成功实践，是推动构建新型国际关系和推动构建人类命运共同体的重要努力，具有鲜明的全新性、探索性。要推动金砖国家行稳致远，全力打造第二个“金色十年”，金砖国家智库合作不仅要以其扎实合作成果成为巩固金砖国家大厦的重要机制之一，更要以其独特的沟通交流、智力支撑、政策建议、国际合作等优势促进金砖国家各成员国发展及合作的深化，担负起金砖国家治国理政经验交流的重要使命。

第三章
金砖国家合作的新挑战

新兴经济体未来经济发展走势的影响因素及其评估

展望未来，以 E22 国家为代表的新兴经济体的发展面临诸多不利因素，但得益于更多有利因素支撑其增长，直至 2035 年左右，大多数 E22 国家将在各自国家中长期发展战略的框架下，维持总体宏观经济形势向好的局面。

虽然部分 E22 国家也面临国内政治波动的挑战，甚至受到地区和国际局势动荡的影响，但是，追求国家经济发展和民生改善的目标已经成为各国的普遍共识。因此，不论在各自政治体系下执政党如何变动，各国都已经认识到必须落实经济发展目标、推动国内经济增长方式的改革和转型升级、积极参与经济全球化、加强全球经济合作。新兴经济体未来经济发展的主要影响因素非常多元，但下列要素对多数新兴经济体实现 2035 年发展目标至关重要：资源和国际大宗商品价格及全球价值链、人口、科技进步、农业和粮食安全、全球产业分工、金融等。

一、新兴经济体未来经济发展的有利因素

（一）资源、国际大宗商品价格及全球价值链

以 E22 国家为代表的新兴经济体虽然已经实现了快速发展，但大多数国家的经济发展仍较高程度依赖自然资源产业，特别是能源产业。在继续推动国家经济增长方式转型升级的同时，国际大宗商品的价格仍将很大程度上决定新兴经济体在未来二十年的经济发展前景。但各新兴经济体基本都认识到，要真正实现成为经济强国的目标，必须提升自身在全球价值链中的地位，否

则在国际大宗商品市场价格剧烈波动的情况下，作为原料出口国的 E22 国家并不掌握国际能源资源市场的定价权，经济发展受到外部影响仍会较为明显。此外，新兴经济体中能源出口具有重要地位的国家经济发展也将受到新能源技术研发的影响，特别是清洁能源、页岩技术等突飞猛进，在 2035 年将会实现比较大规模的应用，这将成为国际能源市场的重要变量，甚至会对国际政治和全球战略格局产生深刻影响。

石油、天然气、铁矿石等自然资源和能源在经过了 2008 年全球金融危机以来十余年的低价运行和大幅波动之后，已经逐步稳定下来，在未来保持相对稳定和温和增长的可能性较大。由于国际市场大宗商品的价格与新兴经济体的经济发展存在高度的正相关性，因此，在未来 20 余年，大宗商品价格总体保持稳定和温和增长的背景下，比较倚重资源出口的新兴经济体的外部市场环境会比较好，这也将直接推动各自经济的稳定增长。

受益于未来资源价格上涨的 E22 国家：巴西、俄罗斯、沙特阿拉伯、伊朗、尼日利亚、哈萨克斯坦、墨西哥、秘鲁、南非等国的经济和产业结构中，能源资源产业占的比重较高，因此，全球经济复苏拉动资源需求和价格上涨，将刺激上述国家的经济发展。

受未来资源价格上涨冲击的 E22 国家：印度、巴基斯坦、波兰、土耳其等 E22 国家的石油和天然气进口比重较高，较为依赖国际市场供应，受到未来国际能源市场价格上涨冲击较为明显。

表 3　E22 国家资源储量和生产情况

国家	主要自然资源
阿根廷	矿产资源丰富，是拉美主要矿业国之一；主要矿产资源有石油、天然气、铜、金、铀、铅、锌、硼酸盐、黏土等；矿产开发程度较低，预计约有 75%的资源尚未得到勘探开发，发展空间巨大；现已探明蕴藏量有石油 3.94 亿立方米，天然气 3325.11 亿立方米，可开采页岩气 22.71 万亿立方米，可开采页岩油 270 亿桶，煤炭 8.25 亿吨，铁 3 亿吨，铀 7080 吨；水和森林资源丰富
巴西	已探明铁矿砂储量 333 亿吨，占世界总储量的 9.8%，居世界第五位；产量 3.55 亿吨，居世界第二位；出口量也位居世界前列；东南沿海大西洋盐下层油气资源储量巨大；巴西 29 种矿物储量丰富，镍储量 600 万吨，占世界镍储量的 4%；锰、铝矾土、铅、锡等多种金属储量占世界总储量的 10%以上；铌矿储量已探明 455.9 万吨，按当前消费量够全球使用 800 年；还有较丰富的铬矿、黄金矿和石棉矿；水和森林资源丰富

续表

国家	主要自然资源
哥伦比亚	自然资源丰富，煤炭、石油、绿宝石为主要矿藏；煤炭储量约 240 亿吨，居拉美首位；石油储量 18 亿桶，天然气储量 187 亿立方米，绿宝石储量居世界第一位，铝矾土储量为 1 亿吨，铀储量 4 万吨；此外还有金、银、镍、铂、铁等矿藏
埃及	主要资源是石油、天然气、磷酸盐、铁等；已探明的储量为石油 44.5 亿桶（2013 年 1 月），天然气 2.186 万亿立方米（2012 年 1 月），磷酸盐约 70 亿吨，铁矿 6000 万吨；此外还有锰、煤、金、锌、铬、银、钼、铜和滑石等
埃塞俄比亚	已探明的矿藏有黄金、铂、镍、铜、铁、煤、钽、硅、钾盐、磷酸盐、大理石、石灰石、石油和天然气；水力资源丰富
印度	矿产资源丰富，铝矾土储量和煤产量均居世界第五位，云母出口量占世界出口量的 60%；世界主要油气进口国
印度尼西亚	石油、天然气和锡的储量在世界上占有重要地位；煤炭资源储量约为 580 亿吨，已探明储量 193 亿吨；镍储量约为 560 多万吨，居世界前列；金刚石储量约为 150 万克拉，居亚洲前列；此外，铀、镍、铜、铬、铝矾土等储量也很丰富
哈萨克斯坦	自然资源非常丰富，已探明的矿藏有 90 多种；煤、铁、铜、铅、锌产量丰富，被称为“铀库”，里海地区的油气资源十分丰富；钨储量居世界第一位，铬和磷矿石居世界第二位；铜、铅、锌、钼和磷的储量居亚洲第一位；石油、天然气的储量丰富，已探明的石油储量达 100 亿吨，煤储量为 39.4 亿吨，天然气储量为 11700 万亿立方米
伊朗	石油、天然气和煤炭蕴藏丰富；已探明石油储量 1545.8 亿桶，天然气储量 33.69 万亿立方米，分别占世界总储量的 11%和 17%，分列世界第三位、第二位；石油和天然气生产量均列世界第四位；铁矿储量 47 亿吨；铜矿储量 30 亿吨，居世界第三位；锌矿储量 2.3 亿吨，居世界第一位
肯尼亚	主要有纯碱、盐、萤石、石灰石、重晶石、金、银、铜、铝、锌、铌和钍等，除纯碱和萤石外，多数矿藏尚未开发；吉尔吉尔是世界最大的硅藻土矿之一
马来西亚	自然资源丰富；橡胶、棕油和胡椒的产量和出口量居世界前列；石油储量丰富，此外还有铁、金、钨、煤、铝土、锰等矿产
墨西哥	世界重要的矿业生产国；主要的能源矿产资源有石油、天然气、铀和煤等；金属矿产有铁、锰、铜、铅、锌、金、银、锑、汞、钨、钼、钒等；非金属矿产有硫、石墨、硅灰石、天然碱和萤石等；储量居世界前列的矿产有银居世界第 1 位；铜和石墨居世界第 3 位；硫和重晶石居世界第 6 位；钼、铅和锌居世界第 7 位；油气资源丰富，石油剩余探明可采储量为 20.62 亿吨，居世界第 18 位；天然气剩余探明可采储量为 3325.14 亿立方米，居世界第 31 位；常规石油可采资源量为 114 亿吨，居世界第 8 位；常规天然气可采资源量为 5.53 万亿立方米，居世界第 13 位
尼日利亚	自然资源丰富，包括天然气、煤、铝矾土、钽铁矿、黄金、铁矿石、石灰石、锡、铌、石墨和锌等 30 多种矿藏；储量巨大，采掘工业还处于初级阶段；已探明石油储量 372 亿桶，居非洲第二位，世界第十位；天然气资源丰富，已探明天然气储量达 5.3 万亿立方米，居世界第八位和非洲第一位；煤储量约 27.5 亿吨，为西非唯一产煤国

续表

国家	主要自然资源
巴基斯坦	煤炭资源丰富，储量在1850亿吨左右，主要矿藏储备有天然气、石油、煤等，还有大量的铬矿、大理石和宝石
秘鲁	矿业资源丰富，是世界12大矿产国之一；主要有铜、铅、锌、银、铁和石油等。铋、钒储量居世界首位，铜居第三位，银、锌居第四位。石油探明储量为4亿桶，天然气71000亿立方米；银产量位居世界第一，铜产量世界第二，锌产量世界第二，锡产量世界第三，金产量世界第六
菲律宾	矿产资源主要有铜、金、银、铁、铬、镍等20余种，地热资源和石油资源也较为丰富
波兰	煤炭储量居欧洲前列，主要矿产有煤、硫黄、铜、锌、铅、铝、银等
俄罗斯	拥有世界最大储量的矿产和能源资源，是最大的石油和天然气输出国；煤、石油、天然气、铁、锰、铜、铅、锌等都拥有巨大蕴藏量，居世界前列
沙特阿拉伯	有金、银、铜、铁、铝矾土、磷等矿藏，石油和天然气藏量极丰富，石油产量、出口量和剩余可采储量均长期位居世界前列，还有金、铜、铁、锡、铝、锌等矿藏
南非	矿物资源丰富，已探明储量并开采的矿产有70余种，黄金、铂族金属、锰、钒、铬、硅、铝酸盐的储量居世界第一位，其中黄金储量占全球的60%，蛭石、锆、钛、氟石居第二位，磷酸盐、锑居第四位，铀、铅居第五位，煤、锌居第八位，铁矿石居第九位，铜居第十四位；钻石、石棉、钒、云母等的蕴藏量也极为丰富，黄金、钻石、钒、锰、铬、锑、铀、石棉等的产量均居世界前列
土耳其	矿物资源丰富，主要有硼、铬、铁、铜、铝矾土及煤等；三氧化二硼和铬矿储量均居世界前列；境内产石油及天然气，但产量不足以自足，必须从国外进口
越南	矿产资源丰富，主要有近海油气、煤、铁、铝、锰、铬、锡、钛、磷等，其中煤、铁、铝储量较大

（二）人口

E22国家总人口在2016年已经达到33.46亿，接近世界总人口的一半，其中巴西、埃塞俄比亚、印度、印度尼西亚、墨西哥、尼日利亚、巴基斯坦、菲律宾、俄罗斯等9个国家人口过亿；此外，埃及、越南、伊朗、土耳其等国人口基数较大，且保持较高的人口增长率，人口也将很快突破1亿大关。虽然未来全球人口增速放缓，但新兴经济体的人口增速始终高于全球人口增速，这一态势在2035年之前都不会发生根本性变化。根据联合国预测，巴西、印度、南非等国的人口峰值直到2045年、2060年、2080年才会分别相继出现，埃及、伊朗、巴基斯坦、哈萨克斯坦、尼日利亚、肯尼亚、埃塞俄比亚等国的人口峰值也都要在2065年之后才会出现。

E22国家庞大的人口基数提供了广阔的国内市场，成为保持经济稳定发展的巨大动力，而且也成为吸引发达国家和其他新兴经济体大量外来投资的重要条件。E22国家庞大且快速增加的人口整体比较年轻，普遍正处于或即将迎来“人口红利期”，年轻人口的创造能力和消费欲望都更强，这也保持了未来极强的经济活力。以印度为例，2017年印度人口约13.4亿，且仍保持1.2%的年均增长率，其中14岁以下的人口占到31.2%，65岁以下人口占到94.8%，年龄中位数为25.1岁。

但是，庞大且仍然保持高速增长的年轻人口也给新兴经济体的就业、粮食安全、教育卫生、社会稳定等带来了巨大压力，特别是对于巴基斯坦、埃及等部分经济发展波动比较大的国家，挑战就更为明显。

与上述不同，在E22中也有部分国家面临人口增长较为缓慢和老龄化的挑战，例如俄罗斯、波兰等。这些国家长期面临人口负增长的挑战，且出生率较低，虽然政府采取了鼓励生育措施，但是效果不甚明显。根据联合国预测，这些国家在2035年前面临的人口老龄化挑战将更加严峻，这对经济增长造成了巨大的负面影响。

虽然随着科技的发展，人口红利会受到技术发展的影响，但是总体看来，直到2035年，新兴经济体仍将从其庞大、快速增加且整体年轻的人口中受益巨大，特别是与发达国家相比，这一优势就更加明显。

表4　2016年E22国家的人口及增长率

国家	人口（千万人）	人口增长率（‰）
阿根廷	4.39	0.98
巴西	20.8	0.82
哥伦比亚	4.87	0.88
埃及	9.57	2.02
埃塞俄比亚	10.24	2.5
印度	132.4	1.15
印度尼西亚	26.1	1.14
哈萨克斯坦	1.79	1.42
伊朗	8.03	1.15
肯尼亚	4.85	2.56
马来西亚	3.12	1.5

续表

国家	人口（千万人）	人口增长率（‰）
墨西哥	12.8	1.3
尼日利亚	18.6	2.62
巴基斯坦	19.3	2.0
秘鲁	3.18	1.26
菲律宾	10.3	1.56
波兰	3.79	-0.05
俄罗斯	14.43	0.17
沙特阿拉伯	3.23	2.25
南非	5.59	1.3
土耳其	7.95	1.57
越南	9.27	1.06
总计	334.6	

（三）科技进步

当前，基于信息通信技术的创新，发展催生了数字技术主导的新技术群落，引发了新的技术革命并不断扩散应用。未来 20 年，新一轮科技革命将加快推动全球技术进步与创新速度，并将引发全球产业变革以及商业模式创新。

以 E22 国家为代表的新兴经济体经过前 20 余年的发展，在经济实力、科研能力等方面打下了较好的基础，新一轮科技革命将为其提供更大的发展机遇。受益于新一轮科技革命强调开放、合作、国际化的发展方向，新兴经济体与发达国家的差距将缩小，借助数字技术的加速迭代，快速追赶发达经济体。国家间比较优势从传统资本、工业技术、劳动力等转向大数据、数字技术、网络市场、软件开发、数字学习等，大大降低了新兴经济体参与新一轮竞争的门槛，为具有数字经济发展潜力的新兴经济体“换道超车”提供了宝贵机遇。新兴经济体的技术追赶自 2000 年后明显提速，与发达国家在部分领域的差距在未来 20 年将明显缩小。印度、土耳其、巴西、俄罗斯、南非等新兴经济体的优势技术领域在增多，这一趋势将持续并加速。

新兴经济体在前 20 年的经济快速增长也为新技术研发提供了较为雄厚的

资金支持，这一态势仍在继续保持并进一步加强。E22 各国政府公布的中长期国家经济发展规划中，比较明确地将科技部门确定为未来投资的重点领域。2013 年，东亚、南亚地区国家（中国、日本、韩国、印度等）的科研投入量居世界首位，占全球的 40%（6600 亿美元），超过北美和欧洲地区。俄罗斯、印度、巴西等新兴经济体的科研投入强度排名分别上升至世界第 7 位、第 9 位、第 11 位，俄罗斯的科研投入占国内生产总值的 1.1%、印度也达到 1%左右。

（四）全球生产要素跨境流动

虽然近年来经济全球化发生了一定程度的逆流，特别是美国等部分发达国家采取贸易保护主义和排他主义措施，但是新兴经济体整体在捍卫开放型世界经济，同时通过推动国内改革、改善营商环境等，吸引更多资本、技术和人才流向新兴经济体。在近 10 年对全球生产要素集聚效应的基础上，这些优势可能会在未来 20 年显现出其对经济社会发展的巨大推动作用，特别是技术和人才的全球流动将进一步加速，这将为新兴经济体带来更多动力，但也会在不同的新兴经济体中造成分化。

新兴经济体尤其要警惕金融资本的全球流动，这在未来 20 年期间，仍将是新兴经济体经济发展的一柄双刃剑。新兴经济体将会吸引更多国际投资进入本国，但是金融全球化也会带来一定的风险，这就对新兴经济体的金融监管能力提出了较高的要求。否则，在发达国家仍牢牢掌控全球金融体系主导权的情况下，深受新自由主义和“华盛顿共识”影响的部分新兴经济体仍将遭受金融动荡甚至区域性金融危机的影响，给自身金融安全和经济安全带来沉重打击。俄罗斯、阿根廷、巴西、墨西哥、印度尼西亚、马来西亚、土耳其、南非等新兴经济体历史上曾多次发生金融危机，未来 20 年，上述国家再次发生短期资本外流甚至金融危机的风险仍然较高。

（五）农业和粮食生产

以 E22 国家为代表的新兴经济体国土面积较为广阔，是目前世界上最主要的尚未得到有效利用的潜在耕地的主要提供者，特别以非洲和南美洲地区为主。根据联合国粮农组织的数据，参考全球农业水资源的分布与使用状况，在发展中国家中，仍有 1.8 亿公顷旱作耕地具有发展为浇灌地的可能性。如果考虑到农业技术的进步，耕地潜力更大。目前世界上具有潜力的农业耕地主要分布在拉美与撒哈拉以南非洲，其中 2/3 未开发的农业耕地分布在 13 个国家内，除了印度尼西亚，其他所有国家均位于拉美与撒哈拉以南非洲。根据联合国粮农组织数据，近 20 年以来，全球农业海外投资的主要东道国大部分是位于南亚、非洲和南美地区的新兴经济体。

虽然 E22 国家人口在未来 20 年仍将快速增长，且仍然处于刚刚解决温饱或者正在解决温饱问题的阶段，在未来将产生巨大的粮食消费，对食物的需求量巨大，但可以预测，到 2035 年，E22 国家将基本解决温饱问题，并迎来从“吃得饱”向“吃得好”的转变。因此，新兴经济体在全球粮食消费中的比重将稳步上升，农业和食品业在上述国家将成为有巨大发展前景的产业，成为推动经济发展的巨大动力。特别是在人口和经济增长都较快的新兴经济体，例如印度、巴西、印度尼西亚、尼日利亚、巴基斯坦、墨西哥、菲律宾等。

未来 20 年，新兴经济体将成为全球大米、小麦及粗粮的主要生产国，占全球粮食产量的比重将不断上升，成为全球粮食增产的新高地。

表 5　E22 国家土地面积、耕地面积及世界排名

世界排名	国家	耕地面积（平方公里）	耕地面积占比（%）	其他土地面积（平方公里）	其他土地面积占比（%）	总土地面积（平方公里）
2	印度	1535058	51.63	1438132	48.37	2973190
4	俄罗斯	1237294	7.28	15758506	92.72	16995800
5	巴西	661299	7.82	7795211	92.18	8456510
9	印度尼西亚	330037	18.07	1496402	81.93	1826440
10	尼日利亚	329334	36.16	581434	63.84	910768
11	阿根廷	284342	10.39	2452348	89.61	2736690
12	墨西哥	268072	13.94	1654968	86.06	1923040
13	土耳其	255893	33.2	514868	66.8	770760
15	哈萨克斯坦	222394	8.33	2447406	91.67	2669800
16	伊朗	221400	11.07	1778600	88.93	2000000
17	巴基斯坦	196860	25.28	581860	74.72	778720
20	南非	157246	12.89	1062665	87.11	1219912
23	波兰	125590	41.25	178870	58.75	304459

续表

世界排名	国家	耕地面积（平方公里）	耕地面积占比（%）	其他土地面积（平方公里）	其他土地面积占比（%）	总土地面积（平方公里）
24	埃塞俄比亚	119358	10.66	1000325	89.34	1119683
27	菲律宾	106357	35.67	191813	64.33	298170
31	越南	88075	27.07	237285	72.93	325360
35	马来西亚	75567	23	252984	77	328550
46	肯尼亚	51119	8.98	518131	91.02	569250
57	沙特阿拉伯	37835	1.76	2111855	98.24	2149690
63	哥伦比亚	35108	3.38	1003592	96.62	1038700
64	埃及	34044	3.42	961406	96.58	995450
65	秘鲁	33500	3.35	966500	96.65	1000000
	世界	17298900	11.61	131686200	88.38	149000000

（六）全球产业分工

新兴经济体大多数都抓住了上一轮全球产业转移的机遇，充分发挥自身劳动力密集、资源密集、人口红利等优势，促进了制造业和加工业的快速发展，为未来经济发展和产业转型升级打下了坚实基础。

从经济发展的基本规律来看，产业梯度转移不可避免。随着新一轮技术革命的到来，新兴经济体不仅继续承接来自发达国家和更领先一些的新兴经济体的产业领域，而且开始抓住新一轮技术革命和产业革命的机遇，试图提升自身在全球产业链、供应链、运输链和价值链上的地位。

在未来20年，这将是新兴经济体的重大机遇和重要追求，部分新兴经济体将实现飞跃，真正完成追赶过程并进入良性增长轨道，但大多数国家仍将继续承接发达国家和其他更领先新兴经济体对外转移的过剩产能。

不仅如此，新科技革命的兴起、发达国家制造业回流、气候变化谈判等甚至可能让新兴经济体更难以突破自身在全球产业分工中的低端地位，被牢牢锁定在原料供应者和市场被动开放者的位置，甚至倒退至低端发展的水平。

新兴经济体中的拉美国家和俄罗斯等国家在推进产业转型升级的过程中，其推进工业化的体制、战略和政策都存在某些明显缺陷，而至今这些国家仍难以打破“中等收入陷阱”的桎梏。因此，新兴经济体能否抓住机遇推动国内改革和产业转型升级是提升自身在全球价值链和产业链中地位的关键，这也是新兴经济体在未来20年发展中的艰巨任务。

（七）国家改革进程和现代化建设

大多数新兴经济体自独立以来，已经付出了探索国家建设和改革的高昂代价。随着过去20年的较快发展，新兴经济体基本实现了政治稳定，并且都强烈意识到必须推进国内改革、提高社会治理和政府管理能力、提升行政效率和电子政务水平，并且结合自身国情制定相应的发展规划。为此，新兴经济体在未来20年将继续推动国内改革进程，特别是在打击贪污腐败和渎职、推进国家治理体系和治理能力现代化等方面继续努力，这将成为新兴经济体确保在未来20年实现真正发展的关键。

与此同时，新兴经济体迎来了一批具有改革意识的强势领导人，他们不仅制定了国家发展的中长期规划，还具有极强的治国理政能力，希望在未来确保这些国家中长期发展战略的落实。

（八）全球经济治理和构建开放型世界经济

新兴经济体都是经济全球化的受益者，因此，都反对出现逆全球化和反全球化思潮，并坚决抵制部分发达国家的贸易保护主义和单边主义倾向。新兴经济体将继续呼吁推动全球经济治理体系改革，构建开放型世界经济，在新一轮技术革命中加速推动全球产业布局调整、维护多边贸易体系的中心地位。新兴经济体将继续在世贸组织框架下争取更多的规则制定权，在多边贸易进程受阻的情况下，继续加快推动区域经济合作，商签更多的区域贸易安排或区域贸易协定，促进世界经济走出困境。例如，在生效的300多个区域贸易协定中，俄罗斯签订了10个，印度签订了16个。新兴经济体还将继续成为本地区经济贸易自由化和便利化的牵动力量，例如，巴西、阿根廷、秘鲁等国是南方共同市场的重要推动者，墨西哥积极推动太平洋联盟，印度倡导了环孟加拉湾多领域经济技术合作倡议，俄罗斯推动了欧亚经济联盟，南非积极推动南部非洲发展共同体等。

二、新兴经济体未来发展所面临的主要挑战

在后金融危机时代和未来实现各自国家经济发展战略的进程中，新兴经

济体虽然具有得天独厚的发展优势，但是，由于政治与社会转型过程中蕴含着一定的社会动荡的可能性、自身力量的不成熟、国际环境等外部因素的影响，新兴经济体的发展仍然面临诸多挑战。

（一）政治转型与社会发展的张力逐步加大

新兴经济体多处于社会转型阶段，部分国家的政治和经济制度也面临着巨大的转型和改革张力，如若受到国内外经济发展波动带来的影响，可能会进一步放大新兴经济体政治转型和社会发展的压力，这些都将直接影响新兴经济体的经济社会发展，甚至造成社会整体局势的恶化，使新兴经济体的经济发展受到直接影响。客观而言，主要新兴经济体在政治转型和社会发展张力日益加大的情况下，应对和治理的能力及政策施展的空间是受到极大限制的。

（二）金融稳定和通货膨胀压力增加

对于新兴经济体来说，经济基础较为薄弱，需要面对通货膨胀、物价上涨等多重压力。为了缓解物价上涨压力，新兴发展中国家采取了提高银行存款利率等货币金融政策以抑制通货膨胀，在阶段时间内取得了一定成效。但新兴经济体仍将面临巨大的通货膨胀、本币升值压力，如何快速化解通胀危机成为新兴经济体发展的重要问题。

（三）发达国家的贸易保护主义倾向日趋严重

当前，发达国家为了尽快实现经济强劲复苏，保护本国出口和国内就业市场，便通过更加隐秘的补贴等方式变相为本国产业发展提供保护主义措施，排斥新兴经济体出口的产品，导致新兴经济体对外贸易严重受阻。在逆全球化的严峻挑战下，由于国际经济形势的影响，可以预见，未来新兴经济体仍将面临部分发达国家发起的贸易纠纷的干扰，甚至还会遭遇更加隐蔽的非关税壁垒等，对外出口市场将会严重萎缩，进而影响经济的良好发展。

（四）新兴经济体在国际分工中处于不利地位

由于发达国家在国际分工中居于主导地位，新兴经济体对全球经济做出的贡献与所得的财富不成比例。虽然近几年新兴经济体的经济增长速度较快，但是经济基础与发达国家相比仍然有一定的差距。除此之外，新兴经济体在高科技产业发展方面仍然有所欠缺，大部分重要的电子产品核心零部件仍然依赖进口。由于此类条件的限制，一段时间内，新兴经济体仍然将处于国际分工的底层。若不通过深度改革成功实现产业转型升级，而是继续依赖资源出口，则不仅面临资源枯竭的威胁，一旦国际市场大宗商品价格出现大幅回落，其经济增长就会受到更严重的冲击，对于财政过度依赖石油出口的沙特阿拉伯、俄罗斯、尼日利亚，依赖农产品出口的巴西，依赖矿石出口的南非、秘鲁等国来说尤其如此。

（五）新兴经济体之间欠缺合作

各新兴经济体之间为了争夺有限的国际资金、商业投资等，互相之间进行惨烈的竞争，例如中印之间在非洲争夺石油、矿产等自然资源不仅削弱了本国的竞争力，还为其他观望国家提供了可乘之机。这种重竞争轻合作的做法不利于新兴经济体的联合发展，限制了新兴经济体整体影响力的增强，甚至造成了新兴经济体之间的冲突和猜忌。

三、案例：印度的经济发展战略与印度发展前景评估

长远看来，印度在21世纪的崛起是大概率事件。莫迪政府和执政的印度人民党力求实现长期执政，借此推进印度教民族主义，彻底实现印度的社会和国家转型。因此，其推动的深度改革在印度这一轮崛起和未来20年的发展过程中将起到关键作用。莫迪政府的国家发展思路有三个重大变化：一是转变经济管理权力路径，废除计划经济性质浓厚的计划委员会，同时充分发挥市场的作用；二是调整政策手段，去计划、定规划、重地方，以更长远的眼光考虑国家发展方向；三是充分利用信息科技红利，建立以科技创新为基础的新型政府治理结构。莫迪政府的国家发展战略主要思路可总结为“优先发展经济、突出科技创新”。

（一）转变经济管理权力路径

莫迪政府强力推动改革国家经济管理权力路径。一方面，废除了带有指令性计划特征的国家计划委员会；另一方面，通过简政放权让市场撬动潜在

的资源禀赋，着重于建立基础性的市场制度，转进口替代战略为出口导向战略，加大对外资和技术的引进力度。

改革之前，印度国家发展战略政策决策主体为总理和国家计划委员会。印度开国总理尼赫鲁于1950年3月15日设立了具有浓厚计划经济色彩的国家计划委员会（以下简称“国家计委”），掌握了中央财政经费的预算权、五年计划编制权、计划经费分配权和发展项目审批权。国家计委是印度式计划经济体制的灵魂机构，几十年来形成了一个具有极大权威的“独立小王国”，既可以抵抗来自各地方各部门的政治压力，也无须理会市场运行的逻辑，严重影响印度经济的快速发展。

莫迪上台后，铁腕解散了国家计委，将制定五年计划的权力转移给了莫迪亲自主导设立的印度国家转型委员会，中央财政经费预算权转移给了莫迪直接控制的财政部。尽管印度国家转型委员会的主席仍由莫迪担任，但该机构只有“印度政府首要智库”的功能，既没有财政经费预算权、财政资源分配权，也没有编制指令性计划权。

此外，莫迪高度重视科技创新对于经济发展的推动作用。他提出实施印度制造、数字印度、技能印度、绿色印度、智慧城市、清洁印度和基础设施建设等七大国家级旗舰计划。这一系列以经济发展为优先、科技创新助力为核心的旗舰计划是印度经济社会发生的重大政策变化，更是“莫迪新政”的核心内容。每一个旗舰计划都与科技创新有着紧密联系，其实施都需要组织良好、协调高效的科技创新战略以及与之相应的体制机制。

莫迪强力推动了三项根本性改革以实现长期发展目标。

一是把一部分政府调控职能下放给市场，让市场撬动潜在的资源禀赋。如通过公私合营机制（PPP）推进耗资巨大的高铁、公路、航空、港口和工业走廊等大规模基础设施建设。

二是放弃进口替代战略，改为实行出口导向战略，加大了对外资和技术的引进力度。如放开国防、铁路、航天、保险、电子商务和房地产等领域的投资限制，在高铁等基建项目中允许PPP融资模式下100%的外资占比，在汽车制造、制药和建筑等行业中，允许外资投资占比达到100%，在保险和国防领域允许49%的外资进入，开发6条工业走廊以吸引跨国公司等。

三是建立基础性的市场制度，让市场调节要素配置。如推出货物和服务税，统一全国税制，统一全国市场，实施废钞令，逐步打碎土地政策、劳工政策等限制印度工业化起飞的桎梏以凝聚发展要素等，都是他“亲”市场执政思路的体现。不过，莫迪远非西方式自由市场理念的信奉者。他同时强化集权和市场，其根本目的是将政治权力和经济资源更加集中在中央政府。

（二）调整政策手段

2015年，莫迪在其个人推特上宣布：印度是日益开放化和自由化的经济体，“一刀切”模式的五年计划已不再符合印度实际，2017年“十二五”计划执行完毕之后将不再继续，将制定实施“十五年发展愿景”规划。新的规划大大淡化了原“五年计划”的计划色彩，将以更长远眼光考虑国家发展方向。这项新的“十五年规划”名为“国家发展议程”，具体包括15年愿景规划（2017—2032）、7年发展战略（2017—2024）与3年行动计划（2017—2020）。目前，印度政府已经公布了3年行动计划，这一长期规划的目标被确定为“追赶中国，推动印度成为10万亿美元经济体”。

作为印度经济社会科技发展的主要政策手段，五年计划的变迁预示着印度科技创新治理手段的未来方向，其主要特点有三，即去计划、定规划、重地方。

第一个特点是新规划不具财政资源分配权。以往，印度中央政府严格按照五年计划分配财政资源，即五年计划颁布后决定了今后五年的总预算，并且当年决定下一年度的财政预算。莫迪明确反对这种预算方式，改用发达国家普遍采用的中期支出框架的预算方式，每年进行微调。第二个特点是新规划重长远。从“一五”到“十二五”，印度的五年计划都带有强烈的计划经济体制色彩，通过指定计划期内政府打算重点发展的主要领域来配置中央财政经费，而新的发展规划则明确指出规划部门仅提供更长远的发展路线图，并明确指出推动印度增长的要素是创新和企业家精神。第三个特点是新规划特别强调地方政府的参与。莫迪总理认为，中央政府与各邦的沟通十分重要，要充分调动各邦的积极性，强化中央与邦的关系是他关注的重点。

（三）以科技创新助力经济发展

为迅速提升印度政府的国家治理能力，莫迪非常倚重信息科技和大数据战略带来的技术红利。从本质上讲，他力推的“数字印度”计划是通过智能手机实现中央政府与基层公民的直接联系，并以移动端为基础实现公共服务和社会管理。莫迪政府的目的是绕过基层政府腐败、基础设施缺乏等难以在短期内解决的问题，在这个13亿人口的发展中大国建立以移动通信为基础的新型政府治理结构。莫迪力推的“数字印度”旗舰计划包括普及宽带上网、建设大数据中心和以数字身份证带动基于手机的电子政府治理三个方面。

第一方面，普及宽带上网基础设施。印度政府投入180亿美元，并动员印度产业界投入700亿美元，力争到竞选连任之时实现全印度25万个村庄通网络，在21个邦打造100多个智慧城市和30~40个基于智能城市原理开发的关键点。与投资多、周期长、盈利模式模糊的铁路、公路、电力等基建项目不同，数字移动通信不仅总投资额相对较低，而且盈利模式清晰，是对私人投资有较大吸引力的基础设施领域。

第二方面，建立大数据中心，积累信息资源并维护信息安全。目前印度已经在新德里、布巴内斯瓦尔、海德巴拉德和普恩建立了四家全国数据中心。

第三方面，为所有印度人发放12位数字电子身份证（Aadhar卡），并以电子身份证为平台开展护照、驾照、纳税、职业、财产、卫生健康、教育等公共事务治理，其目标是在2019年底覆盖印度全部人口。

如果说第一和第二方面是从宏观基础设施层面为电子政府治理打下基础，那么第三方面则将基层公民“点对点”纳入体系之中。这项改革显然并非权宜之计，而是建立以移动通信为基础的新型政府治理根本变革的重大举措，在种族、民族、宗教、文化、语言等都极其多元的印度，这注定不是一朝一夕就能够完成的，也将对作为新兴经济体的印度社会形成全面考验。

金砖国家合作之“成长的烦恼”

自2006年巴西、俄罗斯、印度、中国四国外交部长在联合国大会期间进行首次会晤以来，金砖国家合作已经走过了第一个十年。2017年是金砖国家合作的重要时间节点，从第二个十年开始，金砖国家及其合作进入了一个新的历史阶段。综观2016年的金砖国家合作，面临着艰巨挑战，经历了深度调整，克服了巨大困难，呈现出新的特点，即挑战前所未有，在略带困惑中摸索和开辟新的发展方向，而中国在其中仍然继续发挥实质性引领作用。

一、成员国国内政治经历了深度调整，幅度前所未有

金砖国家合作自启动以来，各成员国国内政治局势一直较为稳定，这种局面在2016年发生了较大幅度的变化，部分成员国国内政治局势动荡不安，不同政党和社会阶层之间的对立严重。特别是巴西和南非两国的国内政治局势更为严峻，高潮是巴西在2016年9月经历了政权更迭，而南非总统也面临着来自非国大党内以及反对党的双重压力。

应该说，2016年是金砖国家合作十年以来首次有多个成员国同时经历内部的动荡不安甚至高烈度的政权更迭，已经对当年金砖国家的合作产生了负面影响，拖累了金砖国家合作。

二、成员国面临经济发展的巨大挑战，潜在风险前所未有

随着全球主要经济体经济复苏和增长发生明显的分化，作为新兴经济体代表的金砖国家其经济发展普遍遭遇巨大挑战，这一形势在2016年变得更为明显。金砖国家合作还能否继续维持高速增长、保持金砖的“成色”，成为关系金砖国家合作未来前途的重要问题。换而言之，金砖国家面临的经济挑战是阶段性的还是结构性的，将会影响金砖国家的走向。

金砖国家的经济增长在2016年普遍面临较大挑战。中国经济结束了长周期的超高速发展阶段，进入经济发展新常态成为事实，将持续一个较长的稳定期。而作为“金砖五国”经济发展和贸易合作最主要牵动力的中国，其经济调整将对金砖国家的经济贸易合作与发展产生重大而直接的影响。巴西、俄罗斯、南非由于政治、经济等各方面因素的影响，也很难轻易摆脱低速增长甚至一定时间负增长的局面。印度由于突如其来的货币改革造成的非预期性冲击，对经济增长造成的打击短期内无法消弭。

更为关键的是，金砖国家普遍面临经济增长方式转型和调整经济结构的巨大挑战。虽然金砖国家在全球经济形势不稳定的时期采取了抱团取暖的策略，相互协调立场以便集体应对来自发达国家消极经济政策的负面溢出效应，

但其前提是发达国家经济表现欠佳，而新兴国家经济集体向好。但目前全球经济增长仍未恢复到全球金融危机之前的水平，且各经济体的表现分化态势明显，美欧日等部分主要发达经济体有较稳定的经济增长，而包括金砖国家在内的多个新兴经济体则遭遇了自身经济发展的巨大困难，在这种新的情况下，金砖国家还能否实现抱团取暖、相互协调立场就成为巨大挑战。

三、金砖国家合作遭遇“成长的烦恼”，需要明确未来合作的方向和重点

金砖国家在过去的十年中，围绕打造和加强全面合作这一战略目标，选择并坚持将金融领域作为主线，合作的重点一直围绕货币金融合作与推动国际金融机构和全球金融体系的改革展开。自 2016 年开始，金砖国家在金融领域的合作取得了巨大成果，进入了相对稳定的运行时期，已经基本完成了阶段性任务。如何寻找下一个突破口和重点领域，对金砖国家第二阶段合作显得极为关键，金砖国家合作面临着“成长的烦恼”，而这种困惑构成了现实的挑战。

综观第一阶段的金砖国家合作，取得的最重要成果是在货币金融领域。第一，金砖国家合作集体推动了国际货币基金组织和世界银行在份额和投票权方面的改革，向金砖国家转移了超过 6%的份额，巴西、俄罗斯、印度、中国的份额都居国际货币基金组织的前十位。第二，金砖国家之间双边货币互换取得重大进展，以中国为例，在过去两年中同其他金砖国家纷纷签署了双边货币互换协议，额度高达 3700 亿元人民币。第三，金砖国家围绕组建新的开发性金融机构达成了重要共识，并且启动和运营了金砖国家新开发银行、亚洲基础设施投资银行这两个新的区域和全球性多边开发金融机构。第四，金砖国家基本完成了应急储备安排的相关谈判，并且精心设计其运行机制和功能，以发挥其维护和巩固金砖国家金融稳定和增强外汇供应与流动性的重要作用。

但是，金砖国家合作的下一个重点在哪些领域、如何找到新的突破口并且达成共识集体推进，是一个颇具挑战性的课题，也是进入深度合作阶段的金砖国家所必须解决的问题。

金砖国家合作与“金砖褪色论”

“金砖褪色”的论调悄然萌生，一时间曾经风景这边独好的金砖国家似乎已不再闪耀了。这都要追溯到2013年全球宏观经济形势所发生的逆转，发达国家逐渐摆脱了2008年全球金融危机以来经济增长停滞的颓势，经济复苏势头加快，而以金砖国家为代表的多个新兴经济体则失去了世界经济增长领跑者的地位，从高歌猛进转向低迷徘徊。国际货币基金组织和经济合作与发展组织等发布的分析报告均预测，未来若干年美国等发达经济体有望迎来一轮较快的经济增长，从而导致其重执全球治理体系之牛耳，而全球治理体系在过去的数年中则发生了重大变化。发达国家对以金砖国家为代表的新兴经济体参与全球治理的态度由此开始发生巨大变化，从过去的容忍或有限的欢迎，转变为现阶段的排斥和抵制，“金砖褪色论”大行其道，金砖国家合作参与全球治理的空间受到明显挤压。

我们应该客观地看到，当前兴起的这一轮唱衰金砖合作的论调，虽与金砖国家自身发展转型过程中遭遇到的一些困难有关，但更重要的原因还是发达国家对金砖国家合作持有偏见和防范心理而过度夸大了这些变化。西方媒体首先从经济增长成色的角度质疑金砖国家。2013年8月26日，《金融时报》刊登了美国彼得森国际经济研究所高级研究员安德斯·奥斯伦德撰写的题为《金砖四国错失改革良机》的文章，从经济上否定了金砖国家。安德斯·奥斯伦德断言：“金砖四国的盛筵已经散场。它们能否恢复活力，取决于它们能否在严峻时期开展改革。因为缺乏勇气，它们已经错失了在繁荣时期改革的机会。”他指出，金砖国家经过10年的被追捧后开始受到冷落，其“令人惊奇之处不是蜜月的结束，而是它竟然能持续如此之久”。欧美一些知名智库和学者对金砖合作转型的前景进一步提出质疑。美国著名国际关系学者约瑟夫·奈2013年4月在新加坡《联合早报》上发表《没有黏合力的金砖》（BRICS *Without Mortar*）一文，率先质疑金砖国家的未来发展前景。他认为，“尽管金砖国家这个组织或许有助于协调某些外交策略”，但是无论在经济上还是在战略上都“没有办法团结起来”。他坚持认为，没有必要把金砖国家当作“必须认真看待的政治组织”。

客观而言，世界经济形势的变化和全球治理格局的调整对金砖国家既形成严峻的挑战，同时又带来新的机遇。一方面，随着发达国家主导世界经济增长，国际上出现唱衰金砖的论调；另一方面，金砖国家别无选择，唯有凝聚共识、强化合作机制、寻求更广泛领域的紧密合作一途。金砖国家有能力应对全球治理新格局带来的挑战。随着金砖合作机制的日益成熟，金砖国家必将成为世界多极化的推动者、国际关系民主化的孵化器、全球治理的重要生力军。金砖国家合作势头非但不会日趋减弱，反而正在迎来一系列新的发展。金砖国家不仅在区域合作中展现了新的魅力，而且在国际政治中加强了政策协调和相互支持的力度，为国际关系民主化提供了新的路径选择。金砖国家合作将沿着积极参与全球治理和着力推动相互间务实合作这两个维度展开，实现内外联动式的可持续发展，筑牢金砖国家合作的根基，并引领全球治理体系变革的潮流。

印巴南论坛：发展、成效及其困境

印度—巴西—南非对话论坛（India-Brazil-South Africa Dialogue Forum，IBSA，以下简称印巴南论坛）是当今世界上新兴经济体开展合作和参与全球治理的重要机制之一，同金砖国家（BRICS）和基础四国（BASIC）等一起共同代表新兴经济体和发展中国家的利益，而且，印巴南论坛是其中形成时间最长、成员国同质性最高的。

一、印巴南论坛的诞生与发展

印巴南论坛成立于2003年，是八国集团（G8）峰会的产物之一。2003年6月初，担任八国集团轮值主席的法国总统邀请中、印等世界主要发展中国家出席八国集团和发展中国家领导人对话会，应邀与会的印度总理、巴西总统和南非总统在会议期间单独举行三边会晤，就加强三国之间的合作进行了磋商，并达成了初步共识。6月6日，印巴南三国外交部长在巴西首都巴西利亚举行了更为详细的会谈，共同发表了《巴西利亚宣言》，会后，三国决定正式成立印度—巴西—南非对话论坛。

印巴南论坛的宗旨主要是：第一，加强三国之间的沟通与协调，发掘贸易和投资机遇，促进南南合作、国际减贫和社会发展；第二，推动新兴经济体之间的立场和政策协调，在事关全球化的谈判中代表新兴国家和发展中国家的利益，防止发展中国家在全球舞台上被边缘化，将发展中国家的立场带到主要的国际多边论坛中，提升发展中国家在全球治理中的影响。

印巴南论坛的一个重要特征是具有较强的意识形态色彩，标榜是世界上三个主要"民主国家"之间的合作，强调民主参与、尊重人权、维护法治和多边主义等价值观。这是其在现行国际体系下代表发展中国家参与全球治理，甚至推动现行国际政治经济体系改革而遭遇较少阻力的最重要优势之一。

十多年来，印度、巴西和南非的经济实现了快速发展，三国在地区和世界事务中表现得更加积极，在国际舞台上协调政策立场，取得了较为丰硕的合作成果，印巴南论坛本身的机制建设也逐步加强。目前，印巴南论坛已经拥有对话论坛、工作小组、减贫基金和民间论坛四大支柱，但当前的论坛仍然不是一个正式的国际组织，还没有设立总部和秘书处等办事机构，更没有成为一个军事或政治联盟。

二、印巴南论坛的挑战

印巴南对话论坛已经度过了成立之初的松散和定位不清晰阶段，经过几年建设和发展，成为一个拥有不同层次对话和固定磋商机制的新兴国家合作平台，取得了一些实效。

第一，印巴南论坛使三国关系得到进一步提升，合作的开展推动了各自经济社会发展。印巴南三国领导人定期对话磋商，高层互访频繁，次数显著增加，相互之间建立了战略伙伴关系，签署了大量合作协议。对话论坛成立以来，三国之间贸易额迅速增长，2013 年底，三国之间的相互贸易额已高达 240 亿美元，是论坛成立时的 6 倍。三国在农业、能源、环境、交通和旅游方面的合作也取得了丰硕成果，政治和军事领域的对话与合作不断加深，开展了定期会晤和联合军演等。

第二，三国协调在重要国际问题上的政策立场，提高了三国的国际影响力，论坛成为发展中国家的代表。印巴南三国加强在世界贸易组织、联合国、二十国集团等全球多边舞台的合作，在多哈回合谈判中代表发展中国家利益，三国互相支持，集体推动联合国安理会改革，获得了越来越多国家对其争取成为安理会常任理事国的支持，在应对气候变化中联合中国等其他发展中国家维护发展利益，三国加强协调集体应对全球金融危机，携手要求发达国家改革现行国际金融体系。通过上述协作，印巴南论坛成为新兴经济体和发展中国家的代表，也是联系发达国家和发展中国家开展南北合作的桥梁。

但是，印巴南论坛由于自身和外部因素的制约，一些合作的难题仍有待克服。首先，三国地理距离遥远，相互之间经贸合作的成本较高，经济发展阶段类似，经济结构同质性较高，导致经济上的相互竞争难以避免。其次，虽然印巴南三国均自诩民主政体，但是在社会文化和宗教等方面存在巨大差异，导致三国进一步推进政治合作的努力面临极大阻力。

其实，印巴南论坛存在的最根本问题还是合作机制建设的困难。论坛更多呈现为一种实验性的合作，缺乏强有力的约束机制，而且，随着印巴南三国相继成为金砖国家成员，金砖国家合作快速发展，务实合作取得了扎实有效的成果，并且在新开发银行和应急储备安排等具有战略意义的领域取得突破。随着金砖国家合作成为五国就全球政治和经济重大议题进行日常、全方位协调与沟通的机制和平台，印巴南论坛相形之下就陷入“食之无味弃之可惜的鸡肋”的困境。如何同金砖国家、基础四国等机制有效对接与整合，成为印巴南论坛恢复生机、避免被边缘化的重大挑战。

第四章

金砖国家合作的新里程

新兴经济体未来发展对全球和中国的影响及应对之策

受到全球经济未来发展分化和迟迟无法恢复强劲增长势头的影响，新兴经济体的未来发展也不可避免会出现一定波动，但各方面数据预测，到2035年，以E22国家为代表的新兴经济体会在世界经济中占有更大比重，也将继续保持世界经济增长最主要贡献者的角色。E22将整体保持高于世界平均水平的经济增长速度，其中印度、印度尼西亚、菲律宾、马来西亚等国还将保持高速增长。到2035年，随着新兴经济体在全球经济中的地位进一步上升，其追求国际经济秩序改革的努力也将进一步加大，既巩固经济全球化和建设开放型世界经济的大势，又力求推动建立更加公正、公平、合理、均衡、可持续发展的国际经济新秩序。

宏观层面，新兴经济体和中国发展阶段相似，都属于发展中国家，由于中国具有全面的国民经济布局和完整的制造业与工业体系，因此产业结构和出口产品构成与多元化的新兴经济体就形成较明显的同质性。但与此同时，微观层面，中国与各具特色的不同新兴经济体的多个具体产业结构也具有较强的互补性。中国和新兴经济体都得益于经济全球化，都倡导构建开放型世界经济。但随着中国已经稳定地保持世界第二大经济体的地位，新兴经济体也开始要求中国承担更多国际责任，希望中国对外提供资金支持、技术转移、市场开放等方面的呼声也将进一步增大。中国和新兴经济体甚至在竞争欧美发达国家市场、吸引国际投资方面也存在较高的可能性。

一、新兴经济体改变国际经济秩序

新兴经济体对于国际经济秩序的影响分为两个主要方向：一是改变国际经济力量格局，全球经济格局中集团化碰撞与对抗加剧。二是推动形成新的国际经济结构，资金能源资源等的分配由发达国家主导转变为向新兴经济体倾斜，全球需求增长越来越依赖于新兴经济体的拉动。

（一）全球经济重心倾斜，世界经济力量格局发生改变

全球经济重心将加速转向新兴经济体。现阶段，全球经济分为三大发展板块，即北美板块、欧洲板块和亚太板块。可以预测，21 世纪上半阶段，亚洲将继续作为全球经济发展的主力。从现有经济数据来看，亚洲经济在未来 20 年内将持续保持强劲的发展势头，E22 中印度、印度尼西亚、菲律宾、马来西亚、沙特阿拉伯、土耳其、哈萨克斯坦、伊朗、巴基斯坦、越南等经济体将连同中国一起，继续将 21 世纪打造为“亚洲世纪”。

世界最主要经济体排列次序将发生重大变化。2008 年全球金融危机发生后，发达国家的经济遭遇了较为严峻的挑战，内部分化也极为明显。未来 20 年间，世界十大经济体的排名情况将发生较大变化，新兴经济体将占据全球十大经济体的半数，整体发展力量增强，提高与美欧日等发达经济体展开竞争的能力，同发达经济体在全球经济格局中展开更为激烈的竞争。到 2035 年，除中国继续稳定地保持世界最主要经济体的地位之外，印度、巴西、俄罗斯等也将进一步巩固甚至提升在全球十大经济体中的排序，而墨西哥和印度尼西亚进入全球前十大经济体的可能性也很大。

虽然新兴经济体的发展趋势迅猛，但世界经济重心的转移仍然需要经历一个漫长的时期。只要新兴经济体在全球经济格局中保持持续上升的势头，促改革求发展，在未来的全球经济竞争中充分利用发达国家较为欠缺的人力资源、自然资源等优势，全球经济格局就依然会朝着有利于新兴经济体和广大发展中国家的方向演变。

（二）国际经济格局出现结构性调整

1. 新兴经济体拉动全球需求进一步攀升

就现阶段新兴经济体的发展趋势来看，个人累积财富数量迅速增加、中

产阶层日益成为发展中国家的主要人群、城市化进程不断加快、文化社会类产品消费所占比重逐年增加。国家内需增长成为拉动新兴经济体经济增长的主要力量。未来 20 年中，新兴经济体将培育出庞大的中产阶级人群，这一群体强大的消费能力将成为新兴经济体经济保持稳定增长的重要保障。

2. 财富分配格局变化，新兴经济体占据有利地位

新兴经济体的迅猛发展与国际大宗商品价格的上涨使全球的财富分配格局发生了深刻变化。国际资本开始出现逆向流动，即由发展中国家流向发达国家。除此之外，新兴经济体的政府财政收支逐年趋于平衡，政府债务得到大幅缩减，新兴经济体发展后劲十足。

3. 货币金融格局变迁

随着经济格局的变化，部分新兴经济体通过货币金融、大宗贸易等积累了日益丰厚的财富，金融业不断发展壮大，进一步促使国际金融格局发生调整与变化。新兴经济体之间本币互换甚至本币结算额度进一步加大，国际货币金融体系将继续稳步多元化。多极化世界的发展将会推动货币多元化的格局出现，新兴经济体的巨大支持将会推动国际金融体系加快“去美元化”的步伐，进一步朝美元、欧元、日元、人民币等鼎足而立的格局发展。

二、新兴经济体对世界经济发展趋势的影响

新兴经济体利用自身优势，积极参与国际经济事务，推动经济全球化的深入发展，继续改革与调整国际经济格局。

第一，建立世界经济新型增长格局。新兴经济体的崛起将成为未来世界经济格局的最突出特点。世界范围内新兴国家经济迅速发展的同时也改变了世界经济的发展方向。随着世界经济转入稳步恢复阶段，新兴经济体的恢复与增长速度始终高于发达国家的平均增速，继续成为拉动全球经济发展的主体力量。

新兴经济体的崛起带动了广大发展中国家经济的增长，并进一步巩固经济全球化的成果，在新兴经济体的共同努力下，一个由新兴经济体牵动的经济增长格局将逐步形成。

第二，新兴经济体带动全球经济实现稳定扩张。新兴经济体不仅有持续

扩大的内需并保持经济快速增长，而且增速也普遍高于发达经济体，因此，全球经济增长将主要来自新兴市场与发展中国家的贡献，其支撑着全球经济继续实现稳定扩张。

三、新兴经济体与中国

（一）“合作—竞争”的复合关系

新兴经济体和中国在未来 20 年都处于国家快速发展和民族复兴的重要进程中，作为发展中国家，其共同属性决定了新兴经济体和中国之间通过合作携手实现共同发展的基本方向，并且共同努力推动构建一个更加开放、包容、公平、公正、均衡、可持续的全球经济新秩序。二者唯有巩固共识、拓展合作、包容发展，才能实现内外发展目标，并带动发展中国家和全球经济的增长。

第一，助力中国实现全球经济治理目标。中国虽然已经成为世界第二大经济体，并且在进一步缩小与第一大经济体美国之间的差距，但是中国作为新兴经济体和发展中国家的属性没有发生变化，在现行的国际政治、经济、金融体系中仍然处于边缘或半边缘地位，单靠中国一家之力无法推动现行国际政治经济格局彻底改革。新兴经济体与中国同属发展中国家群体，在国际社会中处于相似的地位，具有在危机时刻抱团取暖、在顺风顺水时引领全球经济治理改革的共识。在当前和今后一段时间，逆全球化思潮抬头、贸易保护主义和排他主义蔓延的背景下，新兴经济体和中国可以携手共同捍卫经济全球化潮流和以世界贸易组织为核心的全球多边贸易体系，协力推动国际货币金融体系改革，携手提升在全球价值链和产业链中的地位。

第二，助力中国实现自身经济稳定快速发展。新兴经济体和中国具有极强的互补性，相互依赖度进一步提高。整体而言，新兴经济体的快速发展和庞大内需，为中国贸易出口提供了巨大的市场空间；同时，新兴经济体对于中国的能源安全和粮食安全也日趋重要。未来 20 年，新兴经济体在中国贸易进出口中的比重将进一步上升，而且对于完善中国产业链的全球布局发挥重要作用。由于新兴经济体的增长速度在未来将继续明显高于发达经济体，因此，中国与新兴经济体之间的双边经贸往来正向增长将有利于中国在新常态期间实现经济的高质量快速发展。随着中国经济继续保持较高速度增长，其对俄罗斯生产的石油和天然气、巴西出产的铁矿砂和农畜产品、马来西亚和菲律宾等东盟国家的农产品、南非的矿石资源等将有更巨大的需求。

不仅如此，新兴经济体在高新技术发展方面也在多个领域拥有领先优势，中国可以与新兴经济体在合作中实现协同开发与技术共享和转移，有效消弭多数发展中国家和部分新兴经济体遭遇的数字鸿沟。中国同俄罗斯在航空航天、同巴西在支线客机、同印度在信息技术和医药、同南非在矿石开采和冶炼等先进技术领域都有较大的合作空间。

第三，新兴经济体的巨大发展空间为中国投资提供了广阔天地。在新兴经济体未来实现经济崛起的过程中，面临的最重要短板就是优质基础设施的明显不足，因此各国都需要引进大量国际资本以解决基础设施建设资金短缺的问题。印度、俄罗斯、巴西、南非等国都制定了大规模基础设施建设规划，成为中国资本“走出去”的重要机会。此外，新兴经济体同中国还积极倡议并组建全球多边开发金融机构，先后成立了亚洲基础设施投资银行和金砖国家新开发银行，为推动新兴经济体和发展中国家的基础设施建设和可持续发展提供必要的资金支持。

但是，不容忽视的是，新兴经济体与中国发展阶段相似，且都保持快速增长，在产业结构方面也具有较强的同质性，不可避免地在双边和全球经济关系中存在着竞争。由于新兴经济体的快速发展，个别国家的部分产业甚至已经对中国形成了领先优势。

第一，新兴经济体的发展将改变其与中国贸易往来和经济合作的格局。中国与新兴经济体在过去20余年的经济合作中基本形成了“工业制成品—初级产品及原材料”的贸易格局，双方贸易存在着数额和结构的双重失衡。随着新兴经济体的发展，其要求改变对华贸易构成的呼声日益强烈；在短期内无法彻底解决的情况下，部分新兴经济体频频诉诸贸易救济措施或非常规经济手段，新兴经济体已经取代发达国家成为对中国出口产品执行“双反”措施的主力。长期站在对华“双反”前列的国家主要有阿根廷、巴西、印度、南非、墨西哥、俄罗斯等。

第二，新兴经济体成为中国在国际市场的重要竞争对手。随着新兴经济体的产业发展和竞争实力的增强，它们与中国在商品构成和出口市场方面开始具有高度的重合性，不仅从中国出口商品中逐步抢占自身国内市场，也与中国商品竞争欧美发达国家市场。此外，相对于中国，新兴经济体在劳动力成本、市场空间等方面仍具有较为突出的优势，承接了从中国转移和流出的多数投资。随着中国劳动力成本的日益上升，新兴经济体所拥有的巨大人口红利将进一步显现，新科技革命也会让新兴经济体的发展如虎添翼。因此，中国在未来还将面临来自新兴经济体更激烈的竞争与挑战。

第三，部分新兴经济体在实力上升之后还会给中国带来一定的地缘政治和安全压力。部分新兴经济体与中国之间还存在历史问题、领土纷争和地缘政治冲突，特别是印度、越南、菲律宾等周边国家，上述问题一直困扰着中国与其双边关系的健康发展。

（二）从国际经济格局视角看新兴经济体与中国的经济关系

看待新兴经济体与中国的经济关系，要从矛盾统一的视角全面分析两者的“合作—竞争”，要从发展变化的视角动态看待这一关系的演变，更要从全球经济格局演变的大局看待二者的复杂互动。

第一，联合新兴经济体与中国携手推动国际经济秩序建设性变革是战略目标。中国和新兴经济体即使已经取得了快速发展，但是仍然没有从根本上改变自身在国际政治经济秩序中的边缘或半边缘地位。新兴经济体和中国同时实现快速发展，为发展中国家推动国际经济秩序变革、改变自身在国际体系中的地位提供了宝贵的历史机遇，因此，要将与新兴国家的双边和多边合作放在这一战略目标的背景下，再对其进行思考。

第二，抓住新兴经济体仍然保持快速稳定发展的机遇，助力中国提升在全球价值链和产业链中的地位。随着中国国内产业结构加速调整，其人口、资本、技术等要素也在发生更多更大的变化，中国的产业发展正在由依靠人口红利的制造业和劳动密集型产业转向资本密集型和技术密集型产业。新兴经济体同中国存在产业结构的巨大互补性，可以承接大量由中国转出或投资的产业。此外，这一过程还有利于有效平衡中国与新兴经济体之间的贸易失衡问题，实现中国技术、资本、管理等要素同新兴经济体的资源、市场、劳动力的要素的有效结合，为新兴经济体创造就业机会，促进双方互利共赢和共同发展。

第三，合理布局，优化、平衡同新兴经济体的经济合作。可以借助推进双边自贸协定、区域贸易协定、全球多边贸易谈判等多种形式，同新兴经济体之间实现错位发展，也可以加强协同发展，避免不必要的恶性竞争，着眼于提升中国在全球价值链、产业链、供应链中的地位。同时，通过技术改造和转型升级，提高中国核心制造业的竞争能力，吸取发达国家之前出现过的产业空心化教训。

第四，结合推进“一带一路”建设，加强同新兴经济体的合作。“一带一路”倡议已经获得了近百个国家和国际组织的支持和欢迎，在“共商共建共享”原则指导下推进我国与新兴经济体的发展战略对接，实现设施联通、资金融通、贸易畅通和民心相通。

多元性与金砖国家的包容发展

金砖国家合作代表新兴经济体和发展中国家的利益，坚持开放、包容、合作、共赢的精神，以包容性彰显多元的优势，以共同发展克服差异带来的困难，打造金砖国家命运共同体。

一、背景：差异互补引领合作共赢

关于金砖国家合作机制的发展背景，可以从以下三个方面论述：一是金砖成员国内部的宏观背景，二是金砖各国之间的差异性和互补性，三是国际体系对金砖国家的外部影响。

首先，金砖各成员国均属新兴国家，虽然经济发展迅速，但是各国在国际社会上的话语权较弱，均希望提升自己的国际地位。基于这一共同诉求，各国乐于分享治理经验，加强多领域合作，带动本国发展。

其次，金砖国家差异性明显——形象地说，中国是“世界加工厂”，生产制造能力强；印度是“世界办公室”，管理服务领先；俄罗斯是“世界油气田”，石油天然气能源丰富；巴西是“世界的农场”，农牧产品具有极大的竞争优势；南非是“世界的矿山”，矿产资源充足。各国差异性大、互补性强，可进行战略合作，共享发展成果。

最后，金砖国家在西方主导的国际体系依然处于边缘地带。虽然五国在近些年发展迅速，但在全球体系的价值链、生产链、供应链中还处于边缘地位，核心地带还是由欧美各国牢固把握。五国都希望改变自身在国际上的地位，但是这一目标仅凭一己之力很难做到。因此，在 2008 年全球金融危机的外部刺激下，五国达成共识，抱团取暖。金砖国家合作的实践也证明，合作是历史的必然，金砖国家合作机制已经推动国际经济、金融、政治体系的渐进式改革，而这些领域长期以来都被美欧发达国家所主导。

从以上三个层面看，“金砖五国”有着扎实的合作基础，金砖机制的建立是必然的。合作十年，虽然机制有所调整，但以上这三个驱动合作的动力没有发生根本改变。因此，应该从金砖国家自身发展、金砖国家间合作的发展以及世界的整体发展趋势这三个角度客观看待金砖国家的过去、现在和未来。

二、成就：硕果累累共筑“金色十年”

金砖国家务实合作成果非常扎实，充分说明了金砖国家合作机制不是一处“清谈馆”，而是一支强有力的行动队。

首先，金砖国家越来越成为全球经济中的重要力量。尤其是 2008 年全球金融危机以来，金砖国家合作加速推动了全球经济治理体系的改革。目前，“金砖五国”在国际货币基金组织中占有的份额上升到 14. 9%，在世界银行的占有份额增长至 11. 7%。金砖国家越来越成为世界经济的重要引擎，对全球经济的发展影响深远，五国 GDP 总量占全球 GDP 总量比重也上升至 23%，在全球贸易中，“金砖五国”举足轻重，全球贸易占比最高达 22%，对世界经济的贡献率已超过 50%，加上其他发展中国家对世界的经济贡献率，累计达到 75%。

其次，金砖国家合作机制日益完善。金砖国家合作启动前，各国间的合作多为双边合作，交流较少，合作发展缓慢；如今，金砖国家整体层面的多边合作日益增加，成果丰硕，逐渐建立起全方位、多层次、宽领域、广格局、立体化的合作框架。金砖国家合作机制已成为全球公认的代表新兴经济体和发展中国家的合作机制，涉及外交、海关、税务、财政、商务、文化、教育、智库等多个领域。

最后，金砖国家共同价值理念逐步形成。合作启动十余载，各国在促进经贸合作的同时，也深化了人文往来和文化融合，逐渐形成了开放、包容、合作、共赢的金砖精神，确立了共商、共建、共享的合作原则，构建了旨在推动世界和平、促进国际发展、维护文化多样性、推动全球治理的伙伴关系。金砖机制的内核实质已演变为战略伙伴关系，金砖合作不是短时的某一领域的合作，而是长久的致力于推动国际体系变革的合作。这一内核实质为金砖国家开创第二个“金色十年”指明了方向。

三、趋势：完善内部结构推动全球治理改革

展望未来，在第二个十年的合作进程中，金砖国家合作机制将发生以下三个方面的显著改变：

第一，进一步推动金砖国家机制建设，打造金砖国家合作秘书处的架构设计。金砖国家合作目前采取轮值主席国的形式，内部协调性不够，职能冲突较多，政策延续性也不强，政策关注重点常随着轮值主席国的更换而改变。为推动金砖国家合作的稳定健康发展，需要有超脱于成员国的秘书处机构的协调沟通，理顺合作机制，使职能分布更加合理。

第二，扩大金砖合作，增加金砖国家成员，完善“金砖+”机制。虽然“金砖五国”对扩大金砖合作各有顾虑，但金砖机制扩大有其必然性。金砖国家吸纳新成员，让更多的新兴经济体和发展中国家参与到金砖合作中来，金砖国家的国际话语权将随着规模的扩大而得到增强。金砖国家探索实践的“金砖+”模式是为金砖国家扩大采取的稳妥方案。通过“金砖+”，加深了金砖国家与其他国家和国际组织的合作，其他新兴经济体和发展中国家也不会因为强机制化而被削弱国家自主性，解决了新兴经济体中的非金砖成员国难以参与金砖合作的问题。但是在扩大金砖国家机制的同时，应制定明晰的候选国标准，从多个方面综合考虑。

第三，加强在国际事务中的协调与合作。金砖国家都是具有重要地区影响力和全球影响力的大国，在全球多边事务中发挥着重要作用，金砖国家合作在国际层面就是要推动国际政治经济体系的变革，积极参与和建设性改革全球治理架构。金砖国家领导人历次峰会发布的宣言都强调金砖国家要加强

在国际事务中的协调与合作，包括全球经济事务、国际货币金融事务、政治安全事务、全球发展事务、应对气候变化事务，以及网络安全、公海、外太空合作等新兴领域。

金砖国家经济合作展望

自 2006 年启动正式合作，尤其是 2009 年举行金砖国家领导人首次峰会以来，“金砖五国”通过抱团取暖、同舟共济，加强经济合作伙伴关系，共同抵御了 2008 年全球性金融危机的冲击，推动了国际经济治理体系和国际金融体系的变革，捍卫了开放型世界经济体系，成为拉动世界经济复苏与增长的最重要引擎。

随着全球政治经济格局的变化，以及受金砖国家内部经济周期和产业转型升级的影响，“金砖五国”经济合作也迈入了新的阶段。展望未来，经济合作仍是金砖国家合作的核心，五国将继续推动建设开放型世界经济，并代表新兴经济体推动国际经济秩序朝着更加公正、合理、高效的方向发展。

一、迈入新常态

近年来，受全球经济形势日趋复杂多变的影响以及各金砖国家经济发展进入新阶段，金砖国家经济合作逐步加深和拓展，并进入了新常态，主要表现在以下两个方面：

一方面，全球政治经济局势不确定因素的增加，使金砖国家经济合作的外部环境变得更为复杂，给金砖国家经济合作带来了巨大的挑战。

自 2014 年以来，随着全球经济的微弱复苏，发达国家和发展中国家的经济发展分歧和分化进一步凸显，贸易保护主义抬头、经贸摩擦政治化明显，多边贸易体制被边缘化的趋势日益显著，逆全球化的出现给建设开放型世界经济带来了巨大威胁。金砖国家的贸易和国内经济发展普遍受到较为严重的冲击，经济增速放缓，挑战前所未有。各成员国普遍面临着经济转型和经济结构调整的重大挑战。

国际局势继续发生深刻变化，不稳定、不确定因素明显增加，地区冲突此起彼伏，部分地区局势动荡加剧，全球反恐形势复杂严峻。这些不稳定因素也在一定程度上导致了全球市场需求低迷、世界贸易低位徘徊、国际金融市场波动，世界经济实现强复苏遭遇阻碍，金砖国家也难免受其拖累。与此同时，在全球新一轮科技和产业革命呼之欲出的情况下，世界各国纷纷调整、制定各自的经济发展战略，金砖国家面临的竞争日益激烈。

另一方面，金砖国家在经历了十余年的高速增长之后，经济增速有所放缓。各国正积极采取措施，调整经济政策，推进经济的结构性改革，力图实现转型升级。例如，在新常态下，中国政府正通过大力推动供给侧结构性改革、“三去一降一补”、国企改革、鼓励“双创”等政策逐步实现发展的转型升级，打造经济增长模式升级版；巴西新政府也推动落实包含社保、基建、国企改革等在内的全面经济改革方案；印度政府积极在土地、税收和就业等多个领域推进改革；南非政府则推出了自称“激进”的经济改革措施，尤其是要在土地制度方面酝酿重大改革。

二、“金色依然闪耀”

虽然在内外不利因素的冲击下，金砖国家的经济发展进入改革的阵痛期，增速有所放缓，但金砖国家经济发展前景依然光明，金砖国家合作仍将是推动世界经济发展和国际经济、金融体系改革的重要力量。

首先，五国资源能源禀赋强、内生动力足，产业结构日趋合理，国民经济和工业体系日益完善；虽然五国现阶段经济增长遇到一些困难，但都与全球金融危机期间发达经济体面临的流动性困难、债务危机、需求不足等问题有本质区别。

其次，经过近几年的经济宏观调控与结构性改革，“金砖五国”发展中所面临的困难正被逐渐克服，经济快速向好发展的内生动力得到增强，经济发展即将迈入从量的增长向质的提升的崭新阶段。

最后，随着金砖国家身份认同感的日益增强，政策协调性的提升、合作关系的巩固以及经济互补性的逐步提升，使未来五国还有巨大的合作潜力和发展空间。

值得一提的是，在过去十年的金砖合作中，中国一直扮演着“顶梁柱”的角色。展望未来，中国仍将在金砖国家经济合作中发挥引领作用。2019年，中国的国内生产总值（GDP）已经达到14万亿美元，超过其他四国总和，是年均增长率较高的经济体之一。长期以来，中国同其他四国的贸易往来是五国相互贸易的重头戏，中国是巴西、俄罗斯、南非的第一大贸易伙伴，是印度最主要的贸易伙伴之一。如此，中国将继续在金砖国家经济合作中发挥引领作用。

三、金砖国家合作推动自身和全球发展

经济合作是推动金砖国家发展的持久动力，是金砖国家深化和拓展合作的“压舱石”和“稳定器”。金砖国家若想在新十年里迎来更加强劲、持续的共同发展，还需从以下几方面加强合作：

第一，加强全球经济治理，共同应对挑战。一方面，金砖国家要积极携手推动建设开放型世界经济，维护多边贸易体制的主渠道地位，推进全球贸易的自由化和便利化；另一方面，五国要坚定不移地反对一切形式的贸易保护主义和排他主义，确保各国发展的权利平等、机会平等、规则平等。与此同时，作为全球最主要的新兴经济体合作机制，金砖国家应该在二十国集团、联合国、世界银行、国际货币基金组织、世界贸易组织等重要的国际多边机构及合作框架下加强五国间的沟通协调，代表新兴经济体推动国际经济秩序朝着更加公正、合理、高效的方向发展。

第二，进一步深化金砖国家的经济合作，促进金砖国家和发展中国家的共同发展。早在2015年，“金砖五国”便携手制定了《金砖国家经济伙伴战略》，目的在于深化经济合作，为五国长期贸易投资合作及一体化大市场建设做出系统的规划。如今，在世界经济形势依然复杂严峻、金砖国家经济发展机遇和挑战并存的背景下，金砖国家应该加快落实《金砖国家经济伙伴战略2020—2025》，并规划长期经济合作路线图，加强宏观经济政策协调，更好地对接五国发展战略，争取尽早实现金砖国家大市场的一体化、金融大流通和基础设施互联互通。

第三，作为新兴市场国家和发展中国家的代表，金砖国家应该在落实联合国2030年可持续发展议程中发挥引领和示范作用，充分放大“金砖+”合作平台的效用，为发展中国家提供更多的资金和技术支持，并敦促发达国家落实承诺，巩固国际发展合作势头，将金砖国家合作打造成为南南合作的重要平台。

第二部分

金砖国家合作与成员国：多元一体

第五章
中国与其他金砖国家合作

作为世界上重要的新兴经济体，中国的发展一直都是金砖国家合作的重要基础。中国是金砖国家合作的创始成员国，意味着中国对于金砖国家合作的诞生，以及后续发展的顶层设计和战略方向制定有着举足轻重的作用。中国是金砖国家合作的重要贡献者，作为成员国中分量较重的经济体，中国一直发挥着积极引领作用，为金砖国家合作做出了显著贡献和一定程度的牺牲。中国是金砖国家合作理念的坚定执行者，积极推动金砖国家战略伙伴关系建设，倡导并贯彻“开放包容、合作共赢”的金砖国家精神，推动金砖国家合作打造政治安全、经贸财金、人文交流“三轮驱动”模式。中国先后于2011年和2017年在海南三亚和福建厦门举办金砖国家领导人会晤。

中国与其他金砖国家的经贸合作：挑战及其发展路径

中国共产党第十八次全国代表大会通过的报告明确把金砖国家同联合国、二十国集团和上海合作组织一起确定为中国参与全球治理的四大战略平台。当前，金砖国家合作在全球政治经济中的地位、作用和影响力不断提高，金砖国家的发展壮大成为世界范围内新兴大国群体性崛起的突出特征，其对全球治理和国际格局演变的影响正逐步从经济领域向政治安全领域拓展和延伸。

随着各成员国经济保持了较长时间的稳定快速发展，作为新兴经济体的金砖国家在全球经济中的地位和影响力不断上升。金砖国家在致力于经贸合作的同时，不断加强在重大国际经贸议题上的沟通与协调。扩大金砖国家间的合作，发展相互之间的经济外交关系，是中国参与全球经济治理重组的重要举措，也是延长和扩大战略机遇期的需要。自启动金砖国家合作以来，中国对金砖国家的经济外交稳步发展，成效突出，同金砖国家不仅保持着良好的经贸关系，而且合作内容不断丰富，合作层次不断深化。与此同时，中国同金砖国家的经贸合作也面临着一些挑战，诸如相互竞争加强、贸易摩擦增多、合作机制较为松散等。对此，作为最大的成员国和最重要成员国之一，中国应从全球治理和中国特色大国外交的战略视角出发，务实推进金砖国家间各领域合作，奠定更坚实的基础，促进中国同金砖国家经贸合作取得更加显著的成果。

一、中国与其他金砖国家经贸关系现状

在2008年国际金融危机的不利环境下，金砖国家经济总体仍保持较快增长，成为拉动世界经济增长的重要力量。中国同其他金砖国家经贸合作也取得快速发展，经贸相互依存进一步加深，但由于金砖国家整体处于相似的发展阶段，相互之间的竞争也逐步增强。总体而言，加强合作仍是中国与其他金砖国家经贸合作发展的主流和大方向，且这一合作具有广阔前景。

首先，经贸关系快速发展且相互依存进一步加深。自2006年金砖国家合作启动以来，中国与其他金砖国家经贸关系快速发展。在贸易领域，2012年，金砖国家之间贸易额超过3360亿美元。中国在金砖国家相互贸易中居于主导地位，与巴西、俄罗斯、印度、南非的双边贸易额合计首次超过3000亿美元，占中国对外贸易的7.8%。其中，中国对其他金砖国家出口1405亿美元，自其他金砖国家进口1598亿美元。中国已连续多年分别成为巴西、俄罗斯、南非的最大贸易伙伴，也是印度的最主要贸易伙伴之一。在投资领域，截至2012年底，中国向其他金砖国家累计投资达244亿美元，在其他金砖国家承接工程累计完成营业额533亿美元。由此可以看出，中国与其他金砖国家在经贸领域的相互依存进一步加深。进一步加强中国与其他金砖国家的经济外交关系，促进经贸领域的合作，符合全球经济格局演变和全球价值链调整的趋势，符合中国经济发展转型与战略布局调整的要求。

其次，同质性和相互竞争逐步浮现并增强。中国与其他金砖国家同为新兴经济体，都面临着国家发展的重要任务，在全球价值链的调整与重新配置中都努力向上游竞争，以便赢得更多的主导权和话语权。

从发展阶段和产业政策看，中国与其他金砖国家都处于快速增长期，特别重视贸易出口和对外投资，出口商品存在较强的同质性，相互之间竞争逐步浮现并有增强的趋势。特别是随着国际金融危机的影响日益外溢和扩散，金砖国家贸易和经济发展先后不同程度地遇到了一定的困难，部分国家甚至释放出具有贸易保护主义倾向的信号，导致巴西、印度、南非等国频频对中国产品出口发起反倾销调查，而俄罗斯也多次以整顿国内市场秩序为由对中国出口进行调查，金砖国家涉华贸易救济案件频发。

加强合作是发展方向。中国与其他金砖国家加强经济外交关系，从本质上需要进一步加强相互之间的经贸务实合作，这是当前的发展趋势，也是未来发展的大方向。从要素禀赋看，中国同金砖国家商品和资源的互补性将长期存在，为扩大贸易和投资提供了重要基础。从发展阶段看，中国与金砖国家大都处于快速增长期，国内市场不断壮大，基础设施建设明显加快，为加强合作提供了大量机遇。从产业合作看，中国与金砖国家各自具有优势产业，企业间合作意愿也比较强烈。

其他金砖国家既是中国经济继续保持快速增长的重要出口市场，又是实施“走出去”战略的重点对象，还是能源资源和农产品等大宗商品进口的重要来源地。加强与其他金砖国家的经贸合作，对于中国更好地开发国际国内两个市场、利用国际国内两种资源、稳步扎实地推进中国经济建设和产业结构转型升级具有重要意义。

二、中国与其他金砖国家经贸关系面临的新挑战

加强中国与其他金砖各国的经贸合作，发展相互间经济外交关系，具有良好的基础和条件，符合各国利益。但随着经贸合作的深入，特别是由于国际金融危机爆发及其影响进一步扩散和加深，中国与其他金砖国家的经贸合作关系也面临新形势，存在一些亟待解决的问题。

首先，在政治、经济领域存在利益冲突。在国际层面，金砖国家对全球发展领域的重要议题有着相同或相近的看法，但各自的利益诉求和主张不尽相同。金砖国家在安理会改革、气候变化、防扩散等问题上，由于各自政策立场不同，存在诸多分歧。在政治领域，金砖国家在政治制度、社会发展方

式、历史文化等方面差异显著。在经济领域，同为新兴大国，由于金砖国家对资源的追逐和控制、对市场份额的占有和竞争、对本国经济发展的期望和努力、对国际政治权利和经济权利的维护和争取等，出现利益冲突的可能性很高，在市场和投资等领域，贸易争端和保护主义措施也时有出现。

其次，面临美欧等发达经济体的掣肘。国际金融危机爆发以来，发达国家深陷债务危机等旋涡之中，经济复苏困难重重，而金砖国家仍然保持了较快发展，国际政治经济实力对比发生了重大调整。金砖国家的合作态势给发达国家主导的国际政治经济秩序带来了巨大冲击，引起西方国家的不满和防范，发达国家采取多种手段分化金砖国家，炒作地缘政治、经济、安全议题，扩大金砖国家内部分歧。特别是针对中国稳定快速发展的势头，发达国家利用国际舆论渲染中国同其他金砖国家开展的合作存在潜在威胁和负面影响。

最后，贸易摩擦频发，贸易结构亟待改善。中国与其他金砖国家的贸易结构存在较为突出的失衡问题。从贸易额来看，中国与其他金砖国家的贸易额占到其他金砖国家贸易总额的 90%。从商品结构来看，中国出口较多的是工业制成品和机电产品，而从其他金砖国家进口较多的则是原材料和能源资源类产品。

特别是全球金融危机以来，其他金砖国家内部经济发展遭遇一定的困难，贸易失衡问题日益凸显，致使其国内出现了某种程度的贸易保护主义倾向，双边贸易摩擦频发，针对中国出口商品采取的贸易救济措施逐渐增多。

三、中国与其他金砖国家经贸关系的发展路径及重点工作

针对中国同其他金砖国家在经贸领域存在的分歧，金砖国家合作应着眼长远，突出合作互利，管控竞争分歧，本着友好协商的原则处理相互之间的分歧与矛盾，避免因为小分歧影响合作大计。

第一，加强沟通与交往。继续保持与加强金砖国家间高层交往，深化政治互信，落实金砖国家领导人会晤达成的重要共识，完善中国与其他金砖国家现有双/多边合作机制，不断扩大战略共识。中国要重视金砖国家合作机制提供的多边合作平台，扩大成员国之间的政治交流，克服政治利益诉求差异导致的障碍。

第二，加强人员交流，做好公共外交，加强舆论引导。继续促进商会、企业和学术界等各领域交往，通过各种场合多做增信释疑工作，增进相互了解。发挥企业、媒体、研究机构和非政府组织等的作用，做好对中国和金砖国家媒体的宣传和引导工作，冷静应对和妥善处理负面报道，创造有利的舆论环境。有针对性地做好金砖各国政府和企业界的工作，消除金砖国家对中国贸易和投资的误解与顾虑，引导中国企业在经贸合作中树立良好形象。

第三，强化国际事务协调和在全球多边框架下的合作。金砖国家应在重大国际事务中加强战略协作，维护新兴大国团结，推动发展中国家合作，密切形式多样的各级别沟通与协调。中国同其他金砖国家在二十国集团协调立场，有效捍卫了发展中国家的共同利益，对推动全球治理机制的改革发挥了重要作用。未来，中国应该同其他金砖国家坚持在联合国、二十国集团、世界贸易组织、国际货币基金组织、世界银行等多边机制、多边场合中协调立场，扩大对新兴市场和发展中国家的代表性，推动国际政治、经济、金融秩序的改革。

第四，加深金砖国家合作机制化程度。金砖国家目前已经形成了领导人年度峰会、领导人非正式会晤、安全事务高级代表会议、外长会晤、经贸部长会议等全方位、多层次、宽领域、广格局的合作架构，在二十国集团、世界贸易组织内也展开合作与协调。除官方渠道外，金砖国家工商理事会、金砖国家智库理事会等配套机制逐步成立，金砖国家合作的机制化程度有很大的发展空间。进一步完善金砖国家合作机制的机构设计，能够使金砖各国更好地协调各自政策立场，增强发展中国家的代表权和话语权。此外，中国也应该进一步加强同其他金砖国家政策研究机构和学术界的合作，构建学术网络或平台，为深化中国同其他金砖国家的经贸合作提出新建议，就国际政治经济新秩序的构建提出新理念。

第五，夯实金砖国家的共同利益基础。经贸合作是推进中国与其他金砖国家经贸合作的重要内容，是金砖国家之间的重要联系纽带。中国应该利用金砖国家合作机制协调与金砖国家的经贸利益冲突，扩大各国在经济、金融、贸易、投资、科技、发展等领域的合作，夯实金砖各国共同利益基础。在金砖国家的经贸交往中，只要各国能相互尊重对方重要利益并充分认识到合作所带来的巨大利益，必定能够实现互利共赢。

中国同其他金砖国家处于相似的发展阶段，对改革当前国际政治经济秩序具有相同的诉求，在金砖国家合作中，中国应该进一步发挥积极引领作用。金砖国家合作机制是中国加强与新兴国家合作、参与全球多边治理的主要平台之一。在中国的积极推动下，金砖国家经贸部长会议通过了《金砖国家贸易投资合作框架》等，并探讨了金砖国家一体化大市场和在投资经贸领域进一步深化合作的路径。加强同金砖国家合作，对推进中国整体外交战略和完善经济外交布局具有极其重要的意义。作为金砖国家合作的创始成员国和最重要参与者，中国应发挥积极的引领作用，进一步挖掘金砖国家的合作潜力，服务于中国自身和其他金砖成员国的经济发展、金砖国家合作的整体发展和世界经济的强劲复苏与增长。

中俄全面战略协作：金砖国家合作的“先锋集团”

中国和俄罗斯都是具有地区和全球影响力的大国，在中俄全面战略协作伙伴关系的框架下，实现在联合国、二十国集团、金砖国家、上合组织等多边合作机制内的政策沟通与立场协调是两国全面战略协作的重要内容。金砖国家合作自启动以来，一方面，中俄两国携手推动了这一新兴多边合作平台的发展；另一方面，金砖国家合作也为中俄两国双边合作和共同参与全球治理提供了广阔的空间。整体而言，中俄两国经过充分协调与沟通，克服了在个别议题上的不同立场，共同推动金砖合作发展成为全球多边治理的重要平台。

一、中俄共同推动金砖合作机制的发展完善

中俄两国携手推动是金砖国家第一个“金色十年”合作取得成功的重要保障。两国不仅是金砖国家合作的倡议者，也是积极推动者，更是引领者，中俄两国确立的全面战略协作伙伴关系为金砖国家整体合作及各成员国之间的双边合作树立了典范。

第一，中俄两国是金砖国家合作的积极倡议者和发起者。2006 年 9 月，第 61 届联合国大会期间，中俄两国联合巴西、印度举行了四国外长首次会

晤，标志着金砖国家合作的正式启动。中俄两国站在全球政治经济格局调整与深刻变革的高度，积极联合并推动其他新兴国家一起，加强相互合作及与发展中国家的共同发展，正是在中俄两国的努力协调之下，金砖国家合作才顺利启动并走深走实。

第二，中俄两国在金砖国家内部扮演着双引擎的角色。虽然“金砖五国”都是地区甚至全球性大国，但是相对而言，中俄两国以各自强大的综合实力和对金砖国家合作的重视，在其中扮演着双引擎的角色，是金砖国家合作的“火车头”和“先锋集团”。2013 年 3 月，习近平主席首次参加金砖国家领导人德班会晤之前先行访问俄罗斯，具有很强的象征意义。中俄两国都是联合国安理会常任理事国，两国的综合国力在世界居于前列，在全球政治安全和外交战略舞台上都扮演着重要角色，两国也都与其他金砖国家保持友好的合作伙伴关系。作为在金砖国家中两个重要的全球性大国，中俄一直通过双边和多边渠道保持着密切沟通与协调，积极推动金砖国家合作日渐成熟完善。

此外，中俄两国为金砖国家日益完善合作框架建设、推动金砖国家由聚焦经贸财金合作向全面合作拓展、建设金砖国家战略伙伴关系和全球发展伙伴关系都做出了巨大的贡献，两国互相支持、互相配合，推动金砖国家合作向更广领域、更深程度发展。

第三，中俄两国在金砖国家框架下密切协作，以金砖国家合作为平台，积极推动两国双边关系发展。金砖国家合作已成为中俄两国就全球重大政治安全事务进行沟通协调的新机制，是两国推动全球治理和国际政治经济体系变革的新平台，成为两国开展更紧密经贸合作的新框架，丰富了两国全面战略协作伙伴关系的内涵。相对于联合国、二十国集团、上合组织、亚太经合组织等其他中俄两国共同参加的多边国际机制或组织，中俄在金砖国家框架下可以更有效地推进共同政策目标，更好地在全球多边治理中捍卫新兴国家和发展中国家的利益。

在金砖国家机制下，中俄两国推动经贸务实合作，两国的贸易往来快速增长，贸易互补性得到进一步提升；在推动国际货币基金组织和世界银行等布雷顿森林体系机构改革的同时，两国通过新开发银行等新兴金融机构，提出了新规则、新理念；两国积极推动金砖国家政治安全合作取得新突破，在叙利亚危机、乌克兰危机、中东问题等全球和地区重大热点问题上积极联络其他成员国加强立场协调，争取用一个声音说话；在全球气候变化、数据安全和网络治理、反恐、全球发展等诸多全球治理议题上联系其他成员国，携手代表新兴国家和发展中国家，更好地维护共同利益。

二、中俄继续携手引领未来的金砖国家合作

中俄两国的合作对于金砖国家未来发展特别是打造第二个“金色十年”至关重要，将成为金砖国家合作中完善机制建设、提升国际影响力的关键力量。

第一，中俄合作将推动金砖国家合作更加机制化、系统化。目前，金砖国家正处于自身机制建设的关键阶段，对于关系到金砖国家未来发展的重大敏感议题，需要中俄两国达成共识。俄罗斯长期积极推动金砖国家政治安全合作，乌法峰会是金砖国家加强政治安全合作的重要里程碑，中国在担任主席国期间将政治安全合作确定为厦门会晤的重点议题之一。但如何确保金砖国家合作坚持以建设性改革的方式推动现行国际体系变革，避免发展成为与西方国家全面对抗的政治军事集团也需要中俄进行深度沟通协调。最重要的是，中俄两国将继续推动构建金砖国家战略伙伴关系和全球发展伙伴关系，并不断充实其内涵。

第二，中俄将把金砖国家合作打造为全球治理的重要机制之一。金砖各成员国都是世界上主要的新兴大国的代表，都是各自所在地区重要的国家，也都在国际社会中发挥着重要作用。但是综合而言，目前仍只有中俄两国是真正具有全球影响力的世界大国，中俄将通过战略协作，进一步提升金砖合作在全球治理中的作用，推动国际关系的民主化，捍卫世界经济的全球化。

第三，中俄将共同推动金砖国家落实《金砖国家经济伙伴战略》。在中俄两国倡议和努力下，金砖国家于2015年签署了《金砖国家经济伙伴战略》，提出了金砖国家在经贸、制造业、金融、能源、农业、科技、互联互通等领域开展合作的目标，规划了五国未来经济合作的路线图。经济合作的务实成果有利于增强各国对金砖合作的信心，也能够加强相互之间的联系，中俄将推动各成员国加大力度落实相关战略，筑牢金砖合作基础。

中俄两个大国的积极推动与参与是金砖国家取得丰硕成果的重要原因，而两国身为金砖成员国，也赋予了该合作机制更显著的国际影响力。两国都是世界上主要的大国，其在金砖合作框架下探索的大国合作相处之道，也丰富了新型大国关系和新型国际关系的时代内涵。

新开发银行与中国的多边开发金融战略

2014 年 7 月，金砖国家领导人在巴西福塔莱萨举行第七次峰会，会议取得的最重要成果是正式决定成立金砖国家新开发银行（通称金砖国家银行或新开发银行），这标志着金砖国家合作进入了开始收获合作成果的阶段。中国外交部高度评价新开发银行是金砖国家合作的“有形之物”和“可靠抓手”。中国作为重要的金砖国家之一，在金砖国家合作中一直发挥着引领作用，在开放包容、合作共赢的金砖精神引领下，中国放弃追求一家独大和单独主导，创造性地同新开发银行各创始成员均享新开发银行的股权和投票权，通过开展卓有成效的金融外交，打造了新兴大国群体性崛起与合作的经典案例。

与此同时，自 2013 年中国领导人提出筹建亚洲基础设施投资银行（以下简称亚投行）的倡议以来，亚投行一路高歌猛进，聚焦亚洲基础设施和互联互通建设，成为中国金融外交的新亮点。

一、织造多边开发金融网络

深度融入全球化和国际体系的中国，已经充分认识到金融在国际财金合作、全球发展以及国际政治经济互动中所扮演的独特而重要的角色。从更广意义的国际体系角度而言，中国正在通过执行积极主动而全面灵活的金融外交织造多边开发金融网络，为在全球与区域治理和国际社会中承担更大责任、执行更加积极有效的外交政策展开试验。

概括起来，除了积极推动国际货币基金组织和世界银行等现有国际金融机构改革、开拓人民币国际化的空间之外，中国金融外交的着力点还突出表现在两个方面：第一，倡导并全力推动或积极参与组建新的多边开发金融机构，主要有新开发银行、亚投行、上海合作组织开发银行（以下简称上合开发行）三家全球或区域多边开发银行；第二，提出并推动落实金砖国家应急储备安排和丝路基金等金融合作与对外投资倡议，以新开发银行和亚投行为代表的“增量改进”式多边开发金融战略成为中国金融外交具有标志意义的工程。

二、三大开发银行的共同使命

中国在稳步推进与现有国际金融组织合作的同时，坚持“两条腿”走路，“以我为主”推动组建和完善新的多边开发机构，向建设性参与全球经济和货币财金治理迈出了新步伐。作为中国织造的多边开发金融网络的三个支点，新开发银行、亚投行和上合开发行在运行中都坚持银行业的运营原则，但在定位和根本属性方面，却有更大的追求，体现出以中国为代表的新兴国家参与全球治理的境界和能力。

三大开发银行具有鲜明的发展属性，集体聚焦全球或地区层面的经济社会发展。但不同于现有的全球或区域多边开发金融机构关注减贫和社会发展等较为广泛的议题，新开发银行、亚投行和上合开发行的职能和定位都更为明确，即为发展中国家和新兴经济体的基础设施建设和可持续发展项目提供融资支持，协助其解决发展所面临的最直接而现实的障碍，推动这些国家实现经济社会的可持续发展，从而实现包容、平衡、可持续发展。

中国通过三大开发银行的共同探索，可以进一步完善自身参与全球发展和开展对外援助与投资合作的模式，形成“组合拳”，补充现有的开发“工具箱”。当前，中国参与国际和地区开发主要通过两种方式：第一种是以国家开发银行为代表的双边合作模式，第二种是以参与世界银行和亚洲开发银行等多边机构为代表的多边模式，但这些全球和地区多边开发机构基本由发达国家掌控，是“二战”后布雷顿森林体系的重要支柱，代表性缺失和效率低下等问题较为突出，改革目标迟迟难以实现，无法反映全球经济实力对比发生的深度变化。

三大多边开发银行将为全球和区域发展做出重大贡献，它们均明确聚焦基础设施和可持续发展项目融资这一制约发展中国家实现快速发展的最直接挑战，致力于促进新兴经济体和发展中国家的经济社会可持续发展。此外，通过三大开发银行的倡议和建设，中国同其他新兴经济体和发展中国家一道，共同推动现行国际货币和金融体系改革，增强发展中国家的代表性和决策权，为全球治理注入新活力。同时，弥补世界银行、亚开行、美洲开发银行和非洲开发银行等现行国际和地区多边开发机构的能力不足和职能缺陷。

三大开发银行组成的多边开发金融网络覆盖全球、区域和次区域三个层面，综合运用多边共识、双边协商和主导性引领等多种方式，弥补全球和区域多边金融机构的不足，并对其进行完善，推动其改革。此外，通过金融外交领域的网络化战略，中国也对在全球和区域治理中承担更多国际责任、推动外交革新进行了全面有益的探索。

三、三大开发银行的互补与互动

从中国金融外交和整体对外战略的角度而言，作为三大开发银行最主要的成员国之一，中国通过赋予各多边开发银行不同的定位，采取不同的推进策略，在其中发挥不同的作用，实现三大开发银行的有效互补和良性互动，从而实现地理全面覆盖、管理模式互为补充、业务创新共同探索的目标。

第一，从覆盖范围角度看，三大开发银行各自具有鲜明的侧重点，互补性极强，共同织造了一张从全球、区域到次区域的多边开发金融网络，呈现出多层面、立体化的特征。

新开发银行在金砖国家、其他新兴经济体和发展中国家开展业务，对联合国成员国开放成员资格，定位为全球性的多边开发机构，完全对标世界银行等机构，关注全球治理议题，推动全球金融治理和全球发展体系的改革。从这个意义上讲，新开发银行相比亚投行和上合开发行具有更突出的系统重要性，定位更加高远，承担着推动全球政治经济体系改革的重任，体现了金砖国家作为中国参与全球多边治理的战略平台的定位。新开发银行作为金砖国家合作已经取得的扎实成果，为金砖国家未来合作发展打下了坚实基础。

亚投行定位为亚洲区域多边开发机构，其业务范围聚焦亚洲区域，特别是要弥补亚开行对本地区基础设施领域关注不足的缺陷，形成互补性分工，并克服其效率低下等问题，推动亚洲区域发展，侧重区域治理体系的改革。

上合开发行定位更加明确，是一个聚焦于上合组织框架下次区域合作的多边开发机构，以上合组织成员国为主，尤其是加强中亚成员国同中国和俄罗斯及南亚等地区之间的互联互通，将来也可能扩大至欧亚地区。

三大多边开发银行各有侧重。次区域层面的上合开发行主要聚焦上合组织成员国，尤其是欧亚地区。区域层面的亚投行在初期主要覆盖亚洲域内业务，并侧重东南亚、南亚等。全球层面新开发银行的业务重点则是非洲、拉美和加勒比等国家与地区。通过这张网络，三大多边开发银行全面覆盖了全球发展中国家分布的地区，实现了有效分工和互补。

第二，就中国在三大开发银行中的角色定位而言，三者各有分工，高度互补。围绕三大多边开发银行内的治理策略，中国分别采取了多边共识、双边协商和主导性引领三种不同的方式。

金砖国家合作的基本原则之一是平等治理原则，这也是作为全球或区域大国的金砖成员国普遍遵循的基本原则。中国虽然综合国力领先于其他金砖国家，在经济总量、外汇储备等多方面具有明显优势，但中国仍与其他四国均享新开发银行的股权和决策权，在按照银行业原则运营的前提下，遵循协商一致的原则，试验并采取多边方式推进新开发银行的组建，充分体现了开放包容、合作共赢的金砖精神。

中俄两国是上合组织的主要推动者，在上合开发行的倡议与谈判中，中俄两国发挥着平衡性作用，通过协商达成共识，然后在上合组织内取得实质性突破。

中国是亚投行的倡议国，也是筹建亚投行首席谈判代表主席国，在组建过程中起着主导性作用。中国积极推动亚洲域内外国家和地区参与，是理念的倡议者、机构的发起者、最为活跃的引领者、积极斡旋的协调者，并希望实现与自身提出的共建“一带一路”等重大倡议的对接。

总之，中国开展的多边开发金融战略取得了积极进展，以新开发银行、亚投行和上合开发行为代表的多边开发金融机构搭建起了金融外交的有效网络，是中国对全球和区域经济社会发展的重要贡献，也有效推动了国际金融体系改革，体现了中国参与和改革全球及地区治理的境界和能力。

金砖国家合作的“中国年”

2017年1月1日，中国国家主席习近平就中国正式接任金砖国家主席国致信俄罗斯总统、南非总统、巴西总统、印度总理。这标志着金砖国家合作开始迈入“中国年”，中国作为金砖国家轮值主席国的工作已经全面启动，也正式拉开了自2006年启动以来金砖国家合作第二个十年的大幕。“中国年”将继往开来，推动金砖国家合作迈上新的台阶。

一、“中国年”背靠十年成果

经过十年的发展，金砖国家合作在政治、经济、人文等诸多领域都取得丰硕成果，突出表现在以下四个方面：

第一，务实合作筑牢基础。金砖国家在经贸、金融、科技、教育、网络等方面取得的成果夯实了合作基础，其中金融合作成为第一个十年合作的亮点。金砖国家不仅携手推动了世界银行和国际货币基金组织的改革，还成立了人类历史上第一个完全由发展中国家独立建设的多边开发金融机构——新开发银行。

第二，机制建设稳步发展。金砖国家合作机制从无到有，不仅实现了从外长会晤机制到领导人年度峰会机制的升级，还在治国理政的各个领域进行全面对接，建立了安全事务高级代表会晤和经贸、教育、智库、科技、卫生、民间等数十个工作机制，形成了全方位、多层次、宽领域的合作格局。金砖国家在联合国、世界贸易组织等多边场合也对全球和地区重大热点问题保持密切关注。

第三，人文交流增信释疑。“国之交在民相亲，民相亲在心相通。”金砖国家重视推动人文交流，着眼于增强相互了解，扎实民意基础，开展了丰富多样的合作，逐步化解了由于历史和地理等因素造成的隔阂。网络大学和大学联盟、青年足球锦标赛、友好城市等成为金砖国家在教育、体育、文化、地方等人文交流方面的亮点。

第四，全球治理共绘蓝图。金砖国家已经成为新兴大国就全球重大政治经济事务进行全方位协调与合作的机制，在维护新兴经济体和发展中国家利益方面扮演着日益重要的角色，为全球治理描绘了新的蓝图，成为推动国际关系民主化、世界经济全球化、人类文化多样性的重要建设性力量。

二、“中国年”擘画未来十年

国际形势中不确定、不稳定因素增加，给金砖国家合作带来了一定的挑战，加之外界唱衰金砖论调增多等，金砖国家合作面临着“成长的烦恼”，主要表现为整体经济增速放缓、部分成员国政治动荡、新的重点合作领域不明朗、合作机制“叠床架屋”等。克服这些挑战成为金砖国家合作进入第二个十年的重要任务，一直扮演金砖国家合作引擎的中国将在“中国年”与其他各成员国携手描绘合作蓝图。

2017 年 9 月，第九次金砖国家领导人会晤在中国厦门举行，“中国年”的主题被确定为“深化金砖伙伴关系，开辟更加光明未来”，表达了中国着眼长远，全力推动金砖国家合作和积极参与全球治理的立场，传达了中国愿意与各新兴大国、发展中国家和国际社会分享自身成功发展经验的声音。

第一，弘扬“金砖精神”，巩固合作伙伴关系。金砖国家合作是新兴大国群体性崛起的产物，各成员国都是对全球和地区事务具有巨大影响力的大国。中国继续推动金砖国家合作“结伴而不结盟”，遵循各国平等原则，基于大国协调沟通和协商决策，弘扬开放、包容、合作、共赢的“金砖精神”，构筑金砖国家战略伙伴关系和全球发展伙伴关系，通过金砖国家和世界主要发展中国家对话合作等方式捍卫发展中国家的利益，打造新兴大国和发展中国家合作的典范。

第二，贡献“中国方案”，规划未来合作重点。中国担任金砖国家合作主席国期间，重点推进以下四个领域的工作：深化务实合作，促进共同发展；加强全球治理，共同应对挑战；开展人文交流，夯实民意基础；推进机制建设，构建更广泛伙伴关系。中国将积极提出合作倡议，举办丰富多彩且切实有效的会议和活动，与金砖国家各成员国进行充分的政策沟通和立场协调，凝聚共识，规划未来合作蓝图。

第三，分享“中国理念”，交流治国理政经验。金砖国家处于相同发展阶段，肩负共同的发展任务，面临相似的内外部挑战。金砖国家就全球重大政治经济事务和治国理政进行沟通交流，分享经验心得，可以其成功探索为其他发展中国家的社会发展提供借鉴。经过改革开放四十多年的发展，中国已经成为世界第二大经济体，国际地位和全球影响力持续上升，中国在金砖国家合作中一直扮演着积极推动者、事实引领者、核心建设者、有效协调者的角色。中国担任金砖国家主席国期间，通过政策沟通和磋商，与各成员国和其他发展中国家共享改革开放成功的经验，交流"创新、协调、绿色、开放、共享"的发展理念，共同提升社会治理、国家治理和全球治理的水平，推动各成员国的发展理念上升为金砖国家共享的发展理念。

习近平主席在2017年新年伊始向其他金砖国家领导人致信，吹响了金砖国家合作新十年的号角。继往开来，金砖国家合作站在新的历史起点上，"中国年"总结了金砖国家合作的成功经验，以其高屋建瓴的规划和扎实有效的成果，描绘金砖国家合作的光明前景，明确金砖机制的前进方向，注入金砖合作的强劲动力，坚定金砖成员国合作的信心，巩固金砖国家的团结，继续携手构建新型大国关系和金砖国家命运共同体，开放包容完善全球治理，合作共赢促进世界经济增长，努力打造具有国际影响力的南南合作重要平台。

金砖国家厦门会晤开启中国新型大国外交的新篇章

2017年9月3日至5日，第九次金砖国家领导人会晤和新兴市场国家与发展中国家对话会在福建厦门如期举行。世界的目光关注着美丽的鹭岛，五个新兴大国领导人的年度之约关系着30亿人民未来十年的发展与合作，更与世界和平与繁荣紧密相连。具有创新意义的"5+5"对话会更进一步加深了金砖国家与发展中世界的密切联系，彰显了金砖国家打造全球最具影响力的南南合作新平台的雄心。厦门会晤是在世界局势和国际格局向更深演变、向更广拓展的全球背景下举行的，是在金砖各成员国自身发展和五国共同发展进入新阶段的情况下召开的。厦门会晤以"深化金砖伙伴关系，开辟更加光明未来"为主题，注定成为金砖国家合作中承前启后、开拓未来的重要里程碑。

一、“厦门之问”

厦门会晤及金砖国家合作“中国年”处于一个重要的历史节点，虽然多年的合作已经为金砖国家的自身发展和共同发展打下了坚实的基础，但是受到复杂的国际国内政治经济形势变化的影响，世界并不太平，全球经济仍未能完全从金融危机的影响中复苏。所以，2017 年的金砖国家合作承担着艰巨的历史使命。

厦门会晤能否成功举办，让关注金砖国家成长与合作的人们不禁内心忐忑，也考验着中国作为轮值主席国的定力和协调力。

（一）金砖国家是否已经“褪色”

随着世界经济的温和复苏，全球主要经济体的表现出现分化，发达经济体实现了 2%左右的年度经济增长，但部分金砖国家则受制于国内经济转型发展正处于攻坚克难和外部拉动不足等阶段，相比第一个十年的超高速增长，经济活力略显不足，部分成员国甚至遭遇了短期的经济负增长。经济发展是金砖国家合作的根基，金砖国家合作始于经贸财金领域。能够继续维持优异的经济表现，是对金砖“中国年”能否开启新的“金色十年”的巨大考验。

（二）金砖国家合作能否依然稳固

金砖国家能否维持团结合作，是从金砖合作伊始就存在的一个理论和实际问题。著名的国际关系学者约瑟夫·奈曾连续撰文认为金砖国家合作缺乏黏合剂，不过是昙花一现。特别是随着金砖国家合作已经从聚焦经贸财金议题向更广泛的政治安全、全球治理等重大议题扩展，金砖国家的合作进入深水区，成员国能否求同存异，避免内部立场分歧甚至对立成为必须面对的问题。

（三）金砖国家合作是否面临天花板

金砖国家为了应对全球性金融危机的巨大挑战而进行的领导人会晤，第一个十年合作的重心聚焦在金融合作领域，并取得了诸多成果。但随着金砖国家新开发银行的组建和正式运行，以及应急储备安排开始进入可操作阶段，特别是五国成功地推动了布雷顿森林体系上一轮改革，金砖国家合作已经达到了新的历史高度。金砖国家合作的未来在哪里？金砖国家能否拨云见日，达成共识，寻觅到新的合作重点方向？这既关系着金砖国家各自的发展和共同发展，也关系着世界和平、发展与繁荣。

二、中国引领与金砖国家“厦门方案”

2017 年，在接任金砖国家轮值主席国的当天，中国国家主席习近平就亲自致信金砖国家领导人，为全年合作确定了基调，指明了方向。这既展示了中国作为主席国的担当及金砖国家团结合作的决心，更展示了在这样一个承前启后、继往开来的重要节点，回应各方疑问、展示中国智慧和金砖国家方案的自信。

（一）厦门会晤主题鲜明，指引未来合作方向

金砖国家“中国年”的主题确定为“深化金砖伙伴关系，开辟更加光明未来”，确定了年度两大核心任务：首先要回顾和梳理十年的合作成果与历程，总结成功的经验，明确面临的挑战；其次要结合国际局势的最新变化和金砖国家发展与合作的新进展，对未来十年的金砖国家合作进行规划，描绘合作愿景。

（二）厦门会晤框架完善，厘清未来合作重点

在各成员国的沟通协调下，金砖国家“中国年”形成了经济、政治、人文并驾齐驱的“三轮驱动”新格局，继续着力推动经济务实合作实现新突破、政治安全合作取得新进展、人文交流合作成为新支柱。“中国年”确定了厦门会晤四大工作重点：深化金砖国家合作，促进共同发展；加强全球治理，共同应对挑战；开展人文交流，夯实民意基础；推进机制建设，构建更广泛伙伴关系。这为厘清金砖合作框架和发现新的合作重点奠定了基础。

（三）厦门会晤务求实效，确保未来合作实心化、系统化

厦门会晤之前，金砖国家不仅成功举办了金砖国家领导人汉堡非正式会晤，还相继主办了安全事务高级代表会议、外长会晤、协调人会议，以及财金、经贸、科技、工业、文化、教育、环境等各领域的会议和活动 84 场，其中部长级以上会议就有 22 场，共形成 60 多项合作协议和共识。金砖国家全

年举办近百场重要会议和配套活动，而且以主席国为主，并在各种国际多边场合和其他成员国都有相关的日程安排，为厦门会晤达成诸多共识做了前期准备。在各成员国的集体努力下，金砖国家携手共同把合作做大、做实、做强，提高金砖机制的“含金量”，造福五国并惠及世界。

三、厦门会晤的丰硕成果引领金砖国家未来十年发展与合作

金砖“中国年”各领域合作扎实推进，配套活动丰富多彩、纵贯全年，为厦门会晤做了充分准备，为会晤取得成功奠定了坚实基础，也为金砖合作进入第二个“金色十年”注入强大活力。2017 年 9 月 2 日开始，金砖国家领导人陆续从世界各地抵达厦门，世界进入了“厦门时刻”；而随着新兴市场国家与发展中国家对话会的与会各方齐聚厦门，以“金砖+”模式为代表的更具包容与发展前景的南南合作新平台正在筑就。厦门会晤在三天时间里，举办了三场重大活动，发布了两份重要综合性文件，开启了一个新的“金色十年”。

（一）三场重大活动是厦门会晤的“骨架”

首先，金砖国家工商论坛于 2017 年 9 月 3 日下午至 4 日上午成功举办。习近平主席出席工商论坛开幕式并发表题为《共同开创金砖合作第二个“金色十年”》的主旨演讲，回顾金砖国家十年历程，总结金砖合作经验，展望未来发展前景。巴西、南非等金砖国家领导人与会，表明了金砖国家高度重视经济合作，并巩固其作为金砖合作根基的地位。

其次，金砖国家领导人小范围会议和大范围会议是厦门会晤的最重要会议，于 9 月 4 日上午在厦门国际会议中心成功举行。在小范围会议期间，金砖国家领导人围绕世界经济形势和全球经济治理、国际和地区热点问题、国家安全和发展等重大敏感议题达成共识，并听取了安全事务高级代表的工作汇报。小范围会议既彰显了中国作为主席国的引领和协调作用，又巩固了金砖国家间的合作，提升了战略互信。在大范围会议期间，金砖成员国领导人重点讨论深化金砖合作、开展人文交流、推进机制建设等问题，并通过了《金砖国家领导人第九次会晤厦门宣言》（以下简称《厦门宣言》）。

最后，作为厦门会晤的机制性创新，新兴市场国家与发展中国家对话会

于9月5日上午召开，金砖国家领导人同埃及、墨西哥、塔吉克斯坦、几内亚、泰国领导人一道，围绕“深化互利合作，促进共同发展”的主题，就“落实可持续发展议程”和“构建广泛的发展伙伴关系”等议题进行讨论。

（二）厦门会晤达成了两份重要的综合性文件

首先，作为厦门会晤最重要的成果，《厦门宣言》全面梳理了“中国年”的成果，包含5大板块、71项条款、69个成果文件、103条厦门行动计划，分量十足，系统反映了五国领导人达成的重要共识，在系统总结金砖十年历程重要经验的基础上，就加强经济务实合作、完善全球经济治理、维护国际和平与安全、深化人文交流发出积极信号。

其次，新兴市场国家与发展中国家对话会后，中国作为主席国发表了《主席声明》，归纳各国领导人在落实可持续发展议程、加强南南合作、构建发展伙伴关系、完善全球经济治理等方面的共识，既对“金砖+”模式的运行做了有益探索，又巩固金砖国家的发展属性，奠定了金砖国家打造南南合作最重要平台的基础。

四、厦门会晤与中国特色大国外交的成功

金砖国家领导人厦门会晤和新兴市场国家与发展中国家对话会的成功举办，是中国特色大国外交的巨大成功。

（一）厦门会晤是中国建设新型大国关系的重要组成部分

习近平主席在大范围会议讲话中指出，“金砖合作之所以得到快速发展，关键是找准了合作之道。这就是互尊互助，携手走适合本国国情的发展道路；秉持开放包容、合作共赢的精神，持之以恒推进经济、政治、人文合作”。党的十八大以来，中国特色大国外交深刻把握新时代大国关系纵横捭阖的复杂局面和历史发展趋势，有效运筹大国关系棋局。金砖国家是世界范围内新兴大国群体性崛起的产物，成员国都是各自所在地区和世界上具有重要影响力的大国。厦门会晤确定了金砖国家政治安全、务实经贸、人文交流的“三轮驱动”框架，彰显新兴大国合作打破了西方传统国际关系理论中大国博弈、势力均衡的藩篱，建立了“结伴不结盟”的新型大国关系，体现了中国推动

构建“不对抗不冲突，相互尊重，合作共赢”的新型大国关系的巨大努力。

（二）厦门会晤是中国推动全球治理变革的重要组成部分

习近平主席指出，“金砖国家是世界和平的维护者、国际安全秩序的建设者”，“要坚定维护多边主义，推动国际关系民主化”，“推动建设开放型世界经济”。党的十八大以来，中央高度重视全球治理，中央政治局集体学习，一年内两次聚焦这一重大议题。厦门会晤针对出现的逆全球化、反全球化等乱象，针对国际政治经济体系中存在的和平赤字、发展赤字和治理赤字提出了“金砖方案”，反映了新兴市场国家和发展中国家的诉求。厦门会晤要求推动国际关系民主化、法治化，对现行的国际金融体系、贸易体系和治理架构进行改革，增加新兴市场国家和发展中国家的发言权和代表性，推动国际秩序向更加公平、公正、合理、均衡的方向发展。

（三）厦门会晤是中国对发展中国家外交的重要组成部分

习近平主席指出，“金砖国家都是在发展道路上一步一步走过来的”，要“胸怀天下，立己达人”。金砖国家都属于发展中国家，是其中发展更快、表现更好的新兴经济体。中国是世界上最大的发展中国家，作为金砖国家的重要成员，创造性地提出了“金砖+”模式，并从世界范围邀请了具有代表性的新兴国家和发展中国家与会，召开了新兴市场国家与发展中国家对话会，进一步提升了金砖国家在发展中国家中的代表性，有利于建立金砖国家的全球伙伴关系网络，并推动金砖国家发展成为最有效、最重要的南南合作新平台，进一步彰显了金砖国家的发展属性。

金砖国家合作是一个创新，超越了政治和军事结盟的老套路，建立了“结伴不结盟”的新关系，超越了以意识形态划线的老思维，走出了相互尊重、共同进步的新道路，超越了你输我赢、赢者通吃的老观念，实践了互惠互利、合作共赢的新理念。中国在金砖国家合作中一直起着引领作用，厦门会晤是党的十八大以来中国推动外交理论和实践创新的反映，是建设中国特色大国外交的成功表现，对金砖国家更富活力的第二个“金色十年”进行了全面规划。

厦门会晤是展示中国改革开放40年成功实践的平台

“爱拼才会赢”，习近平主席在厦门金砖国家工商论坛开幕式的演讲中引用了闽南流行语，生动诠释了13亿中国人民锐意进取的改革开放进程。40年艰苦创业，40年奋斗不息，40年春风化雨，40年立己达人。改革开放40年的辉煌历程，是惠及世界的伟大中国实践。

改革开放深刻改变了中国和中国人民的命运，而中国自力更生的快速发展是对世界做出的最大贡献。40年来，中国经济社会实现了奇迹般的发展，国内生产总值年均增长率达到9.9%，对外贸易年均增长率高达16.3%，达到了3.7万亿美元，人均国内生产总值已经由大约200美元达到8900美元左右。40年来，中国坚持“发展是第一要务”，聚精会神谋发展，以增进民生福祉为使命，丰硕成果惠及13亿中国人民，让广大人民有了实实在在的获得感。因为中国拥有世界约1/5的人口，所以中国国民富裕程度的显著提升便是人类社会均衡发展和进步的重要成就。毋庸置疑，改革开放成为“中国通过改变自身而影响世界”这一理念的集中体现。

改革开放的巨大成果使中国贫困人口大幅下降，是对全球发展事业和落实联合国可持续发展目标的重要贡献。40年来，伴随着中国经济高速增长和大规模、有组织的国家扶贫行动，中国的扶贫减贫工作取得了举世瞩目的成就，贫困人口减少了约7.15亿，占到全球减贫人口总数的71.82%，同期农村贫困发生率从97.5%下降到5.7%。由于中国的贡献，全球提前3年完成了千年发展目标确定的“极贫人口减半”的目标。中国正在加速推进精准扶贫和精准减贫，力争到2020年，确保现行标准下的5000多万农村贫困人口实现脱贫，为全球发展和落实联合国2030年可持续发展目标做出新的贡献。

正如习近平主席指出的：“世界繁荣稳定是中国的机遇，中国发展也是世界的机遇。”随着改革开放取得的巨大成果，中国在继续深入参与世界经济体系运行的过程中，也逐渐由国际公共产品的受益者，发展为国际责任的承担者和全球公共产品的提供者。毫无疑问，中国自身发展带来的这种转变将对整个世界同样大有裨益。中国经过40年的快速发展，不仅成为世界经济增长的强大引擎，拉动了世界经济的温和复苏并走向稳健增长，而且在关键时刻，以其负责任大国的担当，对于世界经济成功克服危机和挑战做出了举世公认的贡献。20年前，东南亚地区爆发了严重的金融危机，各国货币急剧大幅贬值。东南亚国家的经济发展阶段与中国相当，出口的产品结构类似，这些国家的货币贬值导致中国面临巨大的竞争压力，但作为一个负责任的大国，中国明确宣布人民币不贬值，并以实际行动兑现了承诺。中国的抉择为亚洲经济在金融危机后的迅速复苏做出了巨大贡献。同样，2008年9月发生的全球金融海啸中，中国在危机中的抢眼表现也使其成为全球经济稳定和复苏的中坚力量。

另外，改革开放40年以来，中国也以其快速发展切切实实地促进了世界经济长足发展。中国对世界经济增长的拉动效应日益显著，目前已经成为全球经济增长所依赖的最重要“发动机”。经过40年的发展，中国对全球经济增长的贡献比例达到1/4，超越主要发达国家成为拉动世界经济增长最强大的一支力量。中国积极推动建设开放型世界经济，捍卫开放、透明、普惠、共赢、可持续的经济全球化，高举贸易自由化和便利化的大旗，已经发展成为世界上120多个国家的第一大贸易伙伴。金砖国家厦门会晤期间，中国正式宣布将从2018年开始举办中国国际进口博览会，加大从世界各国进口的力度，以切实行动增进世界贸易的平衡和普惠发展。

40年改革开放的成果，使中国经济发展的外溢效应日益明显，扩大了中国发展的辐射范围，为其他发展中国家和地区从中获益提供了契机，因而在更大范围内推动实现了世界的均衡发展，对于落实联合国可持续发展目标做出了巨大贡献。近年来，广大发展中国家的经济增长非常快速，而这在很大程度上归功于中国发展所产生的带动作用，中国不仅加大对非洲、拉美等地区国家资源的进口，更关键的是通过“一带一路”倡议等积极推动各国发展战略的对接，并通过“走出去”战略，在广大发展中国家加大投资力度，带动了当地就业和经济发展，并很好地承担了社会责任。

改革开放40年来取得的成就，是中国人民立足中国大地、基于自身国情的成功探索，是中国人民凭着“逢山开路、遇水架桥”的闯劲和“滴水穿石”的韧劲，以“摸着石头过河”的开创精神，一步一步艰苦奋斗取得的成就。而这40年实践总结的“中国经验”也经由金砖国家合作的平台，与广大新兴市场国家和发展中国家共享，并成为人类社会的普遍经验。中国作为世界上最大的发展中国家，与广大发展中国家拥有相似的过去，处于相似的发展阶段，因此，中国改革开放的成功经验对其他发展中国家来说更加具有借鉴意义。金砖国家厦门会晤期间，成功举行了新兴市场国家与发展中国家对话会，借助“金砖+”等模式进一步加强金砖国家与新兴市场国家和发展中国家的联系，是中国基于自身发展中国家的定位和金砖国家合作发展的属性，对世界做出的巨大贡献。中国和其他金砖国家通过这一对话会和“金砖+”平台，与广大发展中国家进行了更深度的经验分享。

首先，要立足自身国情谋发展。40 年来，中国立足处于社会主义初级阶段和作为世界上最大的发展中国家的基本国情，持续深化改革，坚持对外开放，立足国内发展，集中精力改善民生，通过改革打破制约经济发展的藩篱，扫清不合理的机制体制障碍，激发市场和社会活力，实现更高质量、更具韧性、更可持续的增长。这对于自独立以来曾经走过许多发展弯路的广大发展中国家具有重要意义。

其次，要通过创新推动深入发展。在发展进入“滚石上山、爬坡过坎”的关键阶段时，为应对所谓的“中等收入陷阱”，中国强调要实行供给侧结构性改革，为其他新兴市场国家和发展中国家抢抓机遇、应对挑战、闯出新路提供了答案，即：不能片面追求增长速度，而是要立足自身、放眼长远，推进结构性改革，探寻新的增长动力和发展路径；要把握新工业革命的机遇，以创新促增长、促转型，积极投身智能制造、“互联网+”、数字经济、共享经济等带来的创新发展浪潮，努力领风气之先，加快新旧动能转换。

40 年改革开放，中国不仅以自身发展为世界做出了巨大贡献，而且胸怀天下、立己达人。在发展道路上一步步走过来的进程中，中国愿意在实现自身发展的同时同其他国家共享发展机遇和发展理念，欢迎各国特别是新兴市场国家和发展中国家搭乘中国发展的快车。

中国为金砖国家合作提供深厚“底色”

2018 年 11 月 30 日，金砖国家领导人非正式会晤在阿根廷布宜诺斯艾利斯举行。此次会晤对于支持二十国集团峰会顺利召开、应对当前全球政治经济面临的重大挑战、推动金砖国家团结合作具有积极意义。

中国是金砖国家合作的创始成员国，也一直是其中最为闪耀的一块“金砖”，为金砖国家提供了最深厚的“底色”，在金砖国家合作中一直起到重要的引领作用，为巩固金砖战略和务实合作、推动机制创新完善、把握金砖合作前进方向做出了巨大贡献。

一、中国是金砖国家的创始成员国和关键成员国

自2006年“金砖四国”起步，到2009年金砖国家正式升级为峰会，作为世界第二大经济体和重要的新兴市场国家，中国与其他金砖国家携手推动金砖国家成立与合作发展，中国的积极参与是确保金砖国家能够取得快速发展和在世界上形成巨大影响力的重要保证。同时，中国也是金砖国家中长期保持社会经济稳定和快速发展的成员，为确保金砖国家成功克服国际政治经济变化带来的挑战和转型发展中遇到的困难提供了强大支撑。因此，其他金砖国家在与中国的双边合作中都取得了长足发展，中国是其他金砖各国最重要的战略伙伴和经贸伙伴，这凸显了中国在金砖合作中独特而重要的战略价值。此外，中国是“金砖五国”成员间多个重要次级合作机制的核心成员，积极参与中俄印三边合作、基础四国、中拉论坛、中非合作论坛等重要诸边合作机制，特别是中国提出“一带一路”倡议，积极携手俄罗斯、南非、巴西共同推动与欧亚经济联盟、非洲国家、拉美和加勒比地区的发展战略对接，进一步奠定了中国在金砖国家合作中的关键地位。

二、中国是金砖国家合作前进的主要引领者和推动力量

首先，中国积极推动金砖国家合作完善机制建设，不仅成功推动金砖国家在2009年升级为领导人峰会，并且在2011年担任轮值主席国期间，邀请南非参加金砖国家三亚峰会，“金砖四国”正式转变为“金砖五国”，从而实现了金砖国家首次正式扩容，并且通过此举加强了金砖国家与非洲大陆广大发展中国家之间的合作。其次，中国积极推动金砖国家拓展新的合作领域，特别是在2017年金砖“中国年”，中国不仅成功推动金砖国家合作拓展为经贸财金、政治安全、人文交流“三轮驱动”，还创新性地提出“金砖+”，举

办新兴市场与发展中国家对话会，进一步推动国际秩序朝着更加公平、公正、平衡、可持续的方向改革，开启了金砖国家合作第二个“金色十年”。最后，中国积极推动金砖国家战略伙伴关系建设和倡导开放包容、合作共赢的金砖精神，开创性地提出金砖国家应打造“四大伙伴关系”。早在 2013 年金砖国家领导人德班峰会期间，中国就倡议金砖国家携手建设“一体化大市场、金融大流通、基础设施大联通、人文大交流”，对金砖国家未来发展进行了规划，并在 2014 年福塔莱萨峰会期间正式提出了金砖国家精神，为铸造金砖合作的共同原则和理念追求做出了巨大贡献，巩固了金砖国家战略伙伴关系的发展。

三、中国是金砖国家合作根本属性的坚定支持者和共同守护者

首先，中国坚持金砖国家的发展属性。金砖国家代表新兴市场国家和发展中国家的利益，作为世界上最大的发展中国家，中国积极推动金砖国家建设全球发展伙伴关系，带动新兴市场和发展中国家将发展议题置于全球政策框架的优先位置，将金砖国家打造为全球最重要的南南合作新平台。其次，中国坚持金砖国家的开放包容属性，推动金砖国家建立“结伴而不结盟”的伙伴关系，超越了建立政治和军事同盟的老套路；不仅如此，中国还提出“金砖+”合作机制并举行新兴市场和发展中国家对话会，欢迎更多新兴经济体和发展中国家参与金砖国家合作。最后，中国积极倡导并遵循金砖国家合作的平等性原则。作为“金砖五国”中最大的经济体，中国不寻求在金砖国家合作中的主导权，而是坚持平等原则和协商一致原则，为推动金砖国家构建新型国际关系和新型大国关系做出了表率，新开发银行的建立与发展是中国倡导并按照平等与协商原则参与金砖国家合作的最好体现。

第六章
巴西与其他金砖国家合作

巴西是金砖国家合作的创始成员国和积极推动者，尤其是在劳工党执政期间，巴西政府将金砖国家合作视为巴西参与全球治理、提升自身全球影响力的重要机制，金砖国家成为巴西打造全球大国外交和加强南南合作的全新平台。巴西政府发布的报告得出结论认为巴西是从金砖国家合作机制中获益最多的成员国。但随着巴西国内政治经济形势在2016年发生重大变化，尤其是右翼政党取得执政权之后，巴西对金砖国家的政策出现了一些变数，也给金砖国家合作带来了一定的挑战和考验。

在福塔莱萨感受巴西方式

巴西，是奥地利著名作家史蒂芬·茨威格眼中的“未来之国”。他的预言在70多年后成真——这个曾经神秘魔幻的南美最大国家在2014年成为全世界关注的焦点：刚刚结束的世界杯足球赛，已经开锣的总统大选，以及里约热内卢正在紧锣密鼓筹备中的2016年奥运会。然而最能背书巴西“未来之国”地位的，还在于它是金砖国家之一。2014年夏，世界杯足球赛刚刚落幕，第六次金砖国家领导人峰会就在巴西福塔莱萨接棒开幕。

从上海出发经欧洲中转后，硕大的空客A380客机又飞行了逾20小时，才降落在巴西圣保罗国际机场，巴西国土面积广阔，从圣保罗需再转机到福塔莱萨，也就是金砖国家领导人第六次峰会的东道城市。

这是巴西东北部地区的海港城市，位于大西洋东海岸。清澈蔚蓝的海水拍打着岸边细细松松的白沙，一早满是沿海岸大道漫步健身的市民和游客。

大西洋海浪轻拍的沙滩边，是一排排罩着绿色或鹅黄色帆布的架子，貌似集装箱。下午 3 点钟左右，这些“集装箱”揭开面纱——竟然是成百上千个“大排档”，从下午营业到午夜，卖手工艺品、特色小吃和各色热带水果。距离“大排档”不过几十米，就是金砖国家领导人和各国代表团入住的酒店。

虽然巴西政府加强了世界杯足球赛和金砖峰会期间的安全警戒，但没有封路，中心城区街头悬挂的福塔莱萨峰会标识格外醒目。绿蓝橙红黄五面船帆标识，既象征着“金砖五国”的团结与合作，也显示了福塔莱萨这个大西洋岸边的明珠所引以为豪的海洋文化。2014 年 7 月 14 日午后，中国国家主席、印度总理、南非总统、俄罗斯总统等先后到达。阵阵警笛声响起，告诉人们金砖国家领导人陆续到达，刚才还在吹海风抑或畅游的人们，三五成群地聚集在路边树荫和阳伞下围观。路口停着一辆警车，所有车辆停在马路上静待远道而来的贵宾。警察和士兵虽然全副武装，但脸上依然难以掩饰快乐的神情，好像他们的任务只是“欢迎”而已。几分钟后，空中响起了直升机螺旋桨的声音，外国代表团车队到达，各国领导人向人们挥手致意，在保镖的护送下进入酒店。几分钟后，车辆重新开动，人们又回到海水中逐浪，小摊前又恢复了热闹的讨价还价的景象。

“外松内紧”在这儿或许是一种深植于民族灵魂的“巴西方式”：奔放开朗，又内蕴信心。笔者曾到过巴西多个城市，接触过政府官员、大学教授、街头摊贩、杂货店主等各社会阶层的巴西人。一个深刻的印象是这里的种族多元性——欧美后裔、亚裔、非洲裔和巴西原住民，以及占人口大多数的混血人群，多种族和谐共处。

另一个深刻印象是，这是一个心态平和的崛起之国，整个社会充满了“未来之国”的朝气和自信。当地人行事多半慢条斯理，但又充满热忱；一方面知晓自己的使命，另一方面彻底地享受生活，是一群坚信“知足常乐”的南美践行者。每当看到中国人，很多市民会主动用发音并不标准的“你好”示意，一脸真诚。金砖峰会期间，面对全球媒体的镜头，福塔莱萨人变得更加欢快。很多人会手舞足蹈地发表长篇大论，指点国际事务；也有人继续保持着巴西人一贯的沉稳与柔和。这是一个极其多元的社会，但又基本保持着和谐稳定的局面，人际关系总体比较轻松，严重种族歧视和恶劣族群冲突的“社会癌症”并没有在此弥散和侵蚀，其中必有奥妙，值得其他多民族国家借鉴学习。

巴西总统大选与政坛左中右

2014 年 8 月 13 日，巴西总统候选人、社会党主席爱德华多·坎波斯在前往巴西圣保罗州桑切斯市参加竞选活动时遭遇空难丧生。这一突发事件导致即将于 10 月 5 日开始的巴西总统选举形势发生了突然变化。

一、巴西主要政党及总统大选竞争者

2014 年 10 月 5 日举行的巴西总统大选被认为是巴西自民主化以来竞争最白热化、形势最为复杂的一次选举。截至 8 月初，参加本次总统选举的三位主要候选人的支持率分别是：时任总统、劳工党候选人迪尔玛·罗塞夫为 38%；米纳斯吉拉斯州的联邦参议员、社会民主党候选人阿埃西奥·内维斯为 24%；原伯南布哥州州长、社会党主席爱德华多·坎波斯为 12%。

虽然坎波斯拥有的民意支持率在 10%上下波动，在主要总统候选人中排名第三，而且同罗塞夫和内维斯有较明显差距，但他的竞选态势却被认为是大选中的重要变量，这是因为：

第一，坎波斯参加总统大选的目的是为 2018 年大选做准备。坎波斯出生于 1965 年，遭遇空难前三天刚过完 49 岁生日，是巴西政坛一颗冉冉升起的政治新星。坎波斯虽然率领社会党于 2013 年底退出以劳工党为主的执政联盟独立参加 2014 年总统竞选，但是，其真正目标是通过这次参选，登上全国政治舞台，塑造自己全国性政治领袖的形象，为赢得 2018 年总统大选做准备。

第二，坎波斯率领社会党退出左翼执政联盟，一定程度上分化了左翼阵营，并将影响大选的最终结果。2013 年以来，巴西国内经济发展遭遇了较大的波动，部分政府官员腐败问题较为突出，且由于世界杯足球赛和奥运会等重大国际赛事的筹备占用了巨大的财政开支，民众中出现了较多的反对意见。在这一背景下，以劳工党为首的左翼阵营支持率持续下降，罗塞夫政府的民意支持率一度下降至 40%左右。而罗塞夫的个人支持率只有 38%。在这一背景下，坎波斯率领社会党脱离左翼阵营造成了左翼选民群体的分裂，任何一名候选人都难以获得超过 50%的选票在第一轮选举中当选，大选很可能进入第二轮，这使得罗塞夫的连任之路异常艰辛。

第三，坎波斯政治立场居中，获得了银行界和工业集团的大量支持。坎波斯及社会党倡导“第三条道路”，政治立场较偏左的劳工党和偏右的社会民主党更为居中，提倡对工商界友好的政策，并关注社会正义和平等，不仅获得了左翼选民的支持，其背后也有大量银行业和工业集团巨头的支持，对左右翼选民和中间群体都有一定的吸引力，增添了大选的不确定因素。

第四，坎波斯的正式竞选尚未全面展开，支持率本可继续上升。坎波斯原想利用电视媒体展开大规模选战，并充分利用时间在大选前覆盖巴西全国各州，进行密集的竞选造势活动，以赢得全国的认可和民众支持。虽然坎波斯支持率之前一直维持在10%左右，但随着正式竞选活动的开展，坎波斯本可获得更高的民众支持率。

二、坎波斯遭遇空难，中左派或成大选“黑马”

坎波斯遭遇空难后，同其搭档本次大选的副总统候选人玛丽娜·席尔瓦将被推选顶替其参加总统席位的竞选，而这将给整个大选形势带来巨大变化。

巴西国内民意调查显示，如果大选最后在劳工党候选人罗塞夫、社会民主党候选人内维斯、顶替坎波斯的席尔瓦三个人之间展开，则在第一轮选举中各自的得票率将出现戏剧性变化：罗塞夫的支持率将维持在36%左右，内维斯将只能获得15%的选票，而席尔瓦将获得超过25%的选票，从而出现偏左的罗塞夫和中间偏左的席尔瓦携手进入第二轮大选的局面。

由于罗塞夫政府在任期内的一些政策引起了较大争议，左右阵营选民对立严重，民意支持率持续走低，而巴西国内工商业集团、媒体巨头对其持有强烈反对意见，试图阻击罗塞夫连任。如果罗塞夫和席尔瓦携手进入大选第二轮选举，出于阻击罗塞夫连任的考虑，将会出现右翼选民集体支持席尔瓦的局面，从而使席尔瓦有较大可能当选新一任总统。而这也正是执政的劳工党政府之前通过政治运作拒绝给予席尔瓦成立的“可持续发展网络”政党地位的重要原因。如果席尔瓦赢得2014年巴西总统选举，其将经历一波三折，最终出乎预料地成为一位“黑马”总统。

席尔瓦曾同罗塞夫、坎波斯在巴西前总统卢拉任内担任内阁部长，主管环境保护等。2008 年 5 月，席尔瓦以政府只关心经济发展、不关心环境保护为由，辞去环境部长一职并脱离劳工党。2009 年获邀担任巴西绿党总统候选人参加 2010 年总统大选，并在第一轮选举中赢得超过 2000 万张选票，以 19.33%的支持率名列第三，成为巴西政坛有巨大影响力的政治力量。

席尔瓦试图参加 2014 年总统大选并获得巴西国内环境保护组织和大量左翼选民的支持，成立了名为“可持续发展网络”的政治组织。但是巴西宪法法院于 2014 年做出司法裁决，拒绝授予该组织政党地位，致使席尔瓦以该组织为基础争取总统席位的计划遭受严重挫折。据分析，巴西执政的劳工党在其中发挥了重要作用，试图通过这一手段阻止席尔瓦参加 2014 年总统选举，以免对以劳工党为主的左翼阵营的竞选造成严重冲击，致使右翼阵营渔翁得利。

席尔瓦 1958 年 2 月出生于巴西西北部偏远城市里奥布朗库，父亲是橡胶割胶人，出身社会底层，由于家境贫困，她 14 岁才开始学习认字。之后，席尔瓦长期关注环境保护和亚马孙森林开发与保护问题，是巴西著名的环保人士，并于 2002 年被任命为环境部长。

席尔瓦的核心政治主张是关注可持续发展、环境保护和气候变化等议题。因其个人出身和经历，她也很关注社会平等和公正问题。值得关注的是，堕胎问题也成为大选中的重要议题，席尔瓦领导的巴西民主运动党在这一问题上观点倒退，反对堕胎。由此，她获得了巴西基督教新教教会的全力支持。

三、巴西政坛少壮派多出身左翼阵营

巴西前总统卢拉任内对巴西政治未来发展路线进行了规划。他认识到民主政体下的巴西，政党轮替是政治运作中的基本现象。但卢拉认为，为了实现左翼阵营的长期执政以巩固左翼执政期间的政策成果，真正改变巴西社会，必须在劳工党和左翼阵营打造培养多个未来政治之星。卢拉是巴西左翼阵营的精神领袖和最重要政治人物，对巴西未来政治发展起到举足轻重的作用。

2014 年巴西大选中的多位候选人都曾在卢拉政府担任内阁部长，深受其影响和教导。罗塞夫曾担任卢拉政府的能源部长和总统府办公室主任，坎波斯曾担任卢拉政府的科技部长，而席尔瓦曾担任卢拉政府的环境部长。

四、对中巴关系的可能影响

第一，由于巴西大选选情进一步复杂化，发生了重大变化，致使前总统具有很大胜算的连任面临极大不确定性。近年来，中巴各领域合作进展顺利，中国宜进一步观察巴西各政党和候选人的选情发展，对巴西大选情势做进一步分析研究。

第二，席尔瓦的政策立场值得认真评估。席尔瓦长期关注环保议题，投身环境保护事业，对气候变化和环保极为关注，因此在气候变化等议题上可能会进一步加强同包括中国在内的基础四国的政策协调。但是，席尔瓦可能会以环保为借口，进一步加强对外来投资的管理，尤其是在农业投资、亚马孙森林开发、铁矿石开发、近海油气田开采等领域，进一步加强对外来投资的约束性措施。

第三，不论新一任总统是谁，巴西对华政策的基本方向应不会发生变化，两国全面战略合作伙伴关系将进一步加强，双方会在双边和金砖国家等多边机制下推进政策沟通和立场协调。

罗塞夫政府第二任期内外政策的走向分析

2014 年，通过尖锐的政策辩论和激烈的竞选，罗塞夫艰难地赢得了连任之战。但为了响应国内强烈的“变革”呼声，罗塞夫领导的劳工党政府在新的四年任期内必须进行政策调整，尤其是纠正国内政策中出现的失误和偏差，进行一定程度的改革。

这其中首要的是实现政治改革，围绕这一问题同国会和人民共同对话探讨，罗塞夫承诺将更乐于加强对话，以温和民主的方式治理国家，促进经济增长，打击腐败，恢复巴西经济和社会的活力。

一、巴西左翼执政党需反思选情

第一，变革成为本次大选的基调之一。不论是寻求连任的罗塞夫还是作为挑战者的内维斯和席尔瓦在竞选中都提出了变革的口号，而这是国内民众的普遍诉求。面对民众的呼声和反对党的激烈批评，劳工党做出保证将反省在执政中出现的各种政策失误和偏差，而反对党则呼吁只有全面变革才能恢复巴西经济的强劲增长与社会进步和公平。因此，虽然罗塞夫赢得了连任，但其在第二任期内必须对其政策进行相当大程度的调整，以回应社会变革需求。

第二，选民在政治稳定和未知的变化之间仍然选择了稳定。这说明劳工党在过去 12 年的施政仍然赢得了大多数民众，尤其是社会中下层选民的普遍支持。受益于劳工党推进的社会福利体系，中下层选民和弱势群体，尤其是相对比较落后的北部、东北部地区成为劳工党赢得最终胜利的砝码。这直接导致异军突起的席尔瓦在第一轮选举中即遭抛弃。

第三，巴西右翼阵营仍需时日方能整合。曾经长期执政的社会民主党在第一轮选举中曾一度被异军突起的席尔瓦领先，在第二轮选举中也只能通过攻击劳工党的执政失误以吸引民意支持，这显示出以社会民主党为代表的巴西传统右翼政党仍然式微，短期内仍无法完成有效整合。

第四，巴西社会是否发生分裂仍有待观察。第二轮投票显示两大阵营几乎势均力敌，但社会团结是否因此而惨遭撕裂仍有待考察。正如罗塞夫在赢得选举后的演讲中所言，“我并不认为今天的投票代表着巴西分割成了两半，我认为这些投票是人们偶尔矛盾的思想和情感的碰撞”。但不论如何，激烈的竞选过程和政策辩论，南北地区和社会各阶层支持不同阵营，在竞选中所产生的对立与沟壑都需要时间和有效的施政来弥合。

二、大国改革优先议题总是相似

通过竞选过程中罗塞夫的演讲和其竞选纲领，其在第二任期的内政关注点将聚焦以下方面：

第一，推进社会分配制度改革，进一步完善有利于社会中下层的福利体系建设，继续实施并完善“零饥饿计划”和“科学无国界计划”，解决贫富差距悬殊和地区发展不平衡问题，巩固减贫成果。虽然近年巴西的经济增长较为缓慢，就业率降至 20 年以来的最低点，但罗塞夫政府继续采取有利于增进就业的措施。维护社会公正，关注社会平等和多样性，反对各种形式的歧视。

第二，加大打击腐败的力度。劳工党执政 12 年以来，在大型基础设施工程建设和能源资源开发过程中，出现了较为严重的贪污腐败问题，民众对此非常不满，也招致反对党的猛烈批评。罗塞夫表示会在第二任期内加大反腐败调查，加强对腐败官员的惩处，规范工程建设和项目招投标管理等。

第三，推动国内政治改革，加强与民众对话。罗塞夫在第二任期内吸取因缺乏与民众交流而造成各种不满和误解的教训，通过完善社会对话，加强政策沟通，争取更多民意支持。针对本轮选举中出现的国内主要媒体一面倒地攻击劳工党、放大劳工党执政失误的现象，罗塞夫基于竞选中的被动局面，在赢得连任后努力推动国内媒体改革，打破五大家族掌握国内主要报纸和电视频道的现状，鼓励新媒体发展，引导社会多元资本甚至外资投资巴西国内媒体业。

第四，改革国内税收体系、财政体系等。罗塞夫政府维持对社会富裕和中上阶层的税收政策，调节收入不平衡和贫富差距悬殊的问题，并改革国内复杂的税收体系，通过简化税收和财政体系来简化投资程序，吸引更多外来投资，促进经济发展。

三、中国应关注的动向

罗塞夫政府在第二任期内的外交政策基本保持稳定，中巴两国关系得到稳定发展，全面战略伙伴关系进一步得到稳固，下列领域的政策调整值得关注：

第一，罗塞夫政府为了推动国内经济改革，恢复经济发展势头，更加重视对外贸易。中国作为巴西第一大贸易伙伴，对巴西工业制成品出口将面临一定的压力，可能会面临来自巴西的更多的贸易救济措施；与此同时，迫于国内工商业团体的压力，罗塞夫政府会要求中国不仅从巴西进口铁矿石等能源资源，还希望推动巴西对华出口产品实现多元化。对此，中国需要向巴西做更多的解释，一方面拓展从巴西进口商品的种类，特别是加大巴西农产品对华出口，另一方面也需要推动巴西进一步开放国内市场，改善投资条件。

第二，巴西在中国对拉美外交和全球外交布局中具有重要意义，但是中国也必须清楚认识到，巴西政治制度决定了政治人物都面临选民的直接压力，实现当选是其重要政治目标，而且政党轮替是巴西全国政治中的基本现象，巴西总统大选中左右两大阵营都一度有赢得选举的机会，一旦右派阵营赢得选举，其内政外交都将大幅度调整。即使劳工党赢得新的四年任期，为了应对竞选过程中民众强烈的变革呼声，也必须进行相当程度的政策调整与改革。为此，中国有必要做好对巴西更广泛政策调整的准备，在继续发挥巴西在拉美世界的桥梁作用的同时，也进一步发展同墨西哥、阿根廷、智利等本地区其他主要国家的关系。

在巴西国内，中国也需要进一步全面发展同巴西社会各阶层的友好关系，实现政府间、政党间、民众间各方面关系的全面协调发展，落实两国全面战略伙伴关系，使发展对华友好关系成为巴西国内各种政治力量的共识，降低其国内政治局势的变化和政策大幅度调整对中巴关系长远健康发展可能带来的冲击和影响。

莫朗副总统访华与博索纳罗政府对外政策

2019 年 1 月 1 日，社会自由党候选人博索纳罗正式就任巴西新一任总统。作为一名来自极右翼政党的政治家，博索纳罗在大选期间就以其出位的言论、激进的政策主张等引起了巴西国内和世界各国的关注。在博索纳罗正式就职之后，新政府会在多大程度上调整巴西的内外政策，对中巴关系发展将会造成何种程度的影响，将会随着新政府各项政策的公布和落实引起更大的关注。

博索纳罗在竞选期间和上任以来，多次表示要大幅调整巴西的对外政策，在对华关系方面不仅发表过极不友善的言论，甚至有对中巴关系造成实质性伤害的行为。同时，新政府还大幅改变了巴西在气候变化、多边主义、全球发展合作、发展中国家身份等多个方面的长期政策，而中巴两国在上述议题领域长期以来有很深的合作和一致立场。这表明巴西新政府试图重新界定巴西的国家定位，对巴西的内外政策已经开始进行较为深度的调整，这必然对中巴两国双边关系发展和多边框架下的中巴合作产生巨大影响。

一、莫朗副总统访华及巴西新政府试水对华政策

2019 年 5 月 19 日，巴西副总统莫朗抵达中国，开启为期 6 天的正式访问，博索纳罗政府对华政策趋向及中巴关系未来发展的态势开始明朗。莫朗副总统访华，有巴西新政府试水中巴关系未来发展的性质，但也以实际行动从多个方面释放了新政府重视对华关系的积极信号。

首先，莫朗副总统在巴西新政府中地位特殊，属于巴西历任副总统中在政府内拥有较大实际影响力的一位，甚至在多个方面会对博索纳罗总统起到牵制作用。作为新政府中重视发展对华关系，尤其是双边经贸合作的重要高级官员，此次访问更多是在巴西新政府最终确定对华政策前进行“调研”和沟通，也是积极支持发展对华关系的务实合作派做出的重要努力，正如莫朗副总统在来华前接受采访时所说，这一次不会签署双边合作协议，仍待博索纳罗总统访华时再确定。

其次，为期时间长，近一周的时间和中国领导人进行深入的交流，并举行中国—巴西高层协调与合作委员会多场会谈和有关经贸活动，这说明巴西新政府已经充分认识到中巴关系对于巴西的重要性，巴西无法承担中巴关系发生重大倒退的代价。巴西新政府希望通过此次访华，能够在正式确定对华政策之前，先在一定程度上稳定双边关系的大局。但即使如此，仍不能完全判定巴西新政府的对华政策已经确定，仍需等到博索纳罗总统访华和习近平主席赴巴西参加金砖国家领导人会晤，两国领导人经过更充分沟通和交流之后才能基本定型。

再次，积极发展对华关系是巴西国内舆论的主流，因此博索纳罗总统之前对中巴关系造成损害的一些言论引起了巴西国内多个社会阶层的困惑和不满，特别是巴西经贸界更是深感忧虑。中巴双边贸易额在 2018 年已经超过 1000 亿美元，中国长期处于巴西第一大贸易伙伴的地位，中巴经贸关系对于巴西经济实现复苏具有极其重要的拉动作用。虽然博索纳罗总统和巴西新政府多次表示将大幅度调整对外政策，特别是要向美国有所倾斜，但作为在拉美地区和全球都具有重要影响力的大国，巴西不会完全追随别国的对外政策，政府的内外政策必须基于国家自身利益。

巴西国内积极支持发展对华关系的阶层对此次莫朗副总统的访问非常期待，认为这对将中巴关系带入全面健康发展的轨道至关重要。此外，巴西国内也希望通过莫朗副总统的访问，通过与中国领导人的多场会晤和召开中巴高委会等，能够让中国更为全面地认识和了解巴西新政府的对华政策，从而降低新政府内激进派给中巴关系带来的负面影响。

最后，巴西认识到“一带一路”倡议在中国对外政策中的重要性，也更清楚地感受到参与“一带一路”建设是巴西经济发展的重要机遇，尤其是中国长期处于巴西第一大贸易伙伴的地位，这一点对于志在实现经济复苏的巴西新政府而言尤为重要，因此莫朗副总统表示期待中国邀请巴西参与建设“一带一路”。总体而言，巴西国内主流舆论将“一带一路”倡议视作巴西的重要机遇，认为巴西应该积极参与“一带一路”建设，这主要得益于紧密的中巴双边经贸合作所起到的稳定作用。巴西认为“一带一路”的核心是经贸合作，作为一项由巴西最大贸易伙伴提出的全球经济合作倡议，巴西不能错过。此外，巴西也感受到了拉美和加勒比地区其他国家带来的竞争压力，特别是阿根廷、智利、秘鲁等国积极推动自身发展战略和“一带一路”倡议对接，也给巴西实现在本地区起引领作用的目标带来了压力。巴西要通过更积极地参与“一带一路”建设，把自己打造成为“一带一路”与拉美地区对接的重要支点。但就巴西参与“一带一路”建设这一议题，中国已经多次表明，包括巴西在内的拉美地区是“一带一路”的自然延伸，巴西若希望尽快搭乘“一带一路”发展的快车，应该采取更加积极的方式，提出更加务实的对接方案。

二、元首外交与 2019 年中巴关系发展

虽然 2019 年是巴西新政府上台之后中巴关系重新起航的时刻，充满了变数，考验着中巴全面战略伙伴关系，但实际上在 2019 年，中巴领导人至少进行了四次会晤，有机会直接进行沟通交流，对中巴关系发展做出政治决断和战略引领。除了莫朗副总统访华、博索纳罗总统访华和习近平主席赴巴西参加金砖国家领导人会晤之外，博索纳罗总统和习近平主席还在二十国集团领导人大阪会晤期间会面，一起参加了金砖国家领导人非正式会晤。

元首外交在中巴两国关系中起到重要的政治引领作用，中巴两国领导人保持高频度的会晤，将为两国政府实现政策交流、消除误解、增进互信提供非常有效有利的平台。

此外，也可以看到，中巴合作建立了全面有效的框架，不仅有双边的互访，还有包括金砖国家领导人会晤和非正式会晤、二十国集团领导人峰会等多边场合，为中巴两国领导人实现沟通提供了非常宝贵的平台和机遇。可以说，中巴作为在各自地区和世界范围内都具有重要影响力的大国，积极推动全面战略伙伴关系发展，对于两国、各自所在地区和全球事务都有非常重大的意义。

第七章

印度与其他金砖国家合作

印度是当今世界经济增长速度较快的新兴经济体之一，是在南亚地区最具影响力的区域大国。印度自独立以来就确立了成为“有声有色的世界大国”的战略目标，因此，作为金砖国家合作的创始成员国，印度把参与金砖国家合作看作提升自身全球影响力、巩固印度作为发展中世界具有引领作用的大国的重要平台。印度先后于 2012 年和 2016 年在新德里和果阿作为轮值主席国举办了金砖国家领导人会晤，新开发银行是金砖国家合作所取得的最重要成果之一，这一倡议就是在新德里峰会期间由印度作为轮值主席国所提出的。随着印度自身国家实力的上升和近年来的快速发展，印度参与全球治理和金砖国家合作的自信心进一步上升，表现更加积极活跃，希望在金砖国家中能够获得更大的发言权和影响力，为印度的内外政策目标提供更大的实现空间。

印度的全球大国之路：做一个有声有色的世界大国

1944 年，日后成为印度首任总理的尼赫鲁被英国当局关押在狱中。作为印度独立运动主要领袖之一，尼赫鲁认真思考了印度辉煌的历史、正在经历的现实，并对未来独立后的前景进行了畅想。在狱中的尼赫鲁写了《印度的发现》（*The Discovery of India*）一书，明确提出了印度的全球大国梦想，认为印度必须做一个“有声有色的世界大国”。

一、印度的全球大国梦想：“有声有色的世界大国”

以尼赫鲁为代表的印度精英认为，“在印度洋地区，在东南亚一直到中亚细亚，印度将要发展成为经济和政治活动的中心。在那个将要迅速发展起来的世界的一部分，它的地位在经济上和战略上是重要的”，“印度以它现在所处的地位，是不能在世界上扮演二等角色的，要么就做一个有声有色的大国，要么就销声匿迹”。

（一）印度全球大国梦想的内涵

印度上层精英社会认为印度是注定要在世界舞台上扮演重要角色的。印度获得独立后，1947 年 12 月 4 日，尼赫鲁在向印度制宪会议发表的演讲中明确提出：“我们的主要目标是要把印度人民的生活水平全部提高起来，在心理和精神方面，当然还有政治和经济方面。”把印度建设成为一个强大、统一、受国际社会尊重并发挥重要作用的世界级大国，成为印度社会的梦想。

以尼赫鲁为代表的印度精英阶层为印度规划设计的梦想，在印度独立后内容日益丰富，并在印度进行国家建设的过程中付诸实践。作为独立印度的主要设计师、宪法的制定者、民族团结和工业化的推进者，除甘地外，没有哪一个印度人像尼赫鲁那样对印度国家的定位和未来、人民的心灵和思想产生过如此深远的影响。尼赫鲁成为印度全球大国梦的最主要设计师，也是实现这一梦想的最重要领导者。印度的全球大国梦想深深地打上了尼赫鲁的印迹。

归纳而言，印度全球大国梦主要内涵即建设一个强大、统一的印度，使其成为一个受到国际社会广泛尊重并发挥重要作用的有声有色的世界大国。为了实现成为世界级大国的梦想，印度的几代政治领袖都做出了巨大努力。冷战期间，由尼赫鲁所开创的印度外交使印度在冷战时期的全球政治中获得了远超其现实国力的地位。冷战结束后，随着经济的快速增长、军事能力的稳步提升、区域和全球外交的渐入佳境，印度更加坚定了其成为全球大国的决心。

（二）印度追求全球大国地位的渊源

以尼赫鲁为代表的印度精英阶层始终坚定地抱持印度必须成为一个有声

有色的全球大国的梦想，其直接原因是印度的古老文明在被英国进行了长达两百年殖民统治后所产生的“应激反应”，认为西方大国之所以能够在这个东方古国为所欲为，就是因为印度不够强大，在西方主宰的国际体系中没有地位。所以，高度的民族自尊心与自豪感、执着地谋求世界大国地位成为印度必须达成的目标，是印度大国之梦在对外事务中的体现。

此外，印度辉煌的文明和历史、稳定的民主政治体制、日渐强大的国家实力是印度全球大国梦的根源。印度是世界四大文明古国之一，具有辉煌灿烂的历史。印度领土广阔，人口众多，自然资源丰富，在亚洲尤其是南亚地区具有重要的地位。印度人民具有强烈的自豪感，争当世界大国的观念已经成为其民族意识中的一种集体意志，甚至可能已超越利益得失的单纯算计。尼赫鲁本人将印度人对全球大国梦想的追求归结为印度历史与精神的内在产物，他自己只不过是这一政策的代言人而已，认为“这内在于印度所处之环境的政策，内在于印度对历史的思考中，内在于印度的全部精神理念中，内在于印度人民争取自由之斗争的意志条件中，内在于今日之世界的环境中”。

纵观印度独立半个多世纪以来的内外政策，建设强大统一的民族国家、领导不结盟运动、追求拥有核武器和力争成为联合国安理会常任理事国是印度谱写全球大国乐章的“四重奏”。

二、印度全球大国梦的起步：建设强大统一的多民族国家

相较于同时期其他诸多国家，独立之初的印度享有独特的优势。综观当时的世界形势，由于没有直接承受“二战”的惨烈伤害，印度的国力在世界范围内都算得上是一个强国，“具备了大国的所有特点：它的幅员、它的自然资源、它的充足的硬通货储备——英国在战争时期欠下了巨额债务——为印度提供了雄厚的资金基础，以及更重要的是印度的军事力量”。

印度从独立以来就坚定地建立并维持了民主政体，在促进社会平等、公正等方面取得了重大成就。独立以来，印度维持了稳定的民主政治体制，创造了“民主政治奇迹”，也一直自诩是世界上最大的民主国家，这也成为印度全球大国梦的重要支撑之一。尽管在过去几十年中，人们对印度这么一个多民族并具有严格等级社会结构的农业社会实行民主制度疑虑重重，印度的民

主制度要么被认为是不真实的，要么被认为随时都行将崩溃，然而，独立以来，印度进行过近 20 次周期性的全国大选，所有的政治官职均实行开放竞争，所有成年人都能得到选举权。印度民众享有富于活力的言论、集合和结社的自由，拥有较大的表达政治观点的空间。印度建立了政治化程度颇高的政府，党政分离、司法独立、军人不干政得到较为有效的推行，在法律面前人人平等的原则以及法律对行政的监督得以强化。颇具代表性的是印度历史最为悠久的全国性的政党——国大党早已和平地经由民主选举的程序下台和上台。正是从这些程序性和政治概念的意义上来说，印度在过去较为成功地实行了具有自身特色的民主制度。正如圣雄甘地所说，在印度，“最贫苦的人也将感觉到这是他们的国家……人民之中将没有高贵的阶级和低贱的阶级……所有的公共团体都生活得十分融洽……妇女和男子享受同样的权利……这就是梦想中的印度”。

印度独立后把建设独立自主、强大的国家作为主要目标，尼赫鲁曾指出，印度当前的主要任务包括“结束贫穷、愚昧、疾病和机会不平等”。历届政府都把发展经济摆在首要位置，其重要着眼点之一就是增强国力，向成为世界大国的目标迈进。尤其是 20 世纪 90 年代推行改革政策以来，印度的经济焕发了青春，发展迅速，保持了 6%左右的年均增长率，经济实力大为增强，对外贸易快速增长。

如果说尼赫鲁当年所定的做有声有色大国的目标还带有理想主义色彩的话，那么，近年来，“将印度建设成世界经济大国和发达国家”已经成为印度政府和人民一致的追求，今日印度的发展使人们已经依稀看到了一个世界大国的轮廓。

三、印度全球大国梦的预演：领导不结盟运动

发起、共创和长期领导不结盟运动是独立后印度为成为全球大国所进行的持续努力，也是其全球大国角色的预演。相当长时期内，不结盟成为印度对外政策的基本框架和重要内涵。然而，全球大国地位是以政治、经济、外交和军事实力等为主要因素的综合国力所决定的，印度离稳立于世界大国之列的国家战略目标实际还很遥远。长期殖民统治所带来的创伤、经济体制的

僵化、机构重叠和庞大低效的体制等因素，严重阻碍了印度经济与军事实力的提高。

但在印度的政治精英看来，全球大国梦并非遥不可及，而是印度必须立刻着手去实现的任务。尼赫鲁等印度领导人通过不结盟运动使印度获得了与其国家实力不对称的、较高的国际地位和国际影响力，为印度在国际体系中谋求了一个新的地位，即努力塑造印度在后殖民主义国家及广大的第三世界国家中的某种领导地位，开创所谓“第三条道路”，成为独立于苏联和美国为首的东西方两大阵营的重要国际力量，开拓印度实现全球大国梦的独特路径。

（一）不结盟政策与印度大国梦

不结盟政策的基本含义就是印度要奉行独立的外交政策，不依附于任何国家和国家集团，其核心内容可以归纳为：不与冷战对立集团，特别是军事集团结盟；根据自身的价值判断，保持独立性以及同所有国家友好相处。① 这也充分体现了印度对自身在国际体系中世界大国地位的规划。正如尼赫鲁所言，印度必须“作为一个自由的国家奉行自己的政策，而不是去当其他国家的卫星……因此，独立后的印度要尽可能脱离集团强权政治，不走与一个集团结盟反对另一个集团的道路”。

印度将不结盟政策定位为国家战略，同其全球大国梦具有密切关联。

首先，从印度国内因素来看，印度民族众多，地区差异明显，历史和文化原因造成的社会分化较为严重，要建立一个统一团结的印度，其难度可想而知，而这恰恰又是成为全球大国的基石。换言之，没有一个内部统一、对外一致的国家，就谈不上强大统一的多民族现代国家，更难以实行独立自主的外交政策。独立初期的印度，全社会在一系列问题上没有达成共识，内部存在着受两大阵营意识形态影响的对立观点，如果跟随任何一方走得太远，势必在国内引起分裂，而不结盟立场容易为各方所接受，在国内会有比较广泛的社会基础。

其次，新独立的印度，也要求有一个和平的环境发展经济，人民群众更希望过上和平安定的生活。印度在近代史上遭受了西方列强的欺辱，长期的

---

① 黄正柏．试论尼赫鲁时期印度的不结盟外交［J］．华中师范大学学报，2011（6）：92-94.

殖民统治和剥削也严重削弱了其社会和经济发展，整个社会百废待兴。尼赫鲁清晰地认识到，虽然印度国土广袤、人口众多，但是落后的经济实力是印度追求世界大国地位的“阿珂琉斯之踵”，和平稳定的环境成为经济发展的重要前提。独立之后的印度战略地位重要，在国际舞台上的独特地位使得东西方两大阵营都对其极力拉拢。印度在国际体系中处于一个相对比较好的位置，可以充分利用这一点为自身赢得有利的发展环境，但同时这也使印度自认为能够以世界大国自居而游走于国际舞台之上。

（二）印度不结盟运动的外交实践

印度外交秉持不结盟的理念，开展了一系列较有成效的实践。

一是积极参与朝鲜战争问题的解决。在朝鲜战争中，印度独立自主地参与国际事务，没有一味盲从美国，屈服于大国压力，而是从自身的战略利益出发，在促成朝鲜战争和平谈判时起到重大的作用。朝鲜战争爆发后，才取得独立不久的印度就做出了积极的反应。1950 年 7 月 13 日，尼赫鲁分别致电斯大林和艾奇逊，要求早日开展斡旋，以图和平解决朝鲜战争，避免更大的流血冲突。印度还强烈谴责美国在朝鲜战场上的大肆狂轰滥炸。

二是提倡和平共处五项原则。1954 年 6 月，周恩来访问印度，尼赫鲁和周恩来发表了载有“和平共处五项原则”的联合声明，为两个邻国如何相处找到了全新的方式。为了推动亚非国家合作的进一步发展，印度与锡兰（今斯里兰卡）、缅甸、巴基斯坦和印度尼西亚等国共同发起并于 1955 年召开了著名的亚非国家万隆会议，并顶住美欧等国压力，邀请中国参加。这在很大程度上提高了印度在亚洲民族解放运动中的地位和作用。

三是支持中国恢复在联合国的合法席位。印度是非社会主义国家中最早承认新中国并建交的国家，长期主张恢复中华人民共和国在联合国的合法席位。1950 年 12 月，印度在联合国大会提出“13 国提案”，主张要在联合国框架内解决朝鲜战争问题，并恢复中华人民共和国在联合国的合法席位。此后印度连同苏联、阿尔巴尼亚等国以各种方式不断提出这一问题。1971 年 10 月第 26 届联合国大会就“恢复中华人民共和国在联合国组织中的合法权利问题”进行表决，印度对此表示支持并投票赞成。

四是推动七十七国集团的发展。1964 年 6 月，在日内瓦召开的联合国第一届贸易和发展会议上，77 个发展中国家和地区发表《七十七国联合宣言》，要求建立新的、公正的国际经济秩序。不结盟运动积极支持七十七国集团的主张，要求维护发展中国家的独立和主权、建立国际经济新秩序，加强发展中国家在国际经济领域的合作。作为不结盟运动的领导国家，同时也是七十七国集团的重要成员，印度在其中发挥了重要作用。

印度实行不结盟的外交政策，虽然不能弥补自身力量的不足，但毕竟是对自身实力有限这一现实的调适，维护了印度在对外关系中的独立性。印度在不结盟运动中处于领导国的地位，为其逐步成为世界大国、承担更多的国际责任、发挥更大作用积累了诸多宝贵经验。

四、印度全球大国梦的升级：核武器的国家地位

印度高度重视核武器在国际关系中的作用，认为拥有核武器是全球大国地位的重要象征。做一个有声有色的世界大国是印度的长远目标，印度国内社会精英和公众舆论强调拥有核武器与大国身份认同之间存在必然的联系，认为跻身核国家行列是成为世界一流大国的必备条件，对核武器的追求一定程度上成为国家荣誉和地位的保障。印度还注意到，联合国安理会现任五个常任理事国同时也是五个公开声明拥有核武器的国家，这一切促使他们相信，对于想在世界上发挥作用的大国来说，核武器必不可少，核武器更是一种政治工具。印度前总理瓦杰帕伊说：“我四十余年来始终支持印度成为核国家这一伟大事业，从任何意义上说，印度有它过去的辉煌和对未来日益强大的追求。”

20 世纪 90 年代启动的经济改革和对外开放使印度经济发展生机勃勃，信息技术成就瞩目，自身实力的增强也减轻了印度对外援的依赖，印度的综合国力和国际地位得到明显提升，极大激发了印度对自身崛起的强烈愿望和从未有过的自信心，使其对世界大国地位的追求更加强烈，也具备了一定的客观条件。

尼赫鲁时期，印度就认识到核武器对印度追求世界大国地位的重要性。尼赫鲁强调印度一定要拥有自己独立开发核能的能力，不能完全依靠其他国家，“如果印度受到威胁，它将不可避免地使用一切手段来保卫自己”。“核能

开发具有政治上的含义……如果在这一领域太依赖别人，那么，不可避免地，这种依赖将影响我们，也就是别人可能企图通过这种依赖来影响我们的外交政策或其他政策”。基于对核技术尤其是核武器在大国外交和大国地位中所展示出的独特地位和作用，尼赫鲁制定了一种“模糊性”核政策：一方面，印度在国际舞台上提出必须和平利用核能，反对核军备竞赛，抵制核武器；另一方面，印度对核能的军事应用保持特别的关注，成立国家原子能委员会，加大对民用核能技术研究的投入，强调在独立自主和自力更生研发核技术的前提下，兼顾国际合作。[①]

1964 年，世界上已经出现 5 个公开的核武器国家，当时印度实际上已经掌握了相当成熟的核技术，成为世界上能够从用过的核原料中提出钚的国家之一。1974 年，英迪拉・甘地时期，印度首次进行了实验室级的核武器试验。面对强大的内外压力，印度仍然认为，拥有核武器是成为世界大国的必然途径，保留核选择的决定是完全符合印度国家利益的。1974 年的核试验，进一步彰显了印度成为全球政治大国的雄心，但不得不承认的是，印度所拥有的国家实力仍难以完全支撑其全球政治大国梦想。

经过了 30 多年的核武器“模糊政策”，印度政府终于决定选择使用自己的核武器开发权了。1998 年 5 月，印度连续进行了五次核试验，标志着印度核武器发展政策的一次根本性转变，也在印度走向全球大国的道路上写下了浓重的一笔。虽然处于美国和西方国家的重压之下，但是印度并没有改变核武器政策。随着 2000 年 3 月克林顿访印，美国基本放弃了此前迫使印度停止开发核武器的政策目标。印度在这轮外交斗争中取得的胜利为印度在国际舞台上奠定大国地位打下了扎实的基础，成为印度崛起的一个重要体现。

2005 年 7 月，时任印度总理辛格对美国进行访问，取得了重要成果，与美国达成了《民用核能合作协议》，具有重要的里程碑意义，是印度朝合法核武器国家迈进的重要一步。印度获得的国际社会认同，使印度成为和联合国安理会五大常任理事国一样的所谓“合法的”核武器国家，在这个基础上，印度朝其梦寐以求的世界大国地位又靠近了一步。

核武器国家身份对印度全力追求的大国地位有着无可置疑的重要作用，

---

① 宋海啸．印度对外政策决策——过程与模式［M］. 世界知识出版社，2011：177-178.

加速了印度成为军事大国的步伐。随着印度的核国家地位得到国际社会的接受与认可，印度在追求世界大国地位的道路上更加自信满满。[①]

但是，印度拒绝加入《不扩散核武器条约》和《全面禁止核试验条约》，对印度大国地位形成了一定的负面影响。因为，在国际社会成员看来，一个世界大国或安理会常任理事国，首先应该是一个负责任的大国，需要遵守和维护国际制度、国际规范，而核不扩散机制是当前国际体系的重要组成部分。如果印度因为核不扩散机制对其政策目标有所约束而拒不加入，对其塑造负责任大国的努力将是一个重大冲击，从而无法被国际社会所接受，也有可能成为印度大国战略今后面临的重要挑战之一。

五、印度全球大国梦的标志：联合国安理会常任理事国

成为联合国安理会常任理事国是印度确定的全球大国地位实现的最终标志。尼赫鲁认为："无论印度能否成功进入安理会，我以为我们在一开始就应该坚持这个态度。印度在任何关于安全问题的委员会中都必须占有一个主要的位置……印度成为安理会的成员乃是理所当然的事。"

从联合国成立之初，印度就孜孜不倦地寻求获得安理会常任理事国席位。在1945年4月举行的英联邦国家会议上，印度代表提出在拟议中的联合国安理会获得常任理事国席位的要求，理由是印度是亚洲大国，而且在战争中做出了很大的贡献。印度的要求在后来的旧金山会议上还得到了加拿大、南斯拉夫、澳大利亚等国的附议，但最终失败。

尽管如此，印度仍表示对联合国"全心全意的合作和毫无保留的支持"。联合国成立早期，印度成为亚非国家在联合国的代言人，加之对联合国的财政贡献和语言优势，印度在联合国享有很高的地位。其积极参加联合国的行动，支持联合国的多项议题，大力支持联合国采取集体行动和多边方式应对全球性问题。印度曾经是联合国全面和彻底裁军目标的积极支持者，是联合国维和行动较早、较大和一贯的参与者之一。印度自20世纪50年代起就参加联合国维和行动，迄今已参与了40多项维和行动，派遣了近10万名维和士兵，目前派遣的联合国维和人员数量居世界第三位。印度虽不是安理会常

① 赵恒．印度核政策的历史分析［M］．安徽大学出版社，2007：114-115.

任理事国，但曾 7 次担任非常任理事国，逐步积累了在安理会的工作经验。经过多年的外交努力，印度在联合国和国际舞台上发挥更大作用的愿望也得到了多个世界大国的理解和支持。

在 1994 年的联合国大会上，印度总理宣布已经具有成为世界大国的重要条件，理应得到国际社会的承认，首次正式提出印度要争取成为联合国安理会常任理事国。随着 1998 年进行核试验成为事实上的核国家，印度进一步加快了争取安理会常任理事国席位的步伐，成为日本、印度、德国、巴西组成的四国集团中最为积极的行动者。

但是，印度成为安理会常任理事国的道路仍然面临诸多困难和障碍。首先，安理会改革的复杂性。安理会改革涉及类别（常任理事国和非常任理事国）、否决权、地区代表性、规模及工作方法、安理会同联大关系等问题。因此，在安理会改革问题上，四国集团、非洲国家、团结谋共识运动、五常、小五国（瑞士、新加坡、约旦、哥斯达黎加和列支敦士登）都有自己的利益、考虑和方案。[①] 其次，印度自身存在一定的问题。印度国内面临着贫困、土地、女性地位、种姓制度、教派冲突等较为严重的社会问题；与南亚其他小国也存在各种矛盾和争端，成为其外交上的一个“短板”；印度长期游离于国际防核扩散机制之外，对印度的国际形象和国际地位产生消极影响。最后，地区性国家的反对。在印度同德国、巴西、日本组成四国集团共同“争常”的过程中，巴基斯坦、意大利、阿根廷、韩国等国组成的“团结谋共识”运动激烈反对。

印度孜孜不倦地寻求加入安理会常任理事国，是其立志做有声有色的全球大国的一个反映。而印度自身国力相对快速的增长及其对国际政治经济可能产生的影响，以及由此带来的国际地位的提升，则是印度朝世界大国目标逐步前进的基础。

六、印度追求全球大国地位的启示

成为全球大国，一直是印度憧憬的目标，“印度是不能在世界上扮演二等角色的。要么做一个有声有色的大国，要么销声匿迹”。跻身世界大国行列是

① 陈东晓．美国国际体系观的演变及其内涵［J］．现代国际关系，2008（1）：9-11.

印度领导人制定内外政策时最深层的意识，是印度国家战略的最高目标。迄今为止，印度的全球大国梦尚未完全实现，或者还处在实现的途中。其为追求大国地位所走过的波折历程，蕴含着众多启示值得我们思考。

第一，精英与民众的脱节。以尼赫鲁为代表的印度精英阶层对于印度全球大国梦的构想、设计起到了关键作用，并在实践过程中扮演了领导者的角色。但印度社会精英阶层同民众的认知之间却存在较大的脱节，忽视了普通民众更为关切的诸如经济发展、社会公正等问题，也就无法获得民众的全面有力支持。

第二，国内与国际两个维度的脱节，特别是忽视了经济发展的基础地位。独立伊始，刚摆脱殖民统治的印度社会经济衰败、国内矛盾重重，印度领导人非常清楚印度面临的主要问题是国内团结和国家建设与经济发展。但为了得到所谓世界大国的地位，尼赫鲁及其之后的各届印度领导人在执政实践中都将外交作为国家的“重中之重”，其投入超出了正常比例，占用了过多的本可用于支持国内建设的资源，透支了国力，也就使得印度的全球大国梦因为缺乏强大的国力支撑而变得无力。印度的这一教训让我们认识到，国家实力是决定一国在国际体系中地位的基础性因素，只有以经济实力为基础的综合国力强大，国家的外交才能因获得强有力支撑而更加灵活有效地展开，否则苦苦追求全球大国地位的梦想终将成为脱离实际的空中楼阁。

第三，国际目标规划与现实的脱节。基于对国力的过度自信，以及对自身所谓“世界上最大民主政体”的认知，印度精英好高骛远，一直对印度的力量和地位做出超乎实际的估计，在各个历史时期都提出了高于现实国力和发展阶段的目标。印度早在1945年4月举行的英联邦国家会议上就要求获得联合国安理会常任理事国的席位。冷战期间，印度不甘居于两大阵营任何一方，而要争当广大第三世界国家的领袖，试图以某种间接的方式，提前实现印度的“全球大国梦”，并与印度尼西亚等国激烈竞争不结盟运动的领导地位。冷战结束后，不结盟运动归于沉寂，印度又转向积极争取联合国安理会常任理事国的席位。

第四，周边外交利与义的脱节。作为南亚次大陆重要的大国，印度毫不讳言把南亚视为其势力范围，力图建立印度主导的地区格局。印度长期以来同巴基斯坦等邻国关系紧张，挑起三次印巴战争，吞并锡金，随意干涉斯里兰卡、不丹、马尔代夫等中小国家内政。周边外交的缺失使印度的国际形象和地位都受到很大损害，对其极力倡导的独立自主外交政策和不结盟政策形成了冲击，其国内经济发展也受到很大的牵累，成为印度发展的重大障碍之一。

为了能实现全球大国的梦想，印度通过加强国内建设来提升国力，从而夯实成为全球大国的基础；通过领导不结盟运动以提高在第三世界的地位，迈出走向世界大国的第一步；拥有核武器进一步增加了印度成为世界大国的砝码。现在，“印度把获得联合国安理会常任理事国席位当作衡量世界大国的一个尺度”。其实，世界大国并不仅仅是一种权力、地位和影响力的象征，也意味着更多的义务、责任和贡献。从这个意义上说，要真正成为世界大国，印度要做的还有很多，真正实现愿望前可能还有很长的道路要走。总而言之，虽然面临一定的挑战，但谋求全球大国地位是印度立志实现的国家梦想，虽然路途坎坷，但印度仍将继续为此付出巨大的努力。

金砖国家合作与印度成为世界大国的演进路径

成为全球政治大国一直是印度憧憬的目标。印度首任总理尼赫鲁在《印度的发现》一书中就明确写道：“印度以它现在的地位，是不能在世界上扮演二等角色的。要么做一个有声有色的大国，要么销声匿迹。”跻身世界大国行列是印度对外战略的最高目标，是印度领导人制定内外政策时最深层的意识。金砖国家合作，也许能为印度走向政治大国另辟蹊径。

一、印度走向政治大国的“三步”

早在印度摆脱英国殖民统治获得独立之前，尼赫鲁就提出印度要做一个“有声有色的大国”，在印度洋地区，从东南亚一直到中亚和西亚，印度要发展成为“经济和政治活动的中心”。以尼赫鲁为代表的印度精英认定印度是注定要在世界舞台上扮演重要角色的。独立后，尼赫鲁提出要把印度建成一个强大、统一、受国际社会尊重并发挥重要作用的世界大国。作为印度独立后的首任总理和外交部长，在长达 17 年的时间里，尼赫鲁确立并主导了印度的外交政策，而且事实上，尼赫鲁的政策并没有随着他的离世而被新的政策所取代。由他所开创的印度外交使印度在冷战时期的全球政治中获得了远超其实际国力的地位。冷战结束后，随着经济的快速增长、军事能力的稳步提升、区域和全球外交的渐入佳境，印度更加坚定了其成为世界政治大国的决心。

纵观印度独立以来的外交历程，领导不结盟运动、拥有核武器和争取“入常”是其走向世界大国的“三步”。

（一）领导不结盟运动，积累印度成为政治大国的经验和影响力

1956 年 7 月，尼赫鲁同铁托、纳赛尔就发起不结盟运动进行了磋商，迈出了不结盟国家开展国际合作的第一步。在尼赫鲁等人的积极推动下，1961 年 9 月，首届不结盟国家政府首脑会议在贝尔格莱德举行，之后其规模逐步发展壮大，成为冷战期间国际社会中不可忽视的一股力量，对国际事务产生越来越大的影响。

印度不结盟政策的基本含义就是要奉行独立的外交政策，不依附于任何国家和国家集团，这充分体现了尼赫鲁对印度在国际体系中获得世界大国地位的理想。尼赫鲁认为，印度在国际事务中必须“作为一个自由的国家奉行自己的政策，而不是去当其他国家的卫星……因此，独立后的印度要尽可能脱离集团强权政治，不走与一个集团结盟反对另一个集团的道路，这种结为集团的做法过去给世界带来了战争，今后可能引发更大的灾难”。印度外交长期秉持不结盟的理念，开展了一系列较有成效的实践。

发起、共创和长期领导不结盟运动是独立之后印度在外交政策领域的最重大成果之一。长期以来，它是印度外交政策的基本框架和重要内涵，也是当今印度外交的基本特点之一。尼赫鲁通过不结盟运动使印度获得了与其国家实力不对称的、较高的国际地位和国际影响力，为印度在国际体系中谋求到一个新的地位，即努力塑造印度在后殖民主义国家及广大的第三世界国家中的某种领导地位，开创了所谓“第三条道路”，成为独立于以美国和苏联为首的东西方两大阵营的重要国际力量，开拓了印度走向全球政治大国的独特路径。

（二）拥有核武器，增加印度成为政治大国的实力和资本

核能研究在独立后的印度科技发展政策中具有特殊的地位。尼赫鲁强调："核能开发具有政治上的含义……如果在这一领域太依赖别人，那么，不可避免地，这种依赖将影响我们，也就是别人可能企图通过这种依赖来影响我们的外交政策或其他政策。"

1974年，英迪拉·甘地政府首次进行了实验室级的核武器试验，宣称"是印度和平利用核能的绝对重要的一步"。面对由于核爆所带来的政治、经济压力，以及来自核武器大国和国际社会的压力与制裁措施，印度政府仍然认为，拥有核武器是成为世界大国的必然途径，印度必须拥有开发核武器的权力。

1998年5月印度连续进行了五次核试验，印度政府终于决定选择使用自己的核武器开发权了。这标志着印度核武器发展政策的一次根本性转变，也在印度走向全球大国的道路上写下了浓重的一笔。印度以《不扩散核武器条约》非签署国的地位强行启动核试验，完成了从核门槛国家到事实上的核武器国家的进程，短期内遭到了国际社会的强烈谴责和制裁，但是这种谴责和制裁很快就结束了，国际社会对印度核国家地位也逐步默认，随着2005年印美核协议的签署，美国在事实上接受了印度拥有核武器的现实。

在确保印度已经取得的事实核武器国家地位的前提下，获得国际社会的认同，使印度成为和联合国安理会五大常任理事国一样的所谓"合法的"核武器国家，在这个基础上，印度将可以获得其梦寐以求的世界大国地位。印美核技术协议的签署为印度实现实际拥核国到合法拥核国的质变创造了条件，为印度追求世界大国地位奠定了基础。

长期以来，印度将核武器国家身份同世界大国地位紧密相连，但是，正如印度著名经济学家、诺贝尔奖获得者阿玛蒂亚·森所说："倘若一个国家能够凭借核爆炸进入理事会，那就会刺激其他国家如法炮制。"在国际社会成员看来，一个世界大国或安理会常任理事国，首先应该是一个负责任的大国，需要遵守和维护国际制度、国际规范，而核不扩散机制是当前国际体系的重要组成部分。如果印度因为核不扩散机制对其政策目标有所约束而拒不加入，对其塑造负责任大国的努力将是一个重大冲击，从而无法被国际社会所接受，也有可能成为印度大国战略今后面临的重要挑战之一。

（三）跻身安理会，实现印度成为政治大国的目标和梦想

1945年联合国成立时，印度还没有独立。但英属殖民地印度是世界反法西斯战争的组成部分，是1942年1月1日《联合国家宣言》的签署国，也参加了1945年4月至6月在美国旧金山召开的联合国成立大会。因此，印度也是联合国的创始会员国。此外，从人口、面积和历史传统来看，印度可以称得上是一个大国。在独立之初，印度的人口已达3亿以上，仅次于中国。

联合国成立之初的印度，相较于当时其他很多国家而言，享有独特的优势，在世界范围内都算得上是一个强国，这成为印度追求大国地位的完美注脚。但上述因素并没有整合和转化为一种政治力量，印度在联合国并不享有大国地位。当时，“联合国多数成员国更倾向于把印度视为英国前殖民地之一”，在国际上代表它的是英国，印度根本不可能在这个当时具有伟大创新意义的国际机构中争取到一个安理会常任理事国的席位。尼赫鲁对于印度是否应力争联合国安理会常任理事国席位的看法典型地反映了当时印度精英对印度大国地位的想法，他坚定地认为，“无论印度目前的地位如何，它肯定是一个潜在的大国……印度的重要性对亚洲的任何安全设想都是不可或缺的。从这个角度看，把印度当成小国来对待是荒谬的。无论我们能否成功进入安理会，我以为我们在一开始就应该坚持这个态度，因此，印度在任何关于安全问题的委员会中都必须占有一个主要的位置……印度成为安理会的成员乃是理所当然的事”。

虽然当时印度更重要的使命是争取摆脱殖民统治取得独立，而不是在国际舞台上追求大国地位。但印度精英已经认识到，印度如果要成为一个真正的大国，就必须立刻树立起大国意识，要求其他国家把印度当作大国来看待，无论当时情况如何，印度的大国地位必将获得世界的认可。

刚刚取得独立的印度就表示了对联合国“全心全意的合作和毫无保留的支持”。联合国成立早期，印度成为亚非国家在联合国的代言人，加之对联合国的财政贡献和语言优势，其在联合国具有很高的地位。

印度虽不是安理会常任理事国，但曾7次担任非常任理事国。当然，印度在联合国也有一些失败和不愉快的经历，如1996年竞选安理会非常任理事国失败、1998年谴责印度核试验的安理会第1172号决议、2006年塔鲁尔竞

争联合国秘书长失败、2007 年未能推动印地语成为联合国官方语言之一、多年来争取成为安理会常任理事国的努力受挫。但是，作为世界大国的一个重要表征，安理会常任理事国席位始终是印度追求的一个目标。

二、印度“入常”的努力及其前景

自联合国成立之日起，联合国改革的问题就被提上了日程。联合国改革内容涉及方面甚多，包括秘书处的改革、工作领域的调整、重要组成机构的改革等多个方面，而安理会改革以其对全球安全问题的特殊重要性成为其中的焦点内容。印度和日本、德国、巴西等国要求成为安理会的常任理事国，以反映世界范围内实力分配和权力格局的调整与变化。

在 1994 年的联合国大会上，印度总理首次正式提出印度要争取成为联合国安理会常任理事国。印度领导人宣布，印度已经具备成为世界大国的重要条件，理应得到国际社会的承认。随着印度 1998 年进行核试验成为事实上的核国家，印度加快了争取安理会常任理事国席位的步伐，成为日本、印度、德国、巴西组成的“四国集团”中最为积极的行动者。但是，由于国际社会对于安理会如何改革存在较大分歧，安理会改革一直是“雷声大，雨点小”。

印度孜孜不倦地寻求加入安理会常任理事国，是其立志“做有声有色的全球大国”的一个反映。而印度自身国力相对快速的增长及其对国际政治经济可能产生的影响，以及由此带来的国际地位的提升，则是印度朝世界大国目标逐步前进的基础。而印度经过多年的外交努力，其在联合国和国际舞台上发挥更大作用的愿望也到了多个大国的理解和支持。英国和法国领导人先后明确支持印度成为安理会常任理事国的努力。2010 年 11 月，奥巴马访问印度时首次高调表示美国支持印度“入常”。但是，美国是现有体制的受益者，安理会改革并不是美国外交优先考虑的议程。而且，鉴于印度外交独立性的传统和发展中国家的身份，对于美国是否真的希望印度“入常”还要打上一个很大的问号。因此，美国的表态更多的是一张“空头支票”。

相对于美国的表态，中国对于印度“入常”的立场中肯而一致，即：支持联合国及安理会进行全面改革，从而提升联合国及安理会的效率和效力；在联合国及安理会改革议题上，应充分考虑提升发展中国家在联合国及安理会的代表性和发言权；重视印度在国际事务中的地位和作用，理解并支持印度希望在联合国发挥更大作用的愿望；愿与包括印度在内的其他联合国成员国就联合国及安理会改革问题保持接触。由此可见，中国对安理会改革以及印度申请“入常”的态度是明确的，即最根本的还是需要印度练好“内功”，通过发展增强自身实力，更积极地参与国际事务和承担国际责任，对国际社会做出更多贡献，赢得国际社会特别是广大发展中国家的尊重和支持。

印度的确具有成为世界大国的某些条件。客观地说，虽然从目前的发展水平看，还不能说它已经是名副其实的世界大国，但在某些方面具有优势、潜力和条件也是不争的事实。

首先，印度是文明古国和人口大国。印度是四大文明古国之一，具有文化多样性的特点。印度人口接近13亿，且有超过中国成为世界第一人口大国的趋势。在“人”的要素重要性越来越凸显的全球化时代，人口数量无疑是一个重要的战略资源。

其次，印度具有独特的地理条件。印度所在的南亚次大陆北有喜马拉雅山，南临印度洋，东靠孟加拉湾，西连阿拉伯海，既相对独立又交通方便。印度居于南亚次大陆的中央，面积占南亚地区总面积的3/4，是南亚的“超级大国”。印度洋作为连接太平洋和大西洋、世界经济最活跃的东亚和石油资源最丰富的中东之间的交通纽带，是世界上最繁忙的海上贸易通道之一。这种独特的地理条件可以为印度带来一定的地缘政治优势。

再次，印度是新兴经济体和崛起中的亚洲大国。印度是重要的发展中大国，随着近年的快速发展，已成为新兴经济体的代表之一。2012年印度国内生产总值达到1.9万亿美元，跻身世界前十。在2019年全球经济排行榜中，印度经济规模已经超越俄罗斯和巴西等其他主要新兴经济体，甚至超过英国和法国这样的安理会常任理事国。由中国、俄罗斯、印度、巴西和南非组成的金砖国家作为新兴经济体和发展中国家的代表，不仅在世界经济而且将在国际政治中发挥更重要的作用。

最后，印度具有一定的政治和外交优势。印度自称是世界上最大的民主国家。尽管印度特色的民主制度还存在各种各样的问题，但还是得到西方国家和许多发展中国家的认可与赞扬。印度与主要大国都保持着良好的合作伙伴关系，在发展中国家中也有较高的声望。近年来，印度积极推动南亚地区一体化建设，积极参与地区内、地区间和地区外的对话与合作，并产生良好的效果。

可见，印度的综合国力日益增强，无论是经济、军事或外交等方面都在向成为世界大国的目标前进，国际地位继续提高，印度成为安理会常任理事国的努力也得到了世界上多个主要大国的理解或支持。但是，印度成为安理会常任理事国的道路仍然面临诸多困难和障碍。

首先，安理会改革的复杂性。安理会的组成同国际力量对比与现实出现了越来越大的偏离，需要进行必要的改革，以加强其代表性和公平性，这是国际社会的基本共识。但安理会改革涉及类别（常任理事国和非常任理事国）、否决权、地区代表性、规模及工作方法、安理会同联大关系等问题。常任理事国的安排是历史形成的，而国际力量对比也是会变化的。安理会构成改革涉及现任五大常任理事国各自的战略考量，以及现任常任理事国与潜在候选国之间、潜在候选国之间、潜在候选国与其竞争者之间、上述大国与联合国其他中小会员国之间的错综复杂的关系。

其次，印度自身存在的问题。一是国内问题。其中最主要的是消除贫困和实现社会进步。印度仍有近 1/4 的人口处于贫困线以下，而土地问题、女性地位、种姓制度、教派冲突等都是较为严重的社会问题。二是地区问题。印度和巴基斯坦长期处于对立状态，曾经多次兵戎相见，与南亚其他小国也存在各种矛盾和争端。印度未能利用优势地位和独特影响力对南亚的稳定和发展发挥建设性作用，与邻国的关系成为其外交上的一个“短板”。三是国际问题。印度拒绝签署《不扩散核武器条约》和《全面禁止核试验条约》，长期游离于国际防核扩散机制之外，印度的核武器国家地位也很难获得国际社会的认可。这给印度的国际形象和国际地位带来了消极影响。

最后，地区性国家的反对。巴基斯坦公开强烈反对印度成为安理会常任理事国。在印度同德国、巴西、日本组成四国集团共同“争常”的过程中，巴基斯坦、意大利、阿根廷、韩国等国组成名为“团结谋共识”运动，提出自己的安理会扩大方案，反对“增常”，得到许多中小国家的支持。因此，印度的捆绑式“入常”反而造成了其意想不到的阻力。印度“入常”的梦想要实现，可能需要调整方案、另辟蹊径，而加强同新兴大国的合作、强化发展中国家的身份和认同是最为重要的有效途径。

三、金砖国家合作助力印度成为政治大国

印度寻求世界大国地位的努力取得了很大进展，其主要原因在于印度建立了较为稳定的民主政体，经过几十年的经济建设尤其是20世纪90年代开始的经济改革和对外开放，经济迅速增长，综合国力稳步提升，为印度追求大国地位奠定了坚实的基础。而印度也通过与世界主要大国建立形式多样的战略伙伴关系，开展全方位外交，在世界舞台上处于左右逢源的有利地位。

但是，作为南亚地区居主导地位的国家，印度未能对南亚的稳定和发展起到应有的建设性作用，反而同多个邻国有争端，导致次大陆局势稳定面临一定的挑战。印度长期游离在国际防核扩散机制之外，并公开进行核试验，给国际防核扩散和地区安全带来消极影响，受到国际社会的强烈谴责。各种国内问题也是影响印度走向全球政治大国之路的障碍。

印度在地区和多边合作领域一直比较低调，但对参与金砖国家合作非常积极。金砖国家合作机制是在应对全球金融危机、改革国际经济秩序以及参与全球气候变化谈判的过程中形成的。作为新兴经济体和发展中大国的代表，金砖国家已成为国际力量格局转型的重要一环和全球治理机制的重要组成部分。金砖国家合作是印度成为政治大国的一个重要机遇。

第一，金砖国家合作有助于印度重拾在发展中国家中的地位和影响力。冷战时期，印度作为不结盟运动的发起国和领导者，在发展中国家中有相当的地位和影响力。但是，一方面因为印度自身综合实力有限，无法为其他发展中国家提供必要的技术、资金和援助等，也未能把发展中国家真正团结起来，在国际经济领域争取应有的权利；另一方面，在东西方冷战、美苏争霸的全球格局下，印度专注于国内问题和本地区事务，特别是陷于与巴基斯坦的直接对抗和多次武装冲突之中，未能对地区的安全和发展发挥建设性的作用，因此印度在发展中国家中的地位和影响力缺乏坚实的基础。金砖国家合作机制已成为南南合作的重要平台和南北对话的重要桥梁。在不结盟运动和七十七国集团的影响相对下降的情况下，通过金砖国家这一新的平台和桥梁，印度可以携手其他新兴经济体和发展中大国，共同应对全球金融危机给发展

中国家带来的挑战和困难，改革国际经济秩序以更好地体现发展中国家的力量和利益，在全球问题的治理中彰显发展中国家的话语权。

第二，金砖国家合作有助于印度把经济力量转化为政治和战略力量。印度是世界第十大经济体，有人预测到2050年印度将成为仅次于中国、美国之后世界第三大经济体。在主要经济体中，印度近20年的经济增长名列第二。且印度人口庞大，可能在2020—2030年超越中国成为世界人口最多的国家。但印度仍是低收入经济体，有近1/4人口属于贫困人口。印度经济发展的不平衡和政治、社会的结构性因素制约着印度成为一个真正的经济强国。金砖国家机制不仅是经济合作和交流的平台，也日益成为全球治理中政治协调和战略协作的重要舞台。印度可利用这个平台和舞台，一方面发挥其经济优势和潜力，另一方面弥补其在多边外交领域的不足，把经济力量转化为全球治理过程中进行谈判、增强话语权、设置议程的能力，从而在地区和全球的安全和发展领域施加自己的影响。印度在发展中国家中具有较好的政治基础，与主要发达国家有较好的外交关系，这有利于印度在发展中国家和发达国家之间发挥桥梁作用，成为连接东方和西方、南方和北方、发展中国家和发达国家、强国与弱国的“黏合剂”，印度缺乏的是金砖国家这样的平台机制和战略机遇。

第三，金砖国家合作有助于印度利用集体的力量扩大其全球影响力。印度长期实行不结盟政策，外交上强调独立自主，与其他大国保持一定的距离，同时对地区和多边合作保持低调，加之印度在南亚长期与巴基斯坦对抗，限制了印度在更大范围的亚洲和世界上运用其力量。因此，印度很少对其他地区事务和全球问题发挥其应有的影响。金砖国家代表国际社会的一种新兴力量，在全球竞争中可以抱团取暖，在国际力量格局转换和国际秩序重建中可以互相支持。金砖国家既有发展上的共同特点和诉求，又有各自的优势和难题。印度可借助金砖国家机制进一步挖掘发展潜力、拓展发展空间、提升发展能力，从而增加自己在南南合作和南北对话中的分量，扩大自身在国际竞争和全球治理中的话语权和影响力。冷战时期，印度通过不结盟运动和七十七国集团等获得超过其经济实力的国际政治影响，正是利用集体和整体的力量。金砖国家合作机制同样可以为印度扩大其全球影响提供机会和途径。

第四，金砖国家合作有助于印度实质性地参与全球经济治理。传统的不结盟理念强调国家的独立性和自主性，造成印度对全球治理和全球制度的怀疑。但印度外交的理想主义传统又倡导国际关系的民主化，支持联合国主导的多边全球治理，提出全球核裁军倡议，在世贸组织多哈回合谈判中表现活跃，积极捐助联合国开发计划署，是联合国维和行动的主要派遣国，并积极寻求联合国安理会改革等。不过这些全球治理活动要么进展缓慢，要么多集中在政治和安全领域，金砖国家合作则是印度参与全球经济治理的新机制，使印度在全球议程设定上拥有更多的发言权，特别是在国际货币基金组织份额和决策、国际经济组织领导职位人选、国际能源和气候问题谈判等方面。与二十国集团（G20）相比，金砖国家合作更为务实；与“印度巴西南非对话论坛”（IBSA）相比，金砖国家合作对全球治理的影响更大。金砖合作更有利于印度从一个规则遵守者转变为规则制定者，从“搭便车者”变为一个“利益攸关者”。

第五，金砖国家合作有助于印度在“入常”之路上另辟蹊径。联合国安理会需要进行必要和合理的改革，这是国际社会的共识。但对于如何改革特别是是否需要增设常任理事国、新增常任理事国是否应拥有否决权、安理会应有多少成员国、什么样的国家可以成为安理会新成员国等，国际社会还有很多分歧。印度与德国、日本、巴西组成“四国联盟”抱团“争常”，但其“争常”方案遭到以“咖啡俱乐部”（又称“团结谋共识”运动）为代表的许多国家的抵制，其“入常”之路越走越窄。印度作为新兴经济体和发展中大国、人口大国，其“入常”努力也得到不少发展中国家和多个主要大国的理解和支持，通过加入“四国联盟”“争常”反而一定程度上削弱了其支持基础。印度申请“入常”的最主要支撑力应是其发展中大国的身份。金砖国家是新兴经济体和发展中国家的代表，其中中国和俄罗斯是常任理事国，印度、巴西和南非都有成为安理会常任理事国的诉求。因此，金砖国家在联合国及安理会改革问题上的潜在作用举足轻重。如果印度能够赢得其他金砖国家的理解和支持，并促成金砖国家在安理会改革问题上形成共同立场，那么印度在“入常”问题上将会赢得更多有力的支撑。

自 2009 年叶卡捷琳堡至 2019 年巴西利亚的历次峰会，金砖国家领导人会晤发表的联合声明和宣言均关注了联合国及安理会改革问题，并对巴西、印度、南非等国的诉求做出了回应和表态。金砖国家在联合国及安理会改革问题上已达成三点重要共识：一是支持联合国在应对全球挑战和威胁中的核心作用，在全球治理和多边主义中的中心位置；二是支持联合国包括安理会进行全面改革，使之更有效力、效率和代表性；三是中国和俄罗斯作为拥有安理会常任理事国席位的金砖国家，理解并支持印度、巴西和南非在联合国发挥更重要的作用的愿望。

金砖国家合作进程始于国际金融危机的大背景之下，经贸、财金等合作先行一步，取得了较多成果，开展经济合作、参与全球经济治理在金砖合作中居于突出地位，包括联合国安理会改革在内的政治议题尚未成为金砖国家合作的优先议程。但随着金砖国家日益夯实合作基础，其合作领域也逐步拓展。《巴西利亚宣言》提出，五国亦将致力于将金砖国家发展成为就全球政治领域的诸多重大问题进行日常和长期协调的全方位机制。考虑到安理会改革的复杂性和重要性，金砖国家必将在这一议题上加强沟通与协商，寻求解决潜在分歧的有效途径，增强发展中国家在安理会的代表性，充分反映国际政治经济格局发生的重大变化，体现新兴大国和广大发展中国家的利益与诉求。

金砖国家合作为印度追求其大国梦想提供了一个平台和机遇，使其可以在这样一个合适的时间和空间参与全球经济治理，并逐步在全球经济和政治领域同其他新兴大国进行全方位、长期性、机制性的协调。

四、结语

为了能赢得国际社会对其世界大国地位的认可，印度通过领导不结盟运动提高了其在第三世界国家中的地位，扩大了影响，是其成为政治大国的第一步。拥有核武器引起大国对印度的重视，增加了印度成为世界大国的砝码。随后，印度把目光转向了联合国安理会，因为“印度把获得联合国安理会常任理事国席位当作衡量世界大国的一个尺度”。但是，受制于自身仍相对有限的国力、复杂的国际形势等诸多因素，印度追求成为世界政治大国的梦想之路崎岖不平。金砖国家合作为印度实现这一梦想另辟蹊径，提供了难得的机遇。通过积极参与金砖国家合作，印度可以进一步提升自身的国际影响力，积累政治资源，为其走向全球政治大国之路夯实基础。

第三部分

金砖国家合作与全球治理：
推动建设性改革

第八章

金砖国家推动构建开放型世界经济

金砖国家是经济全球化的主要受益群体之一，坚定地捍卫以世界贸易组织为核心的全球多边贸易体制的中心地位，积极支持全球贸易自由化和便利化，反对单纯从本国利益出发实行不负责任的贸易保护主义和排他主义。面对近年来世界上出现的逆全球化思潮，金砖国家倡议并积极推动构建开放型世界经济，中国等成员国也通过深化国内改革和进一步扩大对外开放的方式，以实际行动巩固经济全球化的趋势。

开放是世界前进的不竭动力

2019 年 11 月 10 日至 14 日，习近平主席对希腊进行国事访问并赴巴西出席金砖国家领导人第十一次会晤。在习主席此访的各双多边会晤中，在金砖国家领导人巴西会晤期间的各场重要讲话中，“开放”一直都是一个闪耀的高频词。它不仅是中国国家领导人一以贯之向世界分享的中国发展经验，也是中国和希腊这两个东西方古老而灿烂的文明发源地所共同珍视的伟大智慧，更是代表金砖国家向全世界提供的为人民谋幸福、为世界谋发展的理念。

习主席此访不断强调开放对于国家发展和世界前进的重要性，具有十分重大的现实意义，是对当前世界面临的百年未有之大变局的深度思考。放眼世界，近年来，经济全球化遭遇逆风，部分发达经济体陷入“本国优先”的迷思，导致保护主义、单边主义横行，沉寂了一段时间的霸权主义甚嚣尘上，给本已缺乏强劲发展动力的世界经济雪上加霜，导致世界经济分化与失衡愈加严重，全球政治经济中不稳定、不确定、不安定因素明显上升，变乱交织、相互激荡，使本已十分复杂的国际局势愈显混乱。开放还是封闭，是多个国家和民族都在严肃思考的一个问题；进一步扩大开放还是踟蹰不前，也是要做出的一个战略抉择。党的十九届四中全会的决定中提出推进合作共赢的开放体系建设，坚持互利共赢开放战略，推动建设开放型世界经济。习主席此访直接展现了中国坚持互利共赢开放战略的坚定决心和表率践行的大国引领与使命担当。

开放是中国取得巨大发展成就的宝贵经验，中国也将进一步推动全方位对外开放。习主席在金砖国家领导人第十一次会晤期间发表的《携手努力共谱合作新篇章》重要讲话中指出，中国将坚持扩大对外开放，增加商品和服务进口，扩大外资市场准入，加强知识产权保护，形成全方位、多层次、宽领域的全面开放新格局。这些举措在第二届中国国际进口博览会刚刚举行的背景下更显其力度。习主席在讲话中多次强调的中国进一步扩大开放重大具体举措，也是中国近年来在博鳌亚洲论坛、中国国际进口博览会、金砖国家领导人会晤、二十国集团峰会、亚太经合组织领导人非正式会晤、“一带一路”国际合作高峰论坛等重大多边外交场合一直分享给世界的中国抉择。

开放是世界前进的不竭动力，自我封闭必然没有前途。只有顺应经济全球化和新一轮科技革命和产业变革的大潮，才能为世界和平稳定与共同发展注入更强大的动力。因此，面临世界百年未有之大变局，世界各国只有坚定地维护多边主义，维护以世界贸易组织为核心的多边贸易体制，推动建设开放型世界经济，并促进文明之间交流互鉴，才能实现自身发展和全人类的共同发展。面对挑战与变化，无论是包括金砖国家在内的新兴市场国家，还是主要发达国家，都要承担起自身应有的使命担当，以开放促发展，以合作谋共赢，这也是推动构建人类命运共同体的必由之路。

经济合作是金砖国家的“稳定器”和“助推器”

金砖国家的概念最初起源于贸易投资领域，各成员国之间的正式机制化合作进程也从经济金融领域启动。过去十年，经济合作在金砖国家合作中一直居于中心地位，务实合作成果丰硕，成为金砖国家合作的“稳定器”和

“助推器”。过去十年，金砖各成员国抱团取暖、同舟共济，建设金砖国家经济伙伴关系，共同抵御国际金融危机的冲击，促成了全球经济治理体系和国际金融体系的阶段性变革，推动构建开放型世界经济体系，成为拉动世界经济复苏的重要引擎。作为新兴国家和发展中国家的代表，金砖国家共同倡导新型全球发展伙伴关系，推动发展中国家的相互合作，推动建设更加开放、包容、平衡、互惠、可持续的国际经济体系，开辟了南南合作的新路径。

金砖国家经济合作强调推进机制建设，在《金砖国家经济伙伴战略》的指引下，取得经贸财金务实合作的丰硕成果并支撑起金砖国家经济合作的大厦，通过打造“金色十年”，有力反驳了“金砖褪色论”和“金砖崩溃论”。

一、机制建设日益完善

过去十年，金砖国家经济合作不断机制化、系统化、实心化，不仅带动了各成员国经济发展，而且持续努力推动构建一个支持多边贸易体制的、多边金融体系更加完善的开放型的世界经济体系。金砖国家在全球经济治理中有力地推动了经济全球化、增长多元化和治理民主化，成为改革和完善全球经济治理体系的重要建设性力量。

第一，金砖国家领导人峰会和非正式会晤为金砖国家经济合作提供政治引领，并做出战略决策。自2009年叶卡捷琳堡峰会开始，金砖国家领导人就将推动金融、贸易、投资等领域的合作作为重点，最初三次峰会将金砖合作定位为成员国就经济金融发展领域合作进行沟通协调的平台。金砖国家于2013年德班峰会确立了“一体化大市场、多层次大流通、基础设施互联互通”的经济合作方向，并在2015年乌法峰会期间签署了《金砖国家经济伙伴战略》，为开展长期经济合作规划了蓝图。峰会还达成共识，即金砖国家要建立全球经济治理和促进全球发展的伙伴关系，携手推动国际经济体系朝更加公正合理的方向发展。

第二，建立经济领域的多个专业部长会议机制。金砖国家贸易部长会议已举行多次，央行行长和财政部长年度多次会议机制已经形成，工业、税收、通信、海关等经济领域的部长级会议机制正在逐步建立和健全，旅游、交通等其他领域的部长级会议也开始启动。各部长会议机制按照《金砖国家经济伙伴战略》制定的规划，落实领导人峰会达成的共识，成为金砖国家务实经济合作最重要的平台支撑和机制保障。此外，为了确保政策沟通和交流的有效性，金砖国家还成立了上述领域的数十个工作组和联络组，构成金砖国家经济合作的日常协调机制。

第三，成立金砖国家工商理事会，发挥金砖国家工商界的积极性。成立于2013年的金砖国家工商理事会是加强和促进“金砖五国”工商界间经济、贸易、商务和投资纽带连接的平台，是推动金砖国家务实经贸合作的重要机制。金砖国家工商理事会由五名来自各成员国的工商界领袖组成，每年举行两次理事会议，并在领导人峰会期间参加与领导人的见面会，提交过去一年中金砖国家推动工商界合作的进展报告。理事会加强和促进了五个金砖国家工商界间经济、贸易、商务和投资联系，确保了金砖国家工商界与政府间的定期对话，厘清阻碍金砖国家加强经济、贸易和投资联系的问题与瓶颈，合作领域涵盖基础设施建设、矿业、制药业、农产品加工、服务业（包括金融、信息通信技术、卫生保健、旅游）、制造业、可持续发展等。

第四，金砖国家在全球主要多边经济机制内建立了沟通协调机制。二十国集团是全球经济治理的重要平台，自2011年戛纳峰会开始，金砖国家领导人在二十国集团领导人峰会期间举行非正式会晤，就构建开放型世界经济体系、捍卫多边贸易体制的中心地位、推动全球金融治理体系改革、全球可持续发展等全球主要经济议题进行沟通。金砖国家央行行长和财长也在二十国集团相关会议、国际货币基金组织和世界银行年会期间举行会晤。金砖国家驻世界贸易组织、国际货币基金组织、世界银行、联合国粮农组织等全球主要经济组织的代表团也举行定期会议。

二、金砖国家务实经济合作成就非凡

金砖国家拥有丰富的自然和人力资源、广阔的国内市场、巨大的发展潜力、充裕的政策空间。过去十年，金砖国家加强合作、携手并进，是世界经济图景中不容忽视的重头板块，让世界对金砖国家的成色有了新认识。

（一）金砖国家已经快速成长为拉动世界经济增长的重要经济体

2006年，巴西、俄罗斯、印度、中国等“金砖四国”当年度的国内生产总值在全球主要经济体中的排序分别是第十五、第十三、第十、第四；2016年，金砖四个创始成员国的全球排序都快速上升，分别跃居第九、第十二、第七和第二。2010年12月南非受邀加入金砖国家之后，金砖国家的范围从拉丁美洲、欧亚、亚洲扩大到了发展迅速的非洲大陆。“金砖五国”国内生产总值之和达到19万亿美元，与七国集团的比例从17%快速上升到48%。短短十年间，金砖国家经济总量占全球经济的比重从12%上升到23%，贸易总额比重从11%上升到16%，对外投资比重从7%上升到12%，对世界经济增长的贡献超过50%，2016年“金砖五国”对世界经济增长的贡献率超过70%。

（二）金融领域的合作是金砖国家过去合作的重中之重

在双边层面，金砖各国达成了多项双边货币互换协议，朝构建更稳健的金融安全网络的方向发展，并提出了本币结算的倡议。以中国为例，近年来，中国先后同巴西签署了三年期、规模为1900亿元人民币/600亿巴西雷亚尔的双边货币互换协议，同俄罗斯签署了三年期、规模为1500亿元人民币/8150亿卢布的互换协议，同南非签署了三年期、规模为300亿元人民币/540亿南非兰特的双边本币互换协议。

在金砖国家的多边层面，作为世界上第一个完全由发展中国家独立组建的全球性多边开发金融机构，新开发银行自2013年批准可行性报告，经2014年签署《协议章程》，至2015年总部落户上海开始正式运行，5个创始成员国平均出资，初始资本为1000亿美元，已经向金砖国家的7个基础设施和可持续发展项目提供了15亿美元的资金支持，成为金砖国家合作的重要里程碑和切实抓手。金砖国家还启动了初始资金规模为1000亿美元的应急储备安排，帮助成员国应对短期流动性压力，筑牢金砖国家金融安全网。

在全球层面，金砖国家集体努力，成功推动国际货币基金组织和世界银行通过了最新一轮份额和治理结构改革方案，增强了新兴国家和发展中国家在世界主要多边金融机构内的影响力，五国在上述两个机构内的份额分别由8%和11%上升到14.9%和13.2%，中国、印度和俄罗斯三个成员国在上述两个机构中份额排名前十。

经历了全球性金融危机巨大冲击并得到升华的金砖国家，将以取得的丰硕成果为基础，进一步加强合作机制的建设，通过全面落实《金砖国家经济伙伴战略》，克服当前“逆全球化”和“反全球化”等思潮的挑战，确保金砖国家合作“成色”充足，分量更重。

金砖国家合作发出弘扬多边主义的时代强音

2019年11月13日至14日，习近平主席应巴西总统邀请出席在巴西首都巴西利亚举行的金砖国家领导人第十一次会晤。在与各金砖国家领导人举行双边会见及金砖国家领导人多边场合会晤期间，习主席多次强调金砖国家要维护多边主义，并进一步丰富了其内涵，提出“要弘扬多边主义，其核心要义是，国际上的事应该由大家商量着办，不能由一国或少数几个国家说了算”。此外，习主席在发表《携手努力共谱合作新篇章》的重要讲话中还指出，金砖国家要倡导并践行多边主义，“应该以维护世界和平、促进共同发展为目标，以维护公平正义、推动互利共赢为宗旨”。中国是多边主义的坚定维护者，是世界多极化和国际关系民主化的积极推动者。习主席在金砖国家领导人巴西利亚会晤期间多次强调多边主义，具有深刻的时代背景，发出了弘扬多边主义的时代强音。

第一，金砖国家合作本身就是新兴大国间遵循多边主义原则开展创新性合作的产物。巴西利亚会晤开启了金砖国家领导人会晤的崭新十年，在这一重要历史节点，习主席在会晤期间各多双边场合都强调多边主义，凸显了金砖合作在开启新征程的重大时刻不忘合作的初心，彰显了新兴大国间合作是构建新型大国关系的重要努力方向和实践要求。

第二，回应百年未有之大变局时代背景下当前国际格局发生的深度演变。近年来，国际社会上单边主义和保护主义抬头、霸权主义和强权政治逆流横行，现行国际体系的主导国和曾经的重要创建国对多边主义的立场有所倒退，严重损害了国际体系的和平安全与国际社会的稳定发展。金砖各成员国都是具有地区和全球影响力的大国，习主席在金砖会晤各多双边场合强调多边主义，促成金砖各成员国凝聚共识，发出金砖国家维护多边主义的共同声音，建设性地推进全球治理体系变革。

第三，立足金砖国家合作的长远发展，从战略高度引领金砖国家全力打造战略伙伴关系，构建金砖国家命运共同体。金砖国家合作在朝着更深方向和更广领域全面加速，自然会出现一些困难和挑战，甚至是立场分歧，要有效管控分歧，取得更扎实成果，就要按照多边主义的原则求大同存小异，唯有如此，才能以底线思维保持金砖合作的强大战略定力，行稳致远。

习主席携手金砖各国领导人推动金砖国家倡导并践行多边主义，对维护世界和平、促进共同发展具有重大意义，展现了金砖国家为人民谋幸福、为世界谋发展的远大抱负。

第一，为国际社会提供强大信心，注入战略定力。中国是具有全球影响力的世界大国，习主席是国际社会瞩目的大国领袖。习主席坚定支持多边主义，让全球多边主义力量感受到了巨大鼓舞，有效抵消了部分大国单边主义和霸凌主义行径所产生的负面影响，有利于保持国际社会的整体稳定和发展势头。

第二，为国际社会提供中国方案，贡献中国智慧。习主席对多边主义的支持和论述，展现了中华优秀传统文化中“协和万邦”“天下大同”的理想追求，凸显合作、包容、共赢的理念，超越了传统西方国际关系理论“二元对立”的范式及零和博弈、缔结政治军事同盟的狭隘封闭，为国际社会构建新型国际关系和构建人类命运共同体提供了全新的有效路径。

第三，有助于最大限度地集合和团结全世界最大多数支持多边主义的力量，尤其是巩固新兴市场和团结发展中国家，顺应世界多极化发展趋势，携手世界各国共同推动国际政治经济体系朝着更加公正、公平、合理、均衡、可持续的方向发展。

习主席突出强调金砖国家要坚持多边主义，维护以联合国为核心的国际体系，维护以国际法和普遍接受的国际准则为基础的国家秩序，在保护主义、单边主义抬头的当前，金砖国家尤其要携手努力维护以世贸组织为核心的多边贸易体制中心地位，构建开放型世界经济。这是因为金砖国家作为新兴市场国家和发展中国家的代表，是全球捍卫多边主义的最积极力量，是坚定维护发展中国家正当发展权益和发展空间的最重要支柱。因此，要通过“金砖+”等合作机制拓展和深化金砖国家与广大发展中国家的团结合作，促成不同文明、不同国家间更具深度、广度的交流合作，一起发出捍卫多边主义的时代最强音。

第九章

全球经济治理中的金砖国家与二十国集团

金砖国家都是二十国集团重要成员国，在推动二十国集团成立与向全球治理长效机制转型的进程中发挥了积极推动作用，是维护二十国集团作为全球经济治理重要论坛关键地位的主要力量。自 2011 年二十国集团法国戛纳峰会开始，金砖国家领导人开始在二十国集团峰会期间举行非正式会晤，就金砖国家合作、全球经济治理中的金砖国家等重大议题协调立场和沟通政策。这一惯例延续至今，且非正式会晤的机制设计日益完善。

新兴市场的金融波动与“华盛顿共识”的世界之殇

2018 年，阿根廷接替德国担任二十国集团轮值主席国，但充满黑色幽默意味的是该国又一次开始遭遇金融动荡。近半年时间，阿根廷一直难以遏制阿根廷比索汇率不断下跌的走势。阿根廷总统 5 月 8 日宣布，即日启动与国际货币基金组织（IMF）的谈判，寻求其贷款支持以缓解阿根廷比索对美元持续贬值的压力。紧随阿根廷之后，土耳其里拉的汇率也在 5 月降到历史最低水平。5 月以来，土耳其里拉兑美元汇率的累计跌幅高达 9.9%。土耳其里拉贬值是长期趋势，5 年来已经累计贬值 50%。历史存在惊人的相似，在以阿根廷、土耳其等为代表的新兴市场国家遭遇的一次又一次金融波动背后，总是一直浮动着新自由主义和“华盛顿共识”的影子，带给全球经济特别是转型国家和新兴国家深深的痛。

冷战结束后，新自由主义思潮和“华盛顿共识”携“冷战胜利”之余威，一跃发展成为居于支配地位的全球性“强势话语”，但西方开出的这一“药方”最终却频频遭遇水土不服的严峻挑战，在全球引发了一系列触目惊心的区域性金融危机和经济危机，并最终导致了2008年全球性金融危机。新自由主义的局限性和内在不足逐渐显现，“华盛顿共识”最终脱魅，而隐藏在新自由主义思潮和“华盛顿共识”外衣之下的西方国家霸权也暴露无遗。

一、新自由主义思潮和“华盛顿共识”

新自由主义是起源于美国的一种政治经济思潮，早在“二战”后就已经萌芽。在经济理论方面，它号称抛弃了凯恩斯的宏观经济理论体系，着重从微观经济的角度提出一系列措施。美国凭借“二战”中积累起来的经济实力，逐渐成为新自由主义学说的主要推动力量。20世纪80年代，新自由主义由单纯的经济思想上升为资本主义国家的主流意识形态，其代表性观点是1979年撒切尔出任英国首相和1980年里根当选美国总统之后美英政府推出“里根经济学”和“撒切尔主义”，主张实施通货紧缩政策，通过高利率政策大量吸引投资，实行放松政府管制政策等。“里根经济学”和“撒切尔主义”成为新自由主义的样板和“华盛顿共识”的雏形。

所谓“华盛顿共识”是指20世纪80年代以来位于华盛顿的国际货币基金组织、世界银行和美国政府，在总结美英等国克服“滞胀泥潭”并实现80年代所谓“经济奇迹”的成功经验基础上，根据80年代拉美国家减少政府干预、促进贸易和金融自由化的经验提出并形成理论框架的一系列政策主张。1989年，美国学者约翰·威廉姆森将这一套新自由主义的结构性改革措施正式归纳为“华盛顿共识”，其包括财政自律、调整公共支出优先次序、税制改革、利率自由化、实行有竞争力的汇率、贸易自由化、放松对外资的限制、国有企业私有化、解除政府管制、保护私有产权等10项内容。

“华盛顿共识”的提出让西方国家认为他们找到了一个向全球推销新自由主义改革方案的有力工具，它极力倡导以全面私有化、经济自由化和激进体制改革等为核心内容的所谓“灵丹妙药”，向广大发展中国家和地区发起了推销新自由主义的强大“攻势”。“华盛顿共识”提出后，拉美地区首当其冲，俄罗斯以及东亚、非洲和中东欧等地区的转型国家也逐渐受到剧烈冲击和深度影响。

之后，面对“华盛顿共识”在发展中国家造成的金融和经济动荡，以约瑟夫·斯蒂格利茨为代表的西方经济学界又提出了“后华盛顿共识”，标榜要超越“华盛顿共识”，强调与发展相关的制度因素。由于只是停留在对“华盛顿共识”的理论反思上，并未付诸实践，与“华盛顿共识”一样，“后华盛顿共识”也不能解决世界贫困和全球发展失衡问题，更不能给世界带来全面、均衡、可持续的发展和繁荣。因而，“后华盛顿共识”在本质上只是对“华盛顿共识”的修修补补，没有超越新自由主义的理论框架。

二、新自由主义思潮和“华盛顿共识”的不足与危害

新自由主义极力放大自由化、市场化、私有化和财政政策稳定化的作用，成为以夸大的形式把经济理论推向市场极端的社会思潮，宣扬和鼓吹“市场万能论”，否定“市场缺陷”及“市场失灵”的可能性与现实性，片面夸大市场的自我修正和自我复衡功能，否认政府干预对于弥补市场缺陷、克服市场失灵的积极作用。“华盛顿共识”在继承新自由主义思潮中蕴含的西方古典经济学“自由放任”思想的同时，片面夸大“看不见的手”的作用，极力鼓吹利己与竞争等因素。

新自由主义利用西方国家在20世纪80年代短期创造的“经济奇迹”这一虚幻景象迷惑了很多人，而“华盛顿共识”也以凌厉之势逐渐成为多个发展中国家的政治经济改革指南，给广大发展中国家造成了严重的经济社会动荡。长达20多年时间的快速自由化严重破坏了世界经济的健康、全面、平衡与可持续发展，导致世界范围内金融危机和经济危机层出不穷，全球经济增长放慢，生产效率下降，世界范围内的不平等现象加剧，最不发达国家的情况更加恶化。

“华盛顿共识”的重灾区集中在拉美、东亚、俄罗斯和中东欧国家，拉美国家更是重中之重。20世纪80年代末期，在国际货币基金组织、世界银行和以美国为首的西方债权国的全力支持下，拉美国家按照“华盛顿共识”启动了改革程序，进入了经济转型时期。改革之初，墨西哥、智利、阿根廷等国的经济状况确实都取得了一定程度的好转。然而好景不长，1994年12月墨西

哥爆发了金融危机，1999年1月巴西发生了金融动荡，2001年12月阿根廷陷入了经济危机。整个20世纪90年代，拉美国家经济并没有像“华盛顿共识”和新自由主义所宣称的那样取得成功，反而陷入了长期的经济低迷之中。整个20世纪90年代拉美国家年均经济增长率不到3%，比推行“华盛顿共识”前30年（1950—1980年）的平均增长率下降了2.3个百分点；拉美国家的外债总额达到7258亿美元，比1980年净增2648亿美元，飙升了57%。

与“华盛顿共识”一脉相承的“后华盛顿共识”让俄罗斯和中东欧国家成为另一个重灾区。20世纪80年代末90年代初，为尽快获得西方世界的援助，多个东欧地区国家在经济转型中纷纷按照“休克疗法”的“药方”，推行急速的私有化和大幅度削减公共开支的方案。结果这些国家重演了拉美国家的“悲剧”，经济衰退、失业率剧增、人民生活水平严重下降。以俄罗斯为例，推行“休克疗法”10年后，其2000年的经济规模只相当于1989年的2/3，经济严重缩水。拉美国家和东欧国家经济转型的曲折历程，以及这些地区至今仍频频遭遇金融和经济动荡的现实，力证了“华盛顿共识”的失败。

三、新自由主义思潮和“华盛顿共识”的实质

“华盛顿共识”的核心思想是自由化、市场化、私有化和财政及物价的稳定化，其主要内容和政策建议总体上来说还是集中在经济领域和政治领域，以经济转型为目标促成政治体制的巨变，对于民生福利、社会稳定等众多社会领域存在的问题基本上没有提出有效的改进措施。

“华盛顿共识”倡导激进式改革和存量改革，主张把经济转型与政治体制变革联系起来，认为转型的核心是宪政制度的大规模改变，经济转轨只是其中的一部分。“华盛顿共识”是一种存量改革，主张将国有经济和集体经济的存量资产在短时间内私有化，而没有采取有效措施去实现经济和社会的协同发展。

“华盛顿共识”的全球推广带有一定的强制性，是一种“外生”的发展模式。虽然有新自由主义的外衣，但西方国家在推行“华盛顿共识”时，要求发展中国家必须按照西方国家及其主导下的国际金融机构开具的“药方”进行彻底的结构性改革。究其实质，“华盛顿共识”反映了在西方国家主导的

国际政治经济体系下，西方国家掠夺发展中国家利益的霸权主义行径。西方国家抓住发展中国家遭遇多次债务危机的时机，推行新自由主义经济政策，试图更深度掌控发展中国家的广阔市场，转移本国的过剩供给尤其是资本供给，对外输出经济泡沫。遵循"华盛顿共识"的发展中国家经济改革进程一直深受来自西方国家的干扰，缺乏自主性，无法彻底改变自身在国际政治经济体系中作为边缘国家的属性。

"华盛顿共识"最根本的属性是西方国家维护自身霸权尤其是经济霸权的工具。面临世界经济形势深刻变化之机，美欧国家凭借西方主导的国际货币、金融和贸易体制等，试图在全世界形成一个接受新自由主义理念且仍由西方主导的世界秩序。因此，西方国家向全世界撒下新自由主义这张大网，并且很快将其政治化、意识形态化、范式化，在鼓吹"华盛顿共识"的同时，推行西方新自由主义价值观。所以，新自由主义的"华盛顿共识"具有强烈的政治性和西方霸权色彩。

随着发展中国家在20多年的转型发展实践中暴露出"华盛顿共识"存在的严重问题，特别是在2008年全球金融危机和经济危机的强烈震撼下，新自由主义"华盛顿共识"遭到了严重质疑。"华盛顿共识"是一整套符合西方宏观经济理论经典的政策主张，新自由主义是其理论基础。新自由主义不是发展中国家发展的真正良方，"华盛顿共识"更不是全球共同发展的灵丹妙药。在一个全球化和相互依存日益加深的世界中，发展中国家只有立足本国实情，主要依靠自身力量，独立自主地进行探索，寻找符合自身发展实际的经济社会发展模式，有机协调对内改革和对外开放，才能找到适合自己的发展道路，实现可持续发展，并始终保持自己的特色和自主性。

变化中的二十国集团与布宜诺斯艾利斯峰会的使命

作为当前全球经济治理的最重要平台和世界主要大国进行宏观经济政策协调的多边机制，二十国集团的发展变迁反映了近20年来世界经济格局的深度调整，其成员国领导人的年度会晤自2008年11月首次召开以来，因其对世界经济增长和全球经济治理体系改革产生的重大影响而成为国际社会关注的焦点。尤其是自 2014 年底以来，世界经济复苏中蕴藏的分化倾向日益凸显，经济全球化遭遇逆全球化和反全球化的严峻挑战，多边主义和开放型世界经济面临单边主义、保护主义及排他主义的冲击。在这种前所未有的大变局之下，二十国集团虽然仍保持其非正式国际机制的根本特点，但也经历了从危机应对机制向全球经济长效治理机制的重要转型。从 20 年前二十国集团的财政部长和央行行长相聚德国柏林探讨区域性金融危机的应对之策至今，二十国集团的发展经历了一系列深刻的演变。

一、从应对危机的临时论坛转型为全球经济治理的长效机制

二十国集团是典型的危机应对状态下"刺激—反应"原理的产物，为了防控 1997 年亚洲金融危机可能带来的向世界其他地区的风险外溢，二十国集团在柏林召开首次部长级会议，商讨如何加强全球主要经济体之间的金融政策协调与沟通；而二十国集团升级为领导人会议的直接原因是为了抱团取暖，应对 2008 年全球金融危机造成的严峻挑战。在应对危机的过程中，二十国集团成功地转型为就宏观经济、金融、就业、贸易、发展等重大议题进行沟通，并推动全球经济治理体系朝向更加公正、均衡、可持续方向变革的长效机制。包括主要发达国家和新兴大国在内的世界最重要经济体，围绕经济全球化、多边主义、世界贸易规则调整、国际金融体系改革、全球发展等关系到全球经济长远发展和世界持久和平与稳定的根本议题，在布宜诺斯艾利斯继续展开磋商。

二、从"集团化"的大国协调蜕变为碎片化的多方博弈

二十国集团自诞生以来，其成员构成呈现出鲜明的"集团化"和"阵营化"特点，虽然都是世界上最重要的经济体，但是其政策立场和沟通路径基本上分化为"三个世界"："第一世界"是发达国家集团，包括七国集团、欧盟和澳大利亚，在二十国集团峰会前夕会举行七国集团峰会，代表发达国家在全球经济治理中的政策立场；"第二世界"是金砖国家，由世界上主要的新兴大国组成，并在二十国集团峰会期间举行金砖国家领导人非正式会晤，协调内部政策立场；"第三世界"是二十国集团的其他成员，其构成较为复杂，

政策多元而分化，是其他两个集团激烈争夺以支持自己政策立场的中间地带。长期以来，二十国集团的政策沟通基本上都是上述三大阵营在大国协调原则下展开的，融合了各方政策立场，形成具有一定包容性的全球方案。

2014 年底以来，世界经济明显复苏的同时，日益呈现出不平衡发展的态势，且分化程度更趋加深，因此，二十国集团中长期存在的“三个世界”逐步分裂并重新调整，各成员之间围绕不同的政策领域交叉组成了复杂的“政策联盟”，相互之间的博弈更趋激烈。首先，发达国家整体上基本摆脱了 2008 年金融危机的影响，山雨欲来风满楼的强大外在压力已然消失，美国和欧盟等主要发达经济体都实现了较为强劲的经济增长；反之，以金砖国家为代表的多个新兴经济体则几乎同时放缓了经济增长，阿根廷、南非、俄罗斯、土耳其等国甚至还遭受了严峻的金融波动和资本外流。其次，发达国家集团和新兴国家阵营内部也逐渐分化，二十国集团成员的多元化进一步加剧了局面的复杂性。特朗普政府在“美国优先”政策指导下，对外执行的“无差别”贸易纠纷政策，甚至导致发达国家集团在 2018 年 6 月于加拿大举行的七国集团峰会期间发生了严重对立。新兴经济体中印度、中国等仍保持中高速增长，而其他成员则普遍面临促改革、调结构、保增长的转型难题。

三、从专业性强的全球金融治理转向综合性的全球宏观经济治理

二十国集团的诞生和升级都是由于金融危机，是应对区域金融危机扩散和全球金融危机冲击性挑战的需求。因此，在相当长时间内，二十国集团的政策都聚焦于金融治理，具有鲜明的金融专业特色，不仅包括在宏观层面要推动全球金融治理架构改革和增强全球金融稳定，也包括在微观层面加强合作打击税基侵蚀和利润转移，并严格落实《巴塞尔协议》。在机制层面，除了领导人会晤机制之外，二十国集团最重要的沟通与协调平台是财政部长和央行行长会议，以及与此相配套的副手会议和专家会议，这些会议某种程度上机制化地在国际货币基金组织和世界银行的春季与秋季年会期间举行。

但是，二十国集团的成员国毕竟都是世界上最重要的经济体，自从确立了向长效治理机制转型的方向之后，二十国集团已经正式确立了全球经济治理首要平台的地位，其政策覆盖已经远远超越了金融领域，而是更加关注宏

观经济政策的协调，力求构建一个基于规则的、具有高度包容性的、透明的开放型世界经济体系。二十国集团在新兴经济体和发展中国家的推动下，也逐步关注全球发展议题，在推动全球经济实现更加均衡发展、落实联合国2030年可持续发展目标方面发挥着重要作用。目前的二十国集团，在贸易、投资、就业、反腐败、基础设施、气候变化和环境保护等宏观经济政策的各方面都开展了更多磋商与沟通，因此，将二十国集团类比为“全球经济治理领域的联合国安理会”一点都不为过。

四、从最高领导人层面做出政治决断向专业技术层面进行磋商的回归

在金融危机造成的巨大压力面前，二十国集团自从实现了从部长级会议向峰会的升级，各国领导人在峰会期间就应对全球金融危机的政策进行交流对话，进行宏观经济政策的协调，并争取在会议期间做出决策。为应对危机而做出政治决断表现出“议行合一”的特征，并且能够做到高效落实，争取得到立竿见影的效果。

但是，由于国际经济形势的变化，特别是由于二十国集团仍然保持着非正式国际机制的特性，二十国集团的峰会转变为各国领导人进行交流对话的论坛，弱化了做出政治决断的重要职能。此外，由于二十国集团关注的议题日益微观化和技术化，在打击税基侵蚀和防范利润转移、促进全球基础设施建设、反腐败与避税天堂等具体专业议题下，部长会议及其相关配套会议也进一步提升了专业官员工作磋商的重要性。

认识到二十国集团的上述变化对于更好地发挥其作为全球经济治理最主要平台的作用至关重要，对于东道国积极发挥协调沟通作用促进峰会达成广泛共识更具实践价值，对于担任二十国集团主席国的发展中国家则具有更大的意义。如何在世界经济继续快速而深刻变化的背景下，促进各国经济实现更强劲增长，更有效地推动全球经济朝更加公正、平衡、可持续的方向发展，构建一个更加包容的开放型世界经济，成为在阿根廷首都布宜诺斯艾利斯举行的二十国集团领导人第十三次峰会的历史责任，毕竟，虽然在2018年遭遇了严重的金融动荡，但阿根廷仍然是继韩国、墨西哥、俄罗斯、土耳其、中国之后举办二十国集团峰会的又一个新兴经济体。

金砖国家与二十国集团大阪峰会及全球经济治理新发展

2019 年 6 月 28 日至 29 日，二十国集团领导人第十四次峰会在日本大阪正式举行。作为新兴经济体和发展中国家的代表，金砖国家领导人集体出席本次峰会，并举行第九次金砖国家领导人非正式会晤，中俄印三国领导人还举行第二次非正式会晤，中国和出席二十国集团大阪峰会的非洲国家也创新性地举行了中非领导人小型会晤。这一方面说明了二十国集团仍然是国际经济合作主要论坛和全球经济治理的重要平台，另一方面也表明了金砖国家和非洲国家等新兴市场和发展中国家合作日益加深，希望通过加强发展中国家的内部团结和协调沟通，有效应对单边主义和保护主义带来的挑战。作为世界第二大经济体、最大的发展中国家和最重要的新兴经济体，中国充分利用二十国集团峰会平台，在峰会期间开展一系列双边和多边外交活动，为深化新兴经济体和发展中国家合作、推动全球经济治理体系改革和完善做出重要贡献，这也直接反映出中国在开展大国外交、对发展中国家外交和多边外交等维度所创造出的巨大战略空间。

一、金砖国家领导人非正式会晤的机制发展与二十国集团相形而生

金砖国家领导人在二十国集团大阪峰会期间举行的是第九次非正式会晤，而金砖国家在二十国集团会议期间进行非正式会晤的传统起源于 2009 年。在筹备当年度举行的二十国集团匹兹堡峰会期间，金砖国家负责二十国集团事务的协调人举行了会谈，就全球经济形势、应对全球金融危机和协调金砖国家领导人在二十国集团匹兹堡峰会上的政策立场等交换了意见，这是金砖国家首次在二十国集团这一全球多边经济治理平台进行政策沟通与立场协调。在 2011 年的二十国集团法国戛纳峰会期间，金砖国家举行了 G20 峰会期间的首次领导人非正式会晤，五国领导人讨论加强金砖国家内部合作，并就共同关心的国际和地区问题交换意见、协调立场，代表新兴市场和发展中国家群体与发达国家一起平等参与全球经济治理。

自此之后，历次二十国集团峰会召开期间，金砖国家领导人举行非正式

会晤成为惯例，并与金砖国家峰会一起构成了金砖国家领导人年度双会晤机制，成为五国完善金砖国家合作机制的重要努力。金砖国家领导人非正式会晤一般在二十国集团峰会正式召开之前举行，五国领导人就金砖国家合作、二十国集团和全球经济治理及国际和地区重大热点问题等主要议题进行沟通协调，争取在二十国集团峰会正式会议阶段用一个声音说话，推动新兴国家和发展中国家合作。

自 2011 年戛纳峰会期间举行首次非正式会晤开始，经 2012 年墨西哥洛斯卡沃斯峰会、2013 年俄罗斯圣彼得堡峰会、2014 年澳大利亚布里斯班峰会，至 2015 年土耳其安塔利亚峰会，金砖国家领导人非正式会晤机制逐步稳定下来，在之前和之后举行的金砖国家领导人峰会之间起到了承上启下的衔接作用。尤为关键的是，金砖国家在二十国集团峰会期间协调沟通，对于推动二十国集团由危机应对向长效治理机制转型、巩固其作为全球经济治理主要论坛的地位起到了不可替代的作用。

自 2016 年二十国集团杭州峰会至今，经 2017 年德国汉堡峰会、2018 年阿根廷布宜诺斯艾利斯峰会，金砖国家领导人非正式会晤机制化程度逐步提高。金砖国家领导人于 2016 年 9 月 4 日在二十国集团杭州峰会期间举行第六次非正式会晤，并在之后发表了媒体声明，概括了领导人非正式会晤的重点议题，覆盖全球政治、安全、经济及全球治理等重要问题。2017 年 7 月 7 日，金砖国家领导人在二十国集团汉堡峰会期间举行新一轮非正式会晤，并首次发布了新闻公报。2018 年 11 月 30 日在二十国集团布宜诺斯艾利斯峰会期间举行的金砖国家领导人非正式会晤不仅将发布新闻公报固定下来，作为巩固会晤成果和推动金砖合作机制化建设的重要进展，还首次举行了中俄印三国领导人非正式会晤，三国领导人一致同意加强三方协调、凝聚三方共识、增进三方合作，共同促进世界和平、稳定、发展。中俄印三国作为最具代表性的金砖国家成员，在二十国集团框架下开创性地举行领导人会晤，直接将中俄印合作机制由外长年度会晤提升到领导人会晤层次，对于完善金砖国家合作机制、提升金砖国家在全球治理以及二十国集团等重要多边机制中的协调配合程度起到了重要作用。

二、金砖国家与二十国集团大阪峰会和全球经济治理新发展

自二十国集团布宜诺斯艾利斯峰会以来，国际政治经济形势和金砖国家合作都面临着新的局面，这也使得二十国集团大阪峰会期间举行的金砖国家领导人非正式会晤及与此密切相关的中俄印领导人非正式会晤和中非领导人小型会晤尤为引人关注。

首先，国际政治经济形势快速而深度的演变，对金砖国家及新兴经济体和发展中国家的合作形成了直接挑战。2019 年上半年，虽然全球经济增长逐步趋向稳定，但是各主要国际机构仍然下调了对全球经济增长预期。当前世界经济不稳定因素仍在增多，全球贸易和地缘政治紧张有所加剧，保护主义和单边主义给全球造成的挑战凸显，导致全球增长不同步且分化严重，以规则为基础的全球多边体制和构建开放型世界经济的努力面临巨大压力，全球经济下行的风险和全球经济发展失衡是现实存在的挑战。受此影响，金砖国家及发展中国家对世贸组织改革、应对全球气候变化等全球治理重要议题的立场日趋多元，一些国家甚至偏离了发展中国家的传统政策立场。

其次，金砖国家在 2019 年迎来了崭新的合作态势，部分成员国由于国内大选等原因甚至出现了前所未有的深度变化，出现了调整对金砖国家合作政策立场的可能。作为 2019 年金砖国家峰会轮值主席国，巴西在新年第一天从南非手中接过主席国席位的同时也迎来了新一届政府，博尔索纳罗总统从就职伊始就大幅度调整巴西的内政外交政策，新政府对金砖国家合作的政策立场将在今后一段时间内成为重要议题，而新政府在对美对华关系、世贸组织改革、全球气候变化、多边主义等方面的政策主张和走向已经开始产生初步影响并广受关注。与此同时，南非和印度也在完成了全国大选之后组成了新一届政府，拉马福萨总统和莫迪总理先后开启了新的任期，并对各自国家的内政外交政策进行了一定幅度的调整变化。

在金砖国家合作进入第二个十年的关键阶段，金砖国家自身发生的变化及深度调整的全球政治经济格局，使得二十国集团大阪峰会及其间举行的各类非正式会晤和小型会晤担负起了协调金砖国家及新兴国家和发展中国家立场、巩固发展中国家合作并在全球治理中更好地捍卫发展中国家利益的使命。

第一，二十国集团大阪峰会是金砖国家及新兴国家和发展中国家协调沟通力促团结的平台。首先，在巴西、南非和印度分别组成新政府之后，金砖国家领导人利用大阪峰会的机遇很快举行了非正式会晤，这对于各成员国完善金砖国家合作顶层设计至关重要，尤其考虑到金砖国家领导人第十一次会晤被安排在11月才举行，因此大阪峰会期间召开的金砖国家领导人非正式会晤的重要性有了极大提升。其次，中俄印三国是金砖国家内最具代表性的成员国，也都是在当今和未来相当长时间内对全球事务具有重大影响力的国家，从任何意义上讲，中俄印加强三边合作都是全球战略格局调整的重要事件，也将从根本上对金砖国家合作及新兴市场国家阵营的团结起到引领作用。中俄印领导人在大阪峰会期间举行第二次非正式会晤，基于已经举行了十六次的中俄印三边外长会晤达成的丰硕成果，落实布宜诺斯艾利斯非正式会晤的共识，进一步加强了三边合作机制，也巩固了金砖国家团结。最后，大阪峰会期间，习近平主席还同出席峰会的南非、埃及、塞内加尔等非洲国家领导人举行中国—非洲小型会晤，各金砖国家也同非洲国家领导人举行多次双边会晤等，这是巩固新兴市场国家和发展中国家团结，在全球治理中加强发展中国家立场协调的创新性举措，也是中国以二十国集团等全球多边平台推动全球发展合作的不懈努力，同2015年联合国发展峰会期间中国倡议举行南南合作圆桌会议有异曲同工之妙，更是与“金砖+”机制所体现的新兴国家与发展中国家的合作精神一脉相承。

第二，金砖国家领导人非正式会晤等推动二十国集团大阪峰会顺利举行和全球治理体系建设性改革。作为全球新兴经济体和发展中国家的领头羊，金砖国家均是二十国集团重要成员，也是各自所在地区的领头羊和全球性大国，因此金砖国家领导人在大阪峰会期间举行非正式会晤，在二十国集团峰会正式开启之前协调各国在世界经济和贸易、数字经济、可持续发展、基础设施建设、气候、能源、环境等大阪峰会议题上的立场，从而在峰会的各个阶段全体会议期间代表发展中国家发出金砖国家的声音，捍卫新兴国家和发展中国家的利益，应对单边主义和保护主义对国际经济秩序的严重冲击，维护和巩固多边主义及以规则为基础的国际秩序的合法性。此外，二十国集团成员都是当今世界主要的发达国家和新兴市场国家，除了二十国集团成员之外，大阪峰会还有东盟轮值主席国泰国、非盟轮值主席国埃及、亚太经合组织（APEC）轮值主席国智利、非洲发展新伙伴计划（NEPAD）轮值主席国塞内加尔等 8 个国家和联合国、国际货币基金组织、世界银行等 9 个国际机构应邀与会，上述区域性和全球性合作组织都是金砖国家参与全球治理的重要合作伙伴，有助于金砖国家推动全球治理体系朝更加公正合理的方向实现建设性改革的目标。

总之，金砖国家领导人在二十国集团大阪峰会期间召开第九次非正式会晤，配合金砖国家领导人年度峰会，进一步完善了年度双会晤机制，对于 2019 年的金砖国家合作应对挑战、达成共识、全速起航等具有重大意义。具有开创性的中非领导人小型会晤和继续发展的中俄印领导人非正式会晤等次金砖机制和“金砖+”相关机制，对于深化新兴市场和发展中国家合作、落实联合国 2030 年可持续发展议程、推动全球治理体系改革和建设也发挥着重要作用。这些会晤与二十国集团峰会等一道为多边主义注入了崭新内容，以务实合作锚定了多边主义应对前所未有的重大挑战的基础，也让大阪峰会及其间各大国的外交备受瞩目。

第十章
金砖国家推动和引领全球治理变革

金砖国家是全球力量对比发生剧烈变化的产物，是代表新兴市场和发展中国家在全球政治和经济舞台上推动现行国际体系实现建设性变革的崭新动力。金砖国家通过增量改革等方式推动和引领全球治理变革，既成功实现了世界银行和国际货币基金组织等全球货币金融治理机构的最新一轮改革，也发起成立了新开发银行等全新多边机制。参与和推动全球治理体系变革，是金砖国家各成员国的集体共识，也拓展了金砖国家合作的空间。金砖国家打造了推动全球治理变革的伙伴关系，将有序、稳健地推动国际政治经济秩序朝着更加公正、合理、可持续的方向演变。

金砖国家引领全球治理变革

金砖国家始终与全球治理结缘。2001 年“金砖”概念的诞生是经济全球化的产物，2006 年金砖四国合作的第一步就是在联合国这一全球治理的最重要平台迈出，而 2009 年金砖国家“抱团取暖”升级为领导人会晤也正是在全球性金融危机造成的剧烈动荡日益扩散的时代背景下。在从起步到快速发展的进程中，金砖国家积极参与全球治理，成为推动国际政治经济体系进一步改革的重要力量。中国作为金砖国家合作的最初倡议者，将金砖国家与联合国、二十国集团、上合组织共同确定为参与全球多边治理的四大战略平台，积极推动和引领金砖国家参与和改革全球治理体系的进程。

一、全球治理两大矛盾凸显

21 世纪以来，随着全球化的快速发展和各国相互依存程序的加深，全球问题日益突出，全球治理的领域逐步拓展，已经从世界和平与安全、国际经济等传统议题扩大到金融、网络、流行性疾病、全球人口流动与难民、反腐败、有组织犯罪、国际发展等广泛议题。与此同时，全球范围内的权力转移和扩散进一步加速，从以大西洋两岸为中心逐步向亚太地区转移，并在全球范围内向东亚、南亚、南美和非洲等新兴经济体和发展中国家较为密集的地区扩散。

这就造成了全球治理中的两组突出矛盾：第一，全球问题不断增多对全球治理提出了更高的要求，但美欧等国家作为现行体系的主导国家无力单独应对。第二，新兴大国希望国际体系的权力分布能够反映力量对比的变化，推动全球治理体系的变革，但是现行体系的主导国家则希望继续维持自身的主导权。

于是，以金砖国家为代表的一批新兴大国不仅走上了全球治理的舞台，而且逐步成长为全球治理中的重要行为体，并推动全球治理体系的变革。虽然经过自身努力取得了快速发展，但金砖国家在国际体系中的地位没有发生根本性变化，在全球治理中仍处于边缘或半边缘地位。为此，金砖国家希望推动国际关系的民主化，改革和完善全球治理体系，推动不同领域、多个层次的改革。

二、金砖国家走出全新道路

随着金砖国家在全球治理中的作用和影响日益上升，国际社会对其未来发展方向更加关注，甚至有西方学者认为金砖国家的目标就是要推翻现行体系，至少是要打造一个与现行体系脱钩甚至完全对抗的平行体系。这一判断的理论及其历史根据都是建立在西方传统国际关系理论和国际政治现实基础之上的，认为大国之间无法和平地完成权力转移，而只有诉诸武力，最终导致国际体系经历革命性的变革。

不过，金砖国家倡议并实践了一条完全创新的道路来参与和改革全球治理体系，其作为新兴大国在国际政治经济事务中秉持的理念超越了自威斯特伐利亚体系以来的国际关系理论与现实。中国提出了“开放、包容、合作、共赢”的金砖精神和“共商、共建、共享、共治”的合作原则并成为各成员国的共识，成为国际政治中的一个创新。

第一，金砖国家通过建设性改革的方式发展和完善全球治理体系。在全面参与全球治理的进程中，金砖国家是一支建设性力量，其并不是要通过暴力革命的方式彻底推翻现行国际体系，而是要推动渐进性的改革，提升全球治理的能力。

第二，金砖国家遵循平等性原则参与全球治理。虽然金砖各成员国都是地区或全球性大国，但是各国实力和发展水平有所不同，中国的经济总量是体量最小的南非的30余倍，但中国做出表率推动金砖各国在多边机制和全球治理中基于平等和协商一致原则，强调沟通与协调，“用一个声音说话”，摈弃了实力原则，这对于构建合作共赢的新型大国关系具有全球意义。

第三，金砖国家是一个包容开放的共同体。金砖国家的政治制度和发展模式等都不尽相同，各成员国对金砖合作都有不同的具体规划和利益诉求。但是金砖国家坚持求同存异，互相包容；在全球治理中，金砖合作没有采取封闭的大国俱乐部的模式，不追求组建政治联盟和军事同盟，而是通过对话会等模式同其他发展中国家和发达国家建立合作共赢的伙伴关系。

第四，金砖国家要打造南南合作的重要平台及南北合作的桥梁。金砖国家代表新兴经济体和发展中国家的利益，通过自身的发展惠及广大发展中国家。因此，金砖国家建立了“金砖国家和地区国家领导人对话会”模式，中国在厦门会晤期间进一步升级了这一对话会，倡议举办“新兴市场和发展中国家领导人对话会”，邀请来自世界各地最具代表性的新兴国家和发展中国家的领导人参加对话；中国还提出了“金砖+”模式，让更多发展中国家和不发达国家有机会参与金砖合作，既加强了金砖国家战略伙伴关系，又打造了全球发展伙伴关系，逐步成长为当今世界最重要的发展中国家合作平台。

三、中国扮演改革引擎角色

在参与和改革全球治理体系的进程中，金砖国家不仅集体努力推动现行国际政治经济体系的改革，而且还通过创设新的全球多边机构的方式，采取增量改革的路径，对现行体系变革施加更大的外部压力加速其改革进程，并提出了一系列新的规则和理念。中国在金砖国家参与和改革全球治理体系的创新性实践中扮演着引擎的角色。

首先，金砖国家都积极地全面参与和改革现行国际体系，包括全球安全、经济、金融、贸易、发展治理等几乎所有领域，而由于强大的综合实力和负责任大国的担当，中国发挥的作用尤为关键。

在全球安全治理领域推动联合国及安理会改革。金砖国家捍卫联合国在全球政治安全中的核心地位，倡导多边主义。中国和俄罗斯都是联合国安理会常任理事国，印度和巴西等国也有在联合国及安理会中发挥更大作用的强烈愿望。金砖国家认为联合国及安理会的构成是“二战”后全球实力对比的产物，必须进行全面改革，增加发展中国家的代表性和发言权。

通过二十国集团构建开放型世界经济。金砖国家都是二十国集团的重要成员，支持巩固二十国集团作为全球经济治理首要平台的地位，防范发达国家在全球经济治理中边缘化二十国集团的企图。在中国的倡议下，金砖国家自 2011 年二十国集团戛纳峰会以来定期举行“背靠背”的领导人非正式会晤，推动构建开放型世界经济体系。

改革国际货币基金组织（IMF）和世界银行是全球金融治理体系改革的突破口。金砖国家携手成功地推动了 IMF 和世界银行的改革，提升了新兴国家和发展中国家在世界最主要多边金融机构中的话语权和影响力，在 IMF 向发展中国家做出的约 6%份额转移中，中国就增加了 2. 4%，上升到 6. 394%，仅次于美国和日本排第三位。

捍卫以世贸组织为核心的全球多边贸易体系的中心地位。金砖国家联合提名来自巴西的候选人罗伯特·阿泽维多（Roberto Azevêdo）成功担任世贸组织总干事，并且在逆全球化的背景下，坚决反对贸易保护主义和排他主义，继续推动多哈回合谈判进程并达成诸项早期收获计划。

推动改革全球发展治理体系。作为世界上最主要的新兴援助国，金砖国家倡导建立全球发展伙伴关系，改革“援助国—受援国”的传统模式，摈除对外援助的附加政治条件等，积极落实联合国 2030 年可持续发展议程，推动全球共同发展。中国还同联合国在 2015 年举行的全球发展峰会期间共同举行了南南合作高层圆桌会议，邀请来自非洲等地区的多个发展中国家和不发达国家参会，共同商讨改革全球发展治理体系。

其次，金砖国家倡导并推动建设了崭新的全球多边机构，在全球治理中进行创新性实践，并通过这些机构的成功运行，提出新规则，实践新理念。

通过成立新开发银行对世界银行形成改革压力。金砖国家按照平等性原则，于 2014 年福塔莱萨峰会期间宣布成立新开发银行，上海成为新开发银行的总部所在地，这是人类历史上第一个完全由发展中国家倡导并成立的全球多边开发金融机构。中国与各创始成员国均分股权，经平等协商进行决策，而没有凭借自身经济实力追求主导权和一票否决权。新开发银行的核心业务是为金砖国家、其他新兴市场国家和发展中国家的基础设施和可持续发展项目提供融资支持，明显有别于世界银行的管理和运行模式，彰显了发展中国家日益增强的规则竞争意识和全球治理能力。

通过双边货币互换和应急储备安排推动国际货币基金组织的改革。中国作为金砖国家中拥有最多外汇储备和金融市场最为稳定的国家，积极与俄罗斯、巴西、南非等国家签署双边和多边货币互换协议，为应急储备安排贡献了高达 41%的资本额，为其他金砖国家确保货币流动性和增强金融稳定性做出了巨大贡献。通过织造金融安全网络，金砖国家对发达国家借助布雷顿森林体系掌控的国际货币体系形成了进一步完善的动力和改革的压力。

总之，金砖国家是世界范围内新兴大国群体性崛起的产物，已经从一个市场投资概念发展成为加速完善机制化建设的南南合作重要平台，从一个不被看好发展前景的新兴国家对话论坛成长为就全球重大政治经济议题进行全方位协调的多边平台和合作机制，并将在全球治理及其改革进程中发挥更大作用。中国把金砖国家定位为自身参与全球治理的战略平台之一，在推动金砖国家进行全球治理的理念和实践创新的进程中扮演了倡议者、协调者和引领者的核心角色。

金砖国家合作与全球治理体系变革：路径及实践

金砖国家从一个市场投资概念已经发展成为国际政治经济中的一支重要力量，从一个不被看好发展前景的新兴国家对话论坛成长为逐步完善机制化建设的南南合作平台，2006—2019 年，金砖国家顺应全球权力转移和权力扩散的大趋势，成为推动全球政治经济金融体系变革的主要动力，在全球治理中发挥着日益重要的作用。①

一、全球治理体系中的金砖国家

（一）全球治理推动金砖国家合作的发展

21 世纪以来，美欧等发达经济体经济发展较为缓慢，而东亚、南亚、南美和非洲等部分发展中国家分布较为密集的地区则出现了一些经济发展保持长期高速增长的新兴国家。这就造成了全球治理中的两对矛盾：第一，全球问题不断增多对全球治理提出了更高的要求，但现行体系的主导国家无力应对；第二，新兴大国希望国际体系的权力分布能够反映体系内力量对比的变化，推动全球治理体系的变革，但是现行体系的主导国家则希望继续维持自身的主导权。②

于是，以金砖国家为代表的一批新兴大国就走上了全球治理的舞台。作为世界范围内新兴大国群体性崛起的产物，金砖国家逐步成长为全球治理中的重要行为体，全面积极参与全球治理，并推动体系的变革。

（二）金砖国家全面参与和改革全球治理体系

金砖国家在现行国际体系内都不是核心国家，当初融入国际体系也是以被动为主，因此，在现行的全球治理体系中普遍处于较为被动的地位。但是，为了实现国家发展，为了提升自身的国际地位，更为了推动现行的全球政治经济体系的变革，金砖国家普遍选择了全面参与现行国际体系，开展密切的政治经济合作，拓展全球伙伴关系网络，并逐步成长为现行国际体系的重要行为体。金砖国家普遍是现行体系的最突出受益者，它们相互之间开展密切合作，通过各种方式积极打造南南合作的新平台，捍卫新兴国家和发展中国

---

① 卢锋，李远芳，杨业伟．金砖五国的合作背景和前景［J］．国际政治研究，2011（2）：20-21.

② 庞中英，王瑞平．从战略高度认识金砖国家合作与完善全球经济治理之间的关系［J］．当代世界，2013（4）：5-7.

家的利益，并积极扮演与发达国家开展南北合作的重要桥梁的角色。①

但是，金砖国家在现行的全球治理体系中仍然是边缘国家，其在国际体系中的地位没有发生根本性变化。为此，金砖国家希望推动国际关系的民主化，实现现行国际政治安全体系和经济金融体系及全球发展体系的变革，让全球治理体系更加完善。在全球治理的各个领域，金砖国家推动了不同层次和程度的改革。这一进程从2013年在南非德班举行的金砖国家第五次领导人会晤开始加速，德班峰会将金砖国家合作确定为“就全球经济和政治领域的诸多重大问题进行日常和长期协调的全方位机制”，这就从根本上规划了金砖国家在全球治理中的目标定位和发展路线图。

二、全球治理体系与金砖国家合作的内生动力

（一）结构视角下金砖国家合作的内生动力

2013年4月，著名国际关系学者约瑟夫·奈在《没有黏合力的金砖》一文中指出，“没有办法团结起来，其实正是金砖国家内在不一致的表征”，他坚持认为金砖国家“不太可能形成一个由观念一致的国家组成的必须认真看待的政治组织”。但是，随着金砖国家的合作逐步由经贸领域拓展到政治安全领域，并且在构建共同体方面取得巨大进步，金砖国家合作的内生动力不仅没有削弱，反而进一步增强。金砖国家合作的最主要目标是推动国际体系的变革，国际体系的结构及新兴大国改变自身在体系内所处地位的诉求，是金砖国家合作的内生动力持续增强的最主要原因。

金砖国家作为整个国际体系中的新兴大国，近年来自身实现了快速发展，其国家实力都得到了大幅提升。但是，从结构主义的理论视角看，由于当前的国际体系是第二次世界大战结束后全球权力分布的反映，金砖国家虽然各自的实力有所上升，但仍处于体系的边缘或者半边缘地位，对各自所处的地位和在全球体系中的话语权和规则制定权没有得到相应的反映有所不满。由于国际体系的结构性改革具有一定的滞后性，且美国和欧盟等现行体系的主

① 庞中英，王瑞平．从战略高度认识金砖国家合作与完善全球经济治理之间的关系［J］．当代世界，2013（4）：5-6.

导经济体对于推动现行体系改革非常消极，这就一定程度上促使各新兴国家之间达成了通过集体努力推动国际体系变革的共识。[①]

除此之外，以金砖国家为代表的新兴大国之间在资源禀赋、产业结构、国家发展战略等方面拥有巨大的互补性，这就为五国通过在现行的国际金融体系、国际贸易体系框架下的互动，实现各自发展和共同发展提供了巨大空间。金砖国家通过加强现行国际体系下各领域的相互合作，增强各自的实力。

金砖国家都认识到，单靠其中任何一个成员，都无力推动现行国际体系的根本性变革，即便为了融入并适应这个国际体系也要付出巨大的努力和代价。金砖国家作为现行体系内的重要成员，并不追求也无力推翻现行的国际体系，而是希望通过新兴大国集体的努力，推动现行国际体系的结构能够充分反映变化了的实力对比。因此，作为新兴大国的代表，金砖国家选择了通过战略伙伴关系的方式，加强相互之间的合作。

（二）金砖国家合作的动力及阶段性目标再定位

金砖国家的合作已经进入了第二个十年，完成了由一个投资概念向一个国际政治经济现实的转变，合作领域实现了由经贸财金向政治安全、务实经贸、人文交流的“三轮驱动”的转变，虽然仍未设立常设性的秘书处，但是金砖国家建立了以领导人年度会晤和非正式会晤为塔尖，以安全事务高级代表会议和二十余个部级合作对话机制为塔身，以覆盖外交、经贸、财金、科教、人文、智库、地方等数十个领域的工作组、专家组等为塔基的合作架构。金砖国家新开发银行和应急储备安排等多边机构也已经开始运行。

但是，金砖国家在国际体系中的地位仍然没有发生根本性变化，因此，受制于国际体系的权力分配格局，驱动金砖国家合作的动力没有发生根本性改变。在以联合国及安理会为代表的全球政治安全体系、以世界贸易组织为代表的全球贸易体系、以国际货币基金组织和世界银行为代表的全球金融体系等全球多边体系中，金砖国家为了推动相应的变革，仍面临来自现行体系主导国家的巨大阻力。

---

① 黄仁伟．新兴大国参与全球治理的利弊［J］．现代国际关系，2009（11）：21-22.

不仅如此，2014 年以来，全球经济发展出现分化，金砖国家因在体系内话语权和规则制定权缺失所造成的被动情况日益明显；而且随着逆全球化和反全球化思潮在全球范围内抬头，金砖国家在体系内经过持续努力取得的成果面临着巨大挑战，也让金砖国家更加清楚地认识到只有进一步加强合作，才能实现自身发展和推动国际体系变动的目标，因此，驱动金砖合作的外部动力依然如故。①

不仅如此，随着金砖国家新开发银行和应急储备安排等金砖国家多边层面的合作机制成立并开始运行，作为具有一定对立性的国际组织，这些日益完善的多边机制具有了超脱于成员国的自身利益诉求和运行规则，不仅成为金砖合作的新的支柱，并且具有“捆绑效应”，成为推动金砖国家合作更加深入和拓展的新的驱动力量。随着更多金砖国家合作机制的成立，进入新十年的金砖合作的驱动力量不仅没有发生改变，反而进一步加强，并更为多元。

金砖国家合作在第一个十年期间的重点目标是应对全球性金融危机的挑战，选择了以金融领域为合作重点，取得了重大突破。第一，双边层面，成员国之间的双边货币互换得到快速发展，并推动成立了金砖国家银行间合作机制，对于增强成员国金融合作和应对金融风险具有重大意义。第二，多边层面，金砖国家新开发银行和应急储备安排不仅快速推进，而且进入了项目运行阶段，成为金砖国家推动全球发展和促进国际金融体系改革的重要成果，并且有利于金砖国家的金融安全。第三，金砖国家成功推动了国际货币基金组织及世界银行的份额及治理架构改革。

但是，金砖国家的金融合作已经达到了较高的程度，短期内实现新的重大突破难度很大。在继续巩固和推进金融合作的前提下，金砖国家要解决下一步合作的重点领域问题，确定新的阶段性目标，唯有如此，才能让金砖合作实现深化、巩固和拓展。

在这方面，金砖国家已经开始了相应的探索。2015 年，金砖国家制定了《金砖国家经济伙伴战略》，确定了未来十年经济合作的路线图，选择贸易投资、制造业和采矿业、能源、金融、科技创新、农业、互联互通、信息通信

① 夏安凌，唐辉，刘恋 . 新兴国家的崛起与国际格局的变化［J］. 教学与研究，2012（5）：67-69.

技术等领域为重点合作行业。此外，2017 年，金砖国家第九次领导人会晤还正式确定了金砖国家政治安全、务实经贸和人文交流的“三轮驱动”模式，希望在政治安全、人文交流等方面取得新突破。这些都是在寻求新的阶段性合作重点方面的重要努力。

三、金砖国家合作与国际体系间的互动

随着金砖国家在全球治理中的作用和影响力日益上升，其未来发展方向更加引人关注，甚至有学者认为金砖国家的目标就是推翻现行体系，至少是要打造一个完全对抗的平行体系。但从学理层面看，金砖国家与现行的国际体系之间的互动关系是多元的，既有全面参与和捍卫，又通过内部施压推动现行体系的变革，还在某些方面彻底摈弃，形成了一种“忠诚+呼吁+改革”的复杂互动关系。金砖国家积极参与现行国际体系，是其中日益重要的行为体，不仅集体努力推动现行国际政治经济体系的改革，还通过创设新的全球多边机构的方式，按照增量改革的路径，对现行体系变革施加更大的外部压力，加速其改革进程，并提出了一系列新的规则和理念。

（一）金砖国家参与和改革全球治理体系的理念

随着金砖国家在全球治理中的作用和影响力日益上升，国际社会对其未来发展方向更加关注，甚至有西方学者认为金砖国家的目标就是推翻现行体系，至少是要打造一个完全对抗的平行体系。这一判断的理论及其历史根据都是建立在西方传统国际关系理论和国际政治现实基础之上的，认为大国之间无法和平地完成权力转移，只能诉诸武力。

但是，金砖国家倡议并实践了一条完全创新的道路来参与和改革全球治理体系，其作为新兴大国在国际政治经济事务中秉持的理念超越了威斯特伐利亚体系建立以来的国际关系理论与现实。金砖国家倡导“开放包容合作共赢”的金砖精神，遵循“共商共建共享共治”的原则，实现了国际政治关系的一个创新。

第一，金砖国家通过建设性改革的方式发展和完善全球治理体系。在全面参与全球治理的进程中，金砖国家是一支建设性力量，而并不是要通过暴力革命的方式彻底推翻现行国际体系；不是要推倒重来，而是要推动渐进性

的改革，提升全球治理的能力。

第二，金砖国家遵循平等性原则参与全球治理。金砖国家各成员国都是地区或全球性大国，虽然各国实力和发展水平有所不同，但在多边机制和全球治理中，金砖国家基于平等和协商一致的原则，强调沟通与协调，“用一个声音说话”，摈弃了实力原则，也没有采取多数决策原则，这对于构建合作共赢的新型大国关系具有全球意义。①

第三，金砖国家是一个包容开放的共同体。金砖国家的政治制度和发展模式等都不尽相同，各成员国对金砖合作都有不同的具体规划和利益诉求。但是金砖国家坚持求同存异，互相包容；在全球治理中，金砖合作没有采取封闭的大国俱乐部的模式，不追求政治联盟和军事同盟，而是通过对话会、“金砖+”等模式，打造全球伙伴关系网络，同其他发展中国家和发达国家都建立了合作共赢的伙伴关系。

第四，金砖国家要打造南南合作的重要平台及南北合作的桥梁。金砖国家代表新兴国家和发展中国家的利益，要通过自身的发展惠及广大发展中国家，因此，金砖国家建立了“新兴经济体和发展中国家领导人对话会”及“金砖+”等模式，既加强内部战略伙伴关系，又打造了全球发展伙伴关系，发展成为当今世界最重要的发展中国家间合作平台。除此之外，金砖国家代表新兴国家和发展中国家，在二十国集团、联合国、世贸组织等全球主要多边机构内与发达国家开展合作与对话，发挥联通南北的桥梁作用，而不是采取激进的方式与现行全球治理体系“脱钩”。

（二）金砖国家参与和改革全球治理体系的实践

在参与和改革全球治理体系的进程中，金砖国家不仅集体努力推动现行国际政治经济体系的改革，还通过创设新的全球多边机构的方式，通过增量的方法，对现行体系变革施加更大的压力，加速其改革进程，并提出了一系列新的规则和理念。

首先，金砖国家都积极地全面参与和改革现行国际体系，包括了全球安全、经济、金融、贸易、发展治理等几乎所有领域。

---

① 夏安凌，唐辉，刘恋．新兴国家的崛起与国际格局的变化［J］．教学与研究，2012（5）：69-70.

第一，在全球安全治理领域推动联合国及安理会改革。金砖国家捍卫联合国在全球政治安全中的核心地位，倡导多边主义。但是金砖国家认为联合国及安理会的构成是“二战”后全球实力对比的产物，必须进行全面改革，提升决策的效率和效力，增加发展中国家的代表性和发言权。印度、巴西和南非等国还希望成为联合国安理会的新任常任理事国。

第二，通过二十国集团建设开放型世界经济。金砖国家都是二十国集团的重要成员国，支持巩固二十国集团作为全球经济治理首要平台的地位，防范发达国家边缘化二十国集团在全球经济治理中的作用，构建开放型世界经济体系。①

第三，改革国际货币基金组织和世界银行是全球金融治理体系改革的突破口。金砖国家携手成功地推动了国际货币基金组织和世界银行的改革，提升了新兴国家和发展中国家在世界最主要多边金融机构中的话语权和影响力。

第四，捍卫以世界贸易组织为核心的全球多边贸易体系的中心地位。金砖国家联合提名巴西驻世贸组织大使罗伯特·阿泽维多作为候选人担任世贸组织总干事，并且在逆全球化的背景下，坚决反对贸易保护主义、排他主义和霸凌主义，继续推动多哈回合谈判进程并达成诸项早期收获计划，在维护世贸组织核心原则的基础上实现该组织的改革。

第五，推动改革全球发展治理体系。作为世界上最主要的新兴援助国群体，金砖国家倡导建立全球发展伙伴关系，改革“援助国—受援国”的固定模式，摈除对外援助的附加政治条件等，积极落实 2030 年可持续发展议程，推动全球共同发展。“金砖+”合作模式极大程度拓展了新兴经济体和发展中国家对话合作与政策沟通的领域，创新了金砖国家改革全球发展体系的路径。

其次，金砖国家倡导并推动建设了崭新的全球多边机构，在全球治理中进行创新性实践，并通过这些机构的成功运行，提出新规则，实践新理念。

通过成立新开发银行对世界银行形成改革压力。金砖国家按照平等性原则，于 2014 年宣布成立新开发银行，这是人类历史上第一个完全由发展中国

① 庞中英，王瑞平．从战略高度认识金砖国家合作与完善全球经济治理之间的关系［J］．当代世界，2013（4）：5-7.

家倡导并成立的全球多边开发金融机构，各创始成员国均分股权，经平等协商进行决策，聚焦为金砖国家、其他新兴市场国家和发展中国家的基础设施和可持续发展项目提供融资支持，明显有别于世界银行的管理和运行模式，彰显了发展中国家日益增强的规则竞争意识和全球治理能力。

通过双边货币互换和应急储备安排推动国际货币基金组织的改革。金砖国家签署双边和多边货币互换协议，逐步增强应急储备安排的可操作性，通过织造金融安全网络，对发达国家借助布雷顿森林体系掌控的国际货币体系形成进一步改革压力。

此外，中国提出成立亚投行的倡议之后，很快得到了俄罗斯等金砖国家的支持，并且，随着巴西和南非的加入，亚投行的成员国范围走出了亚欧大陆，成为真正全球性的多边开发金融机构。金砖国家对亚投行的参与形成了良好的示范引领作用，推动包括多个发达国家在内的世界各国积极申请成为创始成员国。

金砖国家已经成长为新兴大国和发展中国家就全球重大政治经济议题进行全方位协调的多边平台和合作机制，各成员国积极参与全球治理，并成为推动国际政治经济体系进一步改革的重要力量。但受制于自身实力等，金砖国家并没有选择“脱钩”等激进方式脱离现行国际体系，更没有采取推倒重来的方式推翻现行国际体系，而是采取了“忠诚+呼吁+改革”的多元综合方式。

（三）金砖国家合作为新兴经济体参与全球治理积累了经验

金砖国家是新兴市场国家和发展中国家的代表，是新兴经济体中表现更好、发展更快的国家，在参与全球治理的进程中积累的经验对其他新兴经济体具有借鉴意义。

第一，要积极参与全球治理。由于全球化的深度推进，国家间的相互依存程度日益加深，任何一个国家都不可能选择“孤立”而仍实现自身的发展。金砖国家选择了积极参与全球治理，并通过积极融入，适应和掌握了全球治理的规则体系，成为全球化和参与全球治理的主要受益群体之一。新兴经济体要积极参与全球治理，“孤立”只能带来封闭和倒退。

第二，在参与全球治理中注重规则并逐步提升议程设置能力。金砖国家认识到规则制定权的重要性，积极推动国际金融体系和贸易体系等制度规则和决策程序的改革，并提出反映新兴国家和发展中国家诉求的全球议程，改变了体系主导国基于自身利益和发展需要设定全球主要议程的局面。新兴经济体在参与全球治理的进程中，唯有逐渐熟悉国际制度规则和决策程序，才能适应现行国际体系，并逐步提出反映新兴经济体未来发展诉求的议题和日程安排，这是推动现行国际体系逐步朝有利于发展中国家的方向改革的最可行路径。

第三，要采取集体合作的方式参与全球治理。金砖国家虽然都是地区和全球性大国，在国际体系中的地位也都日益上升，但是，在参与全球治理的过程中，单靠任何一个国家会都处于较为被动的情况，更无力推动国际体系的深度变革。金砖国家通过集体合作的方式，在参与全球治理的进程中加强协作，相互配合，不仅成立了金砖国家合作机制，还在全球治理的各个具体领域推动成立了不同的合作机制，例如基础四国、上合组织等。新兴经济体在参与全球治理的进程中，加强同发展中国家的合作，并以集体的方式达成共同诉求，才能获得更大的利益。①

第四，采取增量改革的方式参与全球治理。金砖国家作为现行国际体系中实现群体性崛起的新兴大国，摈弃了激进主义方式，没有和现行国际体系进行全面对抗，而是通过成立新兴多边机构等方式提出改革诉求，既补充新兴体系的不足，又对现行国际体系形成了改革压力，这种增量改革的方式对于完善全球治理起到了积极推动作用。新兴经济体在参与全球治理的进程中，应吸取历史上大国权力更迭引起战争等的教训，推动体系内权力的扩散和转移，实现全球治理的渐进性改革。

四、金砖国家合作与全球治理新疆域

（一）机制建设提高金砖国家参与全球治理的集体行动能力

金砖国家合作虽然在机制建设方面取得了较大的进步，已经形成了以领导人会晤为引领，以安全事务高级代表会议和部长级会议为支撑，覆盖外交、

---

① 黄仁伟．新兴大国参与全球治理的利弊［J］．现代国际关系，2009（11）：21.

经贸、财金、科教、文化、智库、地方等数十个领域的合作框架，但是金砖合作的机制化也面临一定的挑战，由于机制建设尚未完善，金砖合作存在“消化不良症”，并且落实力度有限，仍处于“非正式机制”的阶段。加强机制建设，提高金砖合作的效力，是自2016年果阿峰会以来金砖国家力图推动的工作重点，并且被中国列为2017年金砖合作的工作重点之一。

第一，没有常设秘书处，而是采取了轮值主席国制度和虚拟秘书处的临时过渡方式。国际机制正式完成机制化建设的标志之一是设立常设秘书处，在各成员国之间沟通政策立场和协调日常事务，确保推动落实各项共识。但是金砖国家各成员国之间围绕秘书处的设置等仍存在一定分歧，因此采取了虚拟秘书处和轮值主席国的制度，导致合作重点会随主席国的变动而调整，并且对于落实各项重要共识和推动机制化建设都造成了一定的负面影响。

第二，没有正式章程。正式的国际组织有各成员国一致同意并经各国立法机构审批通过的章程，确保各国严格按照章程的规定开展合作，各成员国达成的多边协议具有法律效力。金砖国家尚未签署章程，目前采取了协商一致的决策方式，一事一议，虽然已经达成了“开放包容合作共赢”的金砖精神和“共商共建共享”的合作原则，但仍缺乏严格的落实能力和约束性，各成员国作为具有地区和全球影响力的大国，都具有很强的自主性。

第三，机制建设中存在“消化不良症”。金砖国家虽然已经设立了领导人会晤、安全事务高级代表会议和二十余个部级合作机制，以及数十个工作组和智库、工商、地方等配套工作机制，但是各个工作机制在职能、工作原则等方面还欠缺更强的规范性和一致性，且多个机制之间叠床架屋、领域覆盖重叠，机制关系不甚清晰，协调性不足。此外，部分成员国还在一些具体领域形成了小多边合作机制，与金砖合作协调不足，甚至存在潜在的冲突，如何协调金砖机制与次金砖机制之间的关系也是一个重要挑战。

因此，在未来十年的金砖合作中，要进一步增强金砖合作的效力，加强各国政策的对接和协调力，为应对各种全球性挑战，发出“金砖声音”，提出“金砖方案”，加强机制化建设，强化金砖合作的法治化程度。为此，需要从以下方面加强金砖合作的效率和效力，并提升其在全球治理中的代表性和影响力。

第一，适时成立金砖国家常设秘书处。金砖国家机制建设已经打下了良好的基础，并且摸索出各国协调沟通的经验。金砖国家充分顾及各成员国战略考虑、机制发展定位等多方面因素，适时设立常设秘书处，提升金砖国家沟通协调的效力，并且增强各成员国落实合作共识和协议的力度，保障金砖合作的实心化、系统化。常设秘书处的设立还能够在机制层面巩固金砖国家合作的认同度，增强共同体意识。

第二，提升金砖合作的机制包容性与协调性。完善金砖合作机制的顶层设计，通过梳理各领域金砖合作机制的功能，让金砖各合作机制布局更加合理，提高相互之间的协调与沟通。此外，加强金砖国家驻纽约、日内瓦和维也纳等联合国机构，及在二十国集团等多边合作机制下的协调与沟通，并尽可能避免合作机制的泛化，加强金砖合作机制对各领域次一级金砖合作机制的整合与统领。

第三，“金砖+”模式是提升金砖合作在全球治理中的代表性与发言权的重要机制创新。金砖国家的成员国都是新兴大国，加入金砖国家具有一定的门槛。但是金砖国家目前只有五个，而规模效应对于机制化建设日益完善的金砖合作具有重要影响，由于成员国数量少，金砖国家的规模和实力受到一定程度影响。与此同时，除金砖国家之外的一批新兴市场国家也快速发展，对于加强与金砖国家合作具有较强的意愿。因此，“金砖+”模式既能够加强金砖国家与其他新兴市场国家和发展中国家的合作与联系，为金砖国家的发展拓展更广的全球伙伴关系网络，又能够让其他新兴市场国家和发展中国家以各种形式参与到金砖国家合作中来，而不受制于金砖国家成员国的资格要求，既彰显了金砖合作模式的包容性，又有利于金砖国家增强自身在全球治理中的代表性与发言权。此外，基于金砖国家第一次扩容吸纳南非成为新成员的经验，“金砖+”模式的提出也意味着金砖国家不排斥未来进一步扩大，这是“金砖+”模式发展逻辑的自然推导。金砖国家充分吸取其他国际组织、多边机制扩大扩容的经验教训，不简单追求过快扩员扩容，而是采取多元的、稳健的方式，除了吸纳新成员加入之外还应该探索联系国、伙伴关系国、观察员国等多种形式。“金砖+”模式的提出，表明金砖国家的发展超越了简单通过吸纳新成员国扩大的唯一模式，创新性地丰富了金砖国家扩大的内涵，为金砖国家提升在国际体系中的影响力和代表性进行了较为成功的探索。

（二）金砖国家合作完善全球治理

金砖国家除了在全球政治安全、经济金融、发展合作等传统全球治理领域进行了卓有成效的合作之外，还积极开拓新的全球治理领域。厦门会晤提出了金砖国家在未来参与全球治理的新方向，例如，经济全球化、深海、极地、外空和网络等领域。

第一，捍卫经济全球化，构建开放型世界经济。《厦门宣言》指出金砖国家要警惕防范世界经济中出现的内顾政策和倾向给世界经济增长前景和市场信心带来的负面影响，呼吁各国谨慎制定宏观经济政策和结构性政策，加强政策沟通与协调。为了应对当前全球经济治理中出现的逆全球化和反全球化思潮，金砖国家应该继续维护以世界贸易组织为核心的全球多边贸易体系的中心地位，特别是要继续巩固以规则为基础、透明、非歧视、开放和包容的多边贸易体制，进一步加强世贸组织的效能，维护多边贸易体制的权威。

此外，金砖国家都是二十国集团的重要成员，要继续加强二十国集团作为国际经济合作主要论坛的作用，防止发达国家边缘化二十国集团在全球经济治理中的作用。金砖国家应该加强与二十国集团中其他新兴经济体的沟通与协调，一起捍卫经济全球化，反对保护主义和排他主义。

金砖国家推动自贸协定的条件虽然还不完全成熟，但是通过推动金砖国家之间双边和多边自贸协定的可行性研究，特别是落实《金砖国家经济伙伴战略》，推动金砖国家贸易投资大市场建设，为未来启动金砖国家自贸协定谈判打下基础，这将为推动经济全球化提供巨大动力。

第二，深海与极地合作。金砖国家都高度重视科技研发，特别是在深海和极地等新公共领域方面都扮演着重要角色，财政支持力度极大，且五国各有优势，具有实现优势互补的巨大空间。金砖国家通过深海探测、南北极探测与科研合作，推动在《金砖国家科技和创新合作计划》中确定的重点合作领域的各项议程，采取联合组建科研团队等方式，实现信息共享与技术交流，在新公共领域将实现弯道超车，在新兴全球治理领域掌握话语权。此外，整体而言，金砖国家通过集体努力，也能够推动落实《南极条约》，并且争取达成《北极条约》以及深海探测与开发领域的相关国际条约。

第三，外空。金砖国家在外空探测与和平利用中扮演着重要角色。《厦门宣言》确定金砖国家优先考虑确保外空活动长期可持续性，应基于国际法并在平等基础上自由地和平开放和利用外空，重申外空非武器化的倡议。中国和俄罗斯提出了维护外空和平与非武器化的草案，只有通过金砖国家的共同努力推动，并且提升五国在外空和平利用方面的努力，才能推动外空这一重要的新公域的和平与可持续开发，推动外空的全球治理。

第四，全球网络治理。金砖国家在全球网络治理中扮演着越来越重要的角色，并且在技术和管理能力等方面加强了合作。金砖国家都支持联合国在制定网络空间负责任国家行为规范方面发挥中心作用，强调主权原则和独立原则，并且五国在加强打击网络恐怖主义和网络犯罪方面开展了信息交流与政策沟通。更为重要的是，《厦门宣言》提出金砖国家将加强信息通信技术安全使用务实合作路线图。在全球网络治理方面，金砖国家加强合作，推动互联网核心资源的管控架构更具代表性和包容性，推动全球网络治理机制的演进和改革。

厦门会晤提出的上述新领域拓展了金砖国家参与全球治理的范畴，为金砖国家完善机制做出了顶层设计，并且由于上述领域多为新兴公共领域，金砖国家相比发达国家并不处于明显劣势，甚至通过增强互补，具有相对的局部优势，是金砖国家在全球治理中提升话语权和规则制定权的重要契机，有利于金砖国家实现弯道超车。

五、中国与全球治理改革中的金砖国家合作

中国将金砖国家确定为参与全球治理的战略平台之一，是金砖国家第一个“金色十年”合作取得成功的重要力量。中国是世界第二大经济体，国际地位和全球影响力持续上升，不仅是金砖合作起步阶段的倡议者，也是发展进程中的积极推动者，更是开拓合作新局面的引领者。中国积极发展与金砖各成员国之间的双边合作并推动金砖国家整体合作，发挥着示范引领作用。

第一，中国是金砖国家合作的积极倡议者和发起者。中国是金砖国家的四个创始成员国之一，站在全球政治经济格局调整与深刻变革的高度，积极联合俄罗斯、巴西、印度等其他新兴国家，加强相互合作及与发展中国家的共同发展，正是在中国的努力协调之下，金砖国家合作才顺利启动并成为发

展中国家合作的崭新平台。

第二，中国在金砖国家内部扮演着开拓进取的引擎角色。中国是联合国安理会常任理事国，是世界第二大经济体，综合国力居于世界前列，在全球政治经济舞台上扮演着重要角色。作为金砖国家中重要的全球性大国，中国一直通过双边和多边渠道保持着与其他成员国的密切沟通与协调，积极推动金砖合作从经贸合作为主向政治安全、务实合作和人文交流“三轮驱动”的战略伙伴关系发展，合作布局日渐成熟完善，对于金砖国家合作起到了引擎的作用。此外，中国为金砖国家日益完善合作框架建设、推动金砖国家建设战略伙伴关系和全球发展伙伴关系做出了巨大贡献。

厦门会晤着眼长远，表达了中国全力推动金砖国家合作和积极参与全球治理的立场，传达了中国愿意与各新兴大国、其他发展中国家和国际社会分享自身成功发展经验的声音。展望未来，金砖国家已经启动了战略伙伴关系和全球发展伙伴关系建设，各成员国将携手并肩，围绕增进国际和平与安全、加强全球经济治理、捍卫人类文明多样性、推动全球共同发展等领域丰富伙伴关系的内涵，推动金砖国家合作迈上新台阶。

第一，弘扬“金砖精神”，巩固合作伙伴关系。金砖国家合作是世界新兴大国群体性崛起的产物，各成员国都是对全球和地区事务具有重大影响的发展中大国。厦门会晤总结了金砖合作第一个十年的经验，提出要深化务实合作，促进共同发展，加强沟通协调，完善经济治理，倡导公平正义，维护国际与地区和平稳定，弘扬多元文化，促进人文交流。厦门会晤继续推动金砖国家合作“结伴而不结盟”，遵循成员国平等原则，基于大国协调沟通和协商决策，弘扬开放、包容、合作、共赢的“金砖精神”，拓展金砖国家全球伙伴关系网络，通过金砖国家和世界主要发展中国家对话合作等方式捍卫发展中国家的利益，打造新兴大国和发展中国家合作的典范。

第二，贡献“金砖方案”，规划未来合作重点。厦门会晤从四个领域重点推进金砖合作取得进展，分别是聚焦深化务实合作，促进共同发展；加强全球治理，共同应对挑战；开展人文交流，夯实民意基础；推进机制建设，构建更广泛伙伴关系等。金砖“中国年”及厦门会晤，举办丰富多彩又切实有效的会议和活动，与金砖国家各成员国进行充分的政策沟通和立场协调，推动各成员国携手并肩，凝聚合作共识，规划未来合作蓝图，使金砖合作更加实心化、系统化和机制化。

第三，分享发展理念，交流治国理政经验。金砖国家处于相同的发展阶段，肩负共同的发展任务，面临相似的发展挑战，各成员国就全球重大政治经济事务和各自治国理政进行沟通交流，共同分享经验心得，也以其成功经历为其他发展中国家的社会发展提供了示范。金砖国家都在推进国内深化改革，厦门会晤期间各国交流治国理政经验和分享发展理念，对接各国发展战略，不仅有利于五国的共同发展，而且惠及更广泛的发展中国家。金砖国家是发展更快、表现更优异的新兴大国，厦门会晤期间，各国通过政策沟通和磋商，与其他发展中国家共享改革经验和发展理念，共同提升社会治理、国家治理和全球治理的水平，推动各成员国的发展理念上升为金砖国家的发展理念，并进而为广大发展中国家所共享，为所有既要实现快速发展但又希望保持自身独立和特性的国家和地区提供经验借鉴。

第四，提出“金砖+”模式，拓展金砖国家全球伙伴关系网络。厦门会晤期间举行了新兴市场国家与发展中国家对话会，并通过“金砖+”模式，邀请了来自世界范围内最具代表性的新兴国家与发展中国家及合作组织主席国与会，进一步彰显了金砖合作的发展属性，加强了金砖国家与发展中国家的联系，有利于提升金砖国家的全球影响力，也为金砖国家未来扩大扩容提供了彰显“中国智慧”的可行性方案。

站在金砖国家合作进入新阶段的历史节点，厦门会晤总结金砖合作成功经验，以全面宏观的战略规划和扎实有效的成果，明确金砖机制前进方向，注入金砖合作强劲动力，坚定金砖成员国合作信心，巩固金砖国家团结合作，推动金砖国家以开放包容完善全球治理，合作共赢促进世界经济增长，努力打造具有国际影响力的南南合作重要平台。①

---

① 黄仁伟. 新兴大国参与全球治理的利弊［J］. 现代国际关系，2009（11）：22.

后 记

集中完成书稿修订的时候，正值一场给世界各国人民的生命安全和身体健康造成严重威胁的新冠肺炎疫情肆虐之时，面对这场危害性极大的全球性传染病，世界百年未有之大变局加速呈现其内涵。金砖国家合作兴起于上一次全球性挑战即 2008 年国际金融危机，已经有十余年发展历史；而今一次具有更大冲击力的全球性危机已然到来，给金砖国家及世界带来了更多的变数，既考验金砖国家合作机制的有效性及其成熟度，又开创了同金砖国家合作兴起与发展具有相同逻辑的世界大变局的新局面。

本书是对近年来我在金砖国家研究领域零星思索的一次较为系统的梳理，分为金砖国家合作、金砖国家合作与成员国、金砖国家合作与全球治理三大板块，希望能够分别对应金砖国家完整框架的不同层面。在各板块内部，按照时间顺序层层推进，回顾了金砖国家从概念到现实的发展变迁，并分别对其各个层面的未来发展进行了一定的展望，既有对金砖国家合作历程的记录，也有对金砖国家合作新模式的探索。

金砖国家研究归属新兴经济体研究的范畴，作为这一领域的一名青年研究人员，自从踏入金砖国家研究的广阔天地以来，得到了多位领导、师长前辈、同学同事的指导与帮助，我将永怀感恩之情。特别感谢我所在的北京师范大学政府管理学院大家庭，这是一个充满活力和友爱的学术集体。

深深感谢我的每一位家人，是你们的包容、支持、鼓励和期许，让我有了继续做好科研工作的强大动力。

是为后记。

王 磊

2020 年 9 月 29 日于师大校园